Darum geht es ...

berichten

↗ **Verläufe, Begebenheiten, Zusammenhänge ...**

Eine Sache, einen Sachverhalt mit eigenen Worten darstellen.

- Sammelt dabei Informationen zu den Fragen *Wer? Wann? Was? Wo? Warum? Wie? Welche Folgen?*
- Gebt Tatsachen wieder und macht deutlich, wenn etwas nicht nachgewiesen ist (*vermutlich ...*).

beschreiben

↗ **Informationen in Bildern, Schaubildern, Texten ...**

Geschichtliche Einzelheiten und Zusammenhänge erkennen und mit eigenen Worten wiedergeben.

- Beginnt mit dem Thema oder dem Titel.
- Beschreibt zuerst das Wesentliche.
- Geht dann auch auf Einzelheiten ein.
- Fasst den Gesamteindruck zusammen.

beurteilen (bewerten, Stellung nehmen)

↗ **Handlungen, Überzeugungen ...**

Einen Sachverhalt bewerten und sich dazu eine eigene Meinung bilden, die gut begründet ist.

- Klärt und benennt die Perspektive, aus der ihr beurteilt (z. B. eine historische oder eure gegenwärtige).
- Beginnt mit der Stellungnahme und fügt die stützenden Argumente an.
- Vergleicht auch S. 178 (Methode: Ein eigenes Urteil bilden).

diskutieren (sprechen über, sich auseinandersetzen)

↗ **Ideen, Leistungen, Konflikte ...**

Informationen auswählen, ordnen und sie überschaubar und informativ mit Hilfe eines Produkts vorzeigen.

- Klärt zunächst die Frage, über die ihr ins Gespräch kommen wollt.
- Haltet euch an wichtige Regeln (ausreden lassen, einander zuhören, andere Ansichten gelten lassen ...)
- Sprecht in der Ich-Form (*Meiner Meinung nach ... Ich sehe das so ...*)
- Findet einen deutlichen Abschluss. Gibt es eine Klärung des Problems, eine Übereinstimmung oder bleiben unterschiedliche Sichtweisen?

einordnen (zuordnen)

↗ **Ereignisse, Sachverhalte ...**

In knapper und übersichtlicher Form Informationen zueinander in Beziehung setzen.

- Klärt, welche Bedeutung die einzelnen Sachverhalte haben.
- Sucht und benennt Verbindungslinien zwischen ihnen und macht sie deutlich.

erklären

↗ **Verläufe, Ereignisse, Handlungen ...**

Einen Sachverhalt mithilfe verschiedener Informationen im Zusammenhang darstellen und erklären, wie es dazu gekommen ist.

- Beginnt mit der Ausgangssituation.
- Bringt Dinge, die sich nach und nach ereigneten, miteinander in Beziehung.
- Begründet eure Aussagen.

erläutern (ausführen)

↗ **Themen, Probleme, Überzeugungen ...**

Ein Thema ausführlich und sachlich mit zusätzlichen Beispielen erlären.

- Fertigt Stichwörter zum Thema an.
- Beginnt mit einer allgemeinen, aber wichtigen Aussage und bezieht dann auch Einzelheiten mit ein.
- Endet mit einer knappen Zusammenfassung.

erstellen (gestalten, entwerfen, entwickeln, erarbeiten)

↗ **Thematische Überblicke in Form von Wandzeitungen, Plakaten, Mind-Maps, Ausstellungen, Karten, Zeitleisten ...**

Informationen auswählen, ordnen und sie *überschaubar und informativ darstellen anhand von Wandzeitungen etc.*

- Verständigt euch über das Thema und das Produkt (Wandzeitung ...); beide müssen gut zusammenpassen.
- Sammelt Informationen und Bildmaterial.
- Fertigt eine Skizze und ordnet Material probeweise an, bevor ihr klebt und schreibt.
- Sorgt für Übersicht, angemessene Größe (Schrift, Bilder ...) und für eine saubere und ansprechende Gestaltung.

Exkursionsziele, Landwirtschaftsmuseen in Nordrhein-Westfalen

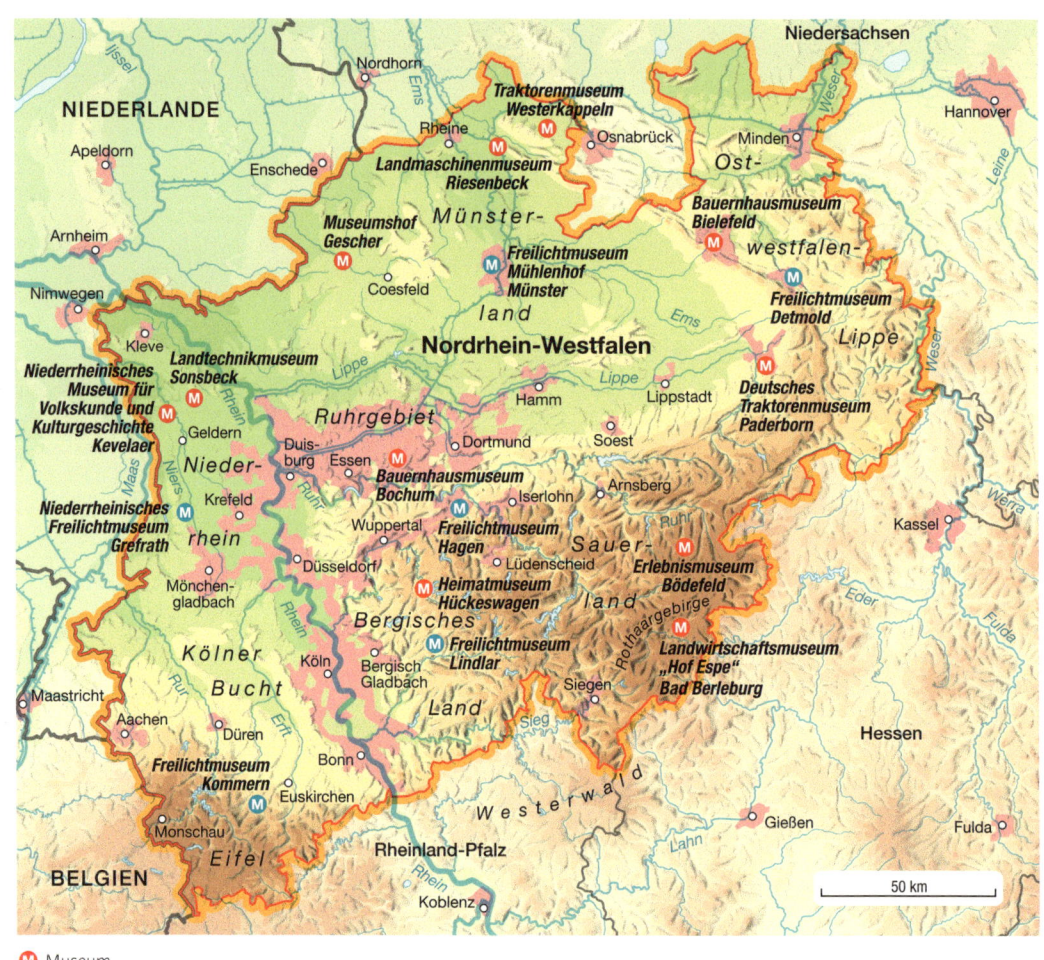

Museum
Freilichtmuseum

Herausgegeben von
Dr. Thomas Berger-v. d. Heide
Prof. Dr. Hans-Gert Oomen

Geschichte Nordrhein-Westfalen

entdecken und verstehen

3

**Von der Französischen Revolution
bis zum
Ersten Weltkrieg**

Herausgegeben von
Prof. Dr. Hans-Gert Oomen

Bearbeitet von
Dr. Thomas Berger-v. d. Heide
Dr. Magdalene Gärtner
Wolfgang Humann
Prof. Dr. Hans-Gert Oomen
Jürgen Schöll
Dr. Birgit Wenzel

Beratende Mitarbeit
Eva Maria Hanel

Inhaltsverzeichnis

Inhaltsverzeichnis

✻zusätzliche zum Kernlehrplan
aufgenommene Inhalte

„entdecken und verstehen"

Liebe Schülerinnen, liebe Schüler,
wir möchten euch auch für diesen Band die verschiedenen Seiten dieses Buches vorstellen.

Auftaktseiten

Jedes Kapitel startet mit einem großen Bild,
auf dem es viel zu entdecken gibt. Ihr könnt
Eindrücke sammeln und Vorwissen zusammentragen.

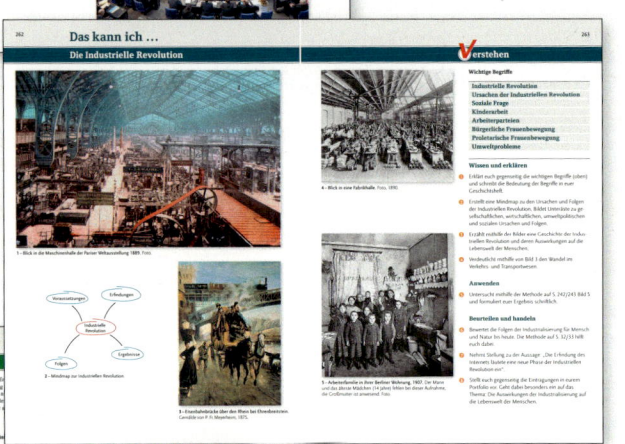

Darum geht es …

Hier könnt ihr euch einen zeitlichen und räumlichen
Überblick verschaffen. Ihr erfahrt außerdem, um
welche thematischen Schwerpunkte es im Kapitel
geht und was ihr am Ende wissen und können sollt.

Das kann ich …

Am Ende des Kapitels könnt ihr
euer Wissen und Können testen.
Wenn ihr mit einzelnen Aufgaben
noch Schwierigkeiten habt,
könnt ihr im Kapitel noch einmal nachsehen.

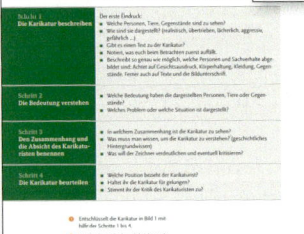

Methode

Hier könnt ihr Schritt für Schritt wichtige Methoden
für das Fach Geschichte erlernen, zum Beispiel
„Karikaturen erschließen", „ein Projekt planen und
durchführen" oder „Statistiken untersuchen".
Eine Übersicht der Methoden findet ihr im Anhang.

Industrialisierung in Deutschland

Wie begann die Industrialisierung in Deutschland?

1 – Entwicklung der Industrialisierung in Deutschland 1830–1914.

Legende:
Industriegebiete:
- um 1830
- Auswertung bis 1850
- Auswertung bis 1914

— wichtige Eisenbahnlinien um 1914

Städte nach Einwohnerzahl um 1914:
- mehr als 1 Million
- 500 000 – 1 Million
- 100 000 – 500 000
- weniger als 100 000

— Staatsgrenzen 1914
— Grenze des Deutschen Reiches seit 1871

2 – Die Strecke von Nürnberg nach Fürth war die erste Eisenbahnlinie Deutschlands. Lithografie von C. Trummer, 1836.

Grenzen überall

Im Unterschied zu England zerfiel Deutschland in 39 Einzelstaaten (vgl. Seite 189).

Q1 Der Wirtschaftswissenschaftler Friedrich List (1789–1846) schrieb dazu 1819:

... 38 Zolllinien in Deutschland lähmen den Verkehr im Inneren und bringen ungefähr dieselbe Wirkung hervor, wie wenn jedes Glied des menschlichen Körpers unterbunden wird, damit das Blut ja nicht in ein anderes überfließe.
Um von Hamburg nach Österreich, von Berlin in die Schweiz zu handeln, hat man zehn Staaten zu durchschneiden, zehn Zollordnungen zu studieren, zehnmal Durchgangszoll zu bezahlen. ... Trostlos ist dieser Zustand für Männer, welche wirken und handeln möchten. ...

Die unterschiedlichen Gewichts- und Maßeinheiten erschwerten zusätzlich den Handel in den einzelnen Ländern.

❶ Erläutert die Klagen von Friedrich List.

Zollschranken fallen

1834 wurde der Deutsche Zollverein gegründet. Damit wurde eine wichtige Voraussetzung für den Weg Deutschlands zu einem Industriestaat geschaffen: Preußen und einige mittel- und süddeutsche Staaten bildeten nun ein einheitliches Wirtschaftsgebiet und die Zollschranken zwischen ihnen wurden aufgehoben. Fast alle deutschen Staaten traten dem Deutschen Zollverein bis 1854 bei.
Die Regierungen der einzelnen Staaten einigten sich auch darauf, das Münz-, Maß- und Gewichtssystem zu vereinheitlichen. Alle diese Maßnahmen führten dazu, dass Waren innerhalb Deutschlands jetzt viel schneller und günstiger transportiert werden konnten. Die Einwohner der Gebiete des Deutschen Zollvereins konnten sich jetzt auch in jedem Mitgliedsland des Zollvereins Arbeit suchen.

❷ Erklärt die Behauptung: „Die wirtschaftlichen Erfordernisse förderten die deutsche Einheit."

Die Eisenbahn – Motor der Industrialisierung in Deutschland

❸ Benennt mithilfe der Karte 1 industrielle Zentren in Deutschland um 1830. Gebt Gründe an, warum sie gerade dort entstanden. Beachtet dazu die Legende zur Karte.

❹ Beschreibt die Eisenbahnwagen und ihre Ausstattung (Bild 2). Worin unterscheiden sie sich?

In England hatte die Industrialisierung in der Textilindustrie begonnen. In Deutschland trieb die Eisenbahn die Industrialisierung voran.
Deutschlands „erste Eisenbahn mit Dampffuhr" fuhr nur knapp zwei Jahre, nachdem der Deutsche Zollverein gegründet worden war. Sie legte am 7. Dezember 1835 die sechs Kilometer lange Strecke von Nürnberg nach Fürth zurück (siehe auch Bild 4 S. 221). Drei Jahre später wurde die Linie Potsdam–Berlin in Betrieb genommen.
In den folgenden Jahren wurde in vielen deutschen Staaten das Schienennetz zügig ausgebaut, von etwa 550 Kilometern im Jahre 1840 auf ungefähr 34 000 Kilometer im Jahre 1880.

Aufschwung der Industrie

Zahlreiche Stahlwerke wurden für den Lokomotiven- und Wagenbau sowie den Bau von Gleisanlagen errichtet. In diesen Werken waren Arbeiterinnen und Arbeiter beschäftigt. Sie kamen in großer Zahl vom Land in die Stadt und brauchten Wohnungen. Deshalb wurden große Mietshäuser und Arbeitersiedlungen errichtet. Neben den Wohnhäusern mussten auch zahlreiche Bahnhöfe, Lokomotiv- und Wagenhallen gebaut werden. Darum erzielte das Baugewerbe hohe Gewinne.
Eine wichtige Rolle spielte die Eisenbahn auch im Güterverkehr. Kohle und Eisenerze aus Oberschlesien, dem Ruhrgebiet oder dem Saarland konnten jetzt schnell und preiswert zu den sich entwickelnden Industriezentren gebracht werden (Karte 1).
So wurde es erst möglich, dass neue industrielle Standorte in der Eisen- und Stahlindustrie entstehen und ausgebaut werden konnten.

❺ Begründet mithilfe des Textes die Bedeutung der Eisenbahn für die Industrialisierung in Deutschland. Vergleicht mit der Industrialisierung in England.

entdecken und verstehen

Ⓐ Schreibt den Text von Q1 fort und verweist auf das Beispiel England.

Ⓑ Erkundigt euch im Heimatmuseum nach der Geschichte der Eisenbahn in eurem Wohn- oder Schulort. – Haltet darüber in der Klasse ein kurzes Referat.

Webcode: EV648894-227

Inhaltsseiten

Oben auf der linken Seite findet ihr eine Frage, um die es auf dieser Doppelseite geht. Texte aus früheren Zeiten, die so genannten Quellen, sind mit einem **Q** und einer blauen Klammer gekennzeichnet. Texte heutiger Forscher sind durch ein **M** markiert. Weiter findet ihr auf jeder Inhaltsseite Bilder und Schaubilder. Alle Materialien könnt ihr mithilfe der Fragen erarbeiten. Zusätzlich gibt es auf jeder Doppelseite unten rechts in roter Schrift den Kasten

entdecken und verstehen.

Hier stehen zusätzliche, umfangreichere Aufgaben, mit denen ihr das Thema der Inhaltsseiten vertiefen oder ergänzen könnt. Ihr solltet zunächst entscheiden, welche Aufgabe ihr übernehmt und ob ihr euch für diese Aufgaben in Gruppen aufteilt.
Mit dem Webcode könnt ihr im Internet weiterarbeiten. Ihr könnt den Webcode auf der Seite www.cornelsen.de/entdecken-verstehen oben rechts eintragen und bekommt dann weiterführende Links und Tipps.

Auch auf den Seiten **entdecken** und **Schauplatz** findet ihr weiterführende und vertiefende Materialien zu einem Unterthema des Kapitels.
Außerdem gibt es Doppelseiten **Geschichte bilingual**, die euch interessante geschichtliche Inhalte in englischer Sprache vermitteln.
Daneben gibt es Seiten mit zahlreichen Anregungen für ein Projekt oder auch Hinweise zur eigenständigen Arbeit an einem Lernbüfett.

Die
Französische Revolution

Am 14. Juli 1789 zogen rund 7000 bewaffnete Männer und Frauen durch Paris. Sie forderten „Freiheit, Gleichheit, Brüderlichkeit". Sie stürmten das verhasste Staatsgefängnis, die Bastille. Dies war der Anfang vom Ende der tausendjährigen Königsherrschaft in Frankreich.

Die Französische Revolution

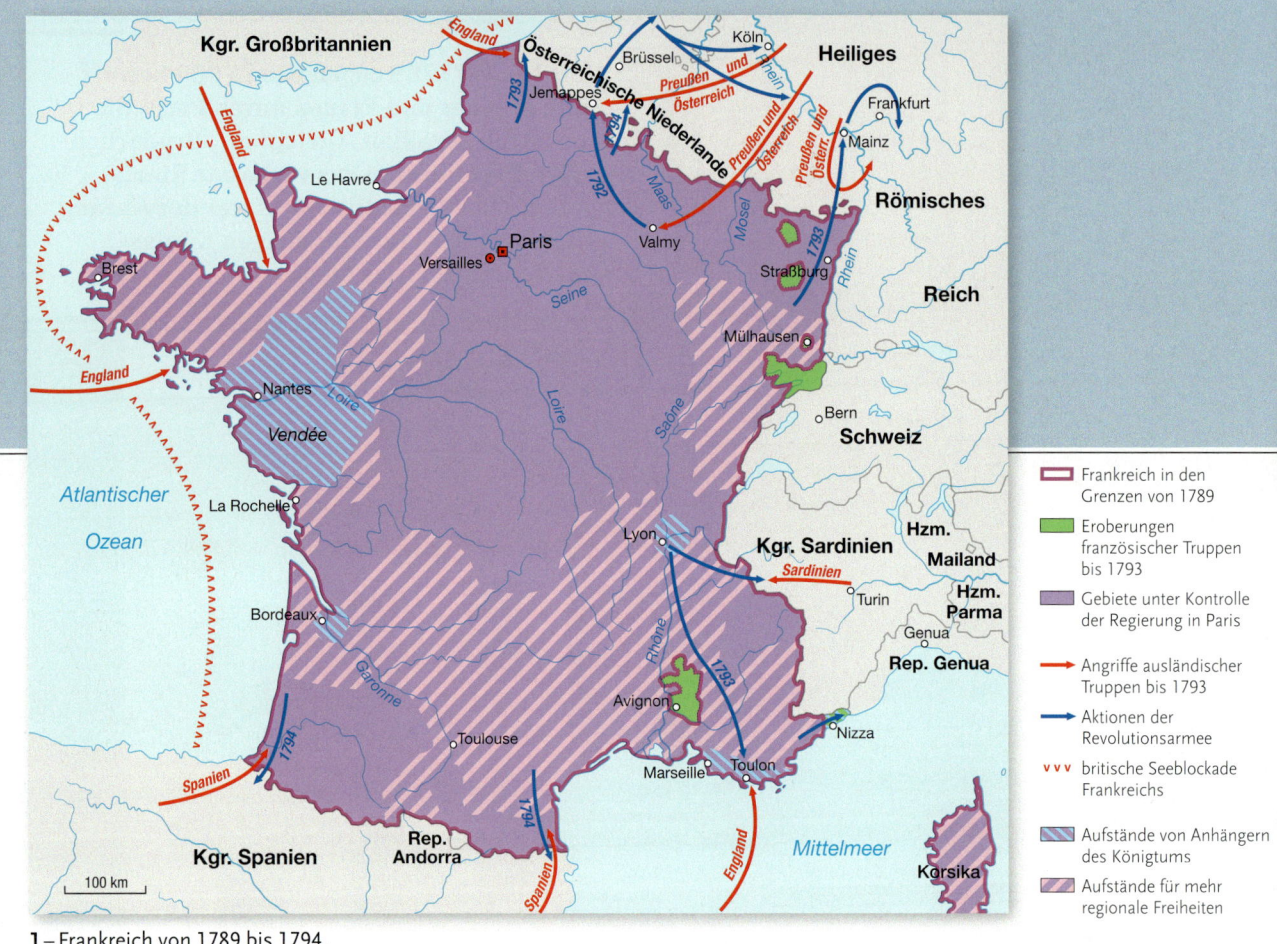

1 – Frankreich von 1789 bis 1794.

Map legend:
- Frankreich in den Grenzen von 1789
- Eroberungen französischer Truppen bis 1793
- Gebiete unter Kontrolle der Regierung in Paris
- Angriffe ausländischer Truppen bis 1793
- Aktionen der Revolutionsarmee
- v v v britische Seeblockade Frankreichs
- Aufstände von Anhängern des Königtums
- Aufstände für mehr regionale Freiheiten

Fast uneingeschränkt herrschten die französischen Könige über ihr Land. Doch 1789 entstand eine Revolution. In ganz Frankreich kam es zu Aufständen gegen den König.

Bei der Arbeit mit diesem Kapitel könnt ihr euch mit folgenden Fragen beschäftigen:
- Wie kam es zur Französischen Revolution?
- Was forderten die Menschen in Frankreich?
- Wie konnten sich die Revolutionäre gegen die Gegner der Revolution durchsetzen?
- Wie wurde Frankreich nach der Revolution regiert?
- Welche Folgen hatte die Französische Revolution in ganz Europa?

Außerdem lernt ihr, wie man Karikaturen entschlüsselt und begründete Aussagen (Hypothesen) zu geschichtlichen Ereignissen trifft.

Schließlich könnt ihr am Beispiel dieses Kapitels erkennen, wie ein Portfolio in der Realität aussehen kann. Sicherlich bekommt ihr dadurch auch Ideen für die eigene Arbeit an einem Portfolio.

❶ Beschreibt die Karte 1. Zählt auf, wodurch die Revolution bedroht war.

❷ Stellt mithilfe von Bild 2 Vermutungen auf, warum der 14. Juli in Frankreich bis heute eine so große Bedeutung hat.

❸ Beratet mit eurer Lehrkraft, ob ihr euch an den Vorschlägen zum Portfolio orientieren wollt (vgl. S. 178).

1789	1791	1793	1804	1815
Sturm auf die Bastille	Verkündung der Menschenrechte. Frankreich erhält eine Verfassung.	Hinrichtung des französischen Königs Ludwig XVI.	Kaiserkrönung Napoleons	Ende der Herrschaft Napoleons

3 – Das Erwachen des dritten Standes. Karikatur, 1789.

2 – Feiern zum Französischen Nationalfeiertag am 14. Juli des Jahres. Foto, 14. 7. 2011.

4 – Demonstration zum Tag der Menschenrechte am 10. Dezember. Foto, 2010.

Die Revolution beginnt

Warum geriet der Absolutismus in die Krise?

1 – Ludwig XVI. wird nie satt! Karikatur, 1791.

❊ Privilegien
Vorrechte, besondere
Rechte.

❶ Beschreibt die Karikatur 1.
– Wie bringt der Karikaturist die Maßlosigkeit des Königs zum Ausdruck?

König Ludwig XVI. – unersättlich

Im Jahr 1774 wurde Ludwig XVI. König von Frankreich. Er übernahm von seinen Vorgängern einen völlig verschuldeten Staat. Deshalb hofften viele Franzosen, dass der König das verschwenderische Leben am Hofe beenden und die Steuern senken würde. Aber sie sahen sich getäuscht.
Auch er gab das Geld wie seine Vorgänger mit vollen Händen aus und der Adel tat es ihm nach. Dagegen hatte er keinerlei Interesse an Fachgesprächen mit seinen Ministern.

Die ❊Privilegien von Geistlichkeit und Adel

Bezahlen mussten den Luxus ihres Königs die Angehörigen des dritten Standes, also Bauern und Bürger. Hinzu kamen die Kosten für die Armee und die zahllosen Kriege – sie betrugen in Friedenszeiten ein Drittel, im Krieg über zwei Drittel der Staatseinnahmen.

Die Steuern, die der dritte Stand aufzubringen hatte, reichten dafür schon lange nicht mehr aus. Deshalb wollte der König im Jahre 1776 auch vom ersten und zweiten Stand Steuern erheben.

Q1 Vertreter des ersten und zweiten Standes nahmen zu den geplanten Steuern 1776 Stellung:
… Die Garantie der persönlichen Steuerfreiheit und die Auszeichnung, die der Adel zu allen Zeiten genossen hat, sind Eigenschaften, die den Adel besonders hervorheben; sie können nur dann angegriffen werden, wenn die Auflösung der allgemeinen Ordnung erstrebt wird.
Diese Ordnung hat ihren Ursprung in göttlichen Institutionen: Die unendliche und unabänderliche Weisheit hat Macht und Gaben ungleichmäßig verteilt. Die französische Monarchie besteht deshalb aus verschiedenen und getrennten Ständen. …

❷ Erläutert mithilfe von Q1, wie der Adel seinen Anspruch auf Privilegien rechtfertigt.
❸ Beschreibt Bild 2 und erklärt, wogegen der Zeichner protestiert.

Der Adel in der Kritik

Immer häufiger erschienen in Frankreich Flugblätter, die sich gegen die Vorherrschaft des Adels und dessen Privilegien richteten.

Q2 In einer Flugschrift aus Paris aus dem Jahr 1788 stand geschrieben:

... Steht auf gegen den Klerus, den Adel. Duldet nicht, dass ungefähr 600 000 Menschen vierundzwanzig Millionen das Gesetz aufzwingen! Völker, denkt an die Lasten, die ihr tragt! Schaut euch um nach den Palästen, den Schlössern, die gebaut sind mit eurem Schweiß und euren Tränen! Vergleicht eure Lage mit der dieser *Prälaten und Großen. Sie nennen euch Gesindel! Lasst sie erkennen, dass Gesindel diejenigen sind, die auf eure Kosten leben und sich mästen an eurer Arbeit. ...

Q3 In einer anderen Flugschrift aus dem Jahre 1788 heißt es:

... Eigentlich gibt es in Frankreich nur zwei Stände, den Adel und das Volk. Ich für meinen Teil ... behaupte, dass der Adel ein Nichts ist. Auf den Adel kann der König verzichten, nicht aber auf das Volk. ... Vom Volk empfängt der Staat Unterhalt und Wohlstand, im Volk bestehen seine Kraft und sein Ruhm. ...

Verdreifachte Schuldenlast

Der französische König Ludwig XVI. stand im Jahr 1788 vor einer katastrophalen Situation. Denn die Schuldenlast des Staates hatte sich in den letzten 15 Jahren verdreifacht. Sie betrug nun fünf Milliarden *Livres. Ludwig versuchte, neue Steuern beim Adel oder dem hohen Klerus einzutreiben. Aber er scheiterte am entschlossenen Widerstand der Adligen und Reichen. Sie bestanden auf ihrem Privileg, keine Steuern zahlen zu müssen.

Zu Beginn des Jahres 1789 herrschte in Frankreich eine große Hungersnot. Unruhen brachen aus. In den Städten plünderten die Einwohner die Bäckerläden. – Wie sollte es jetzt weitergehen?

2 – Der dritte Stand trägt die Lasten. Auf dem Stein steht: Steuern und Fronarbeit. Zeitgenössische Darstellung.

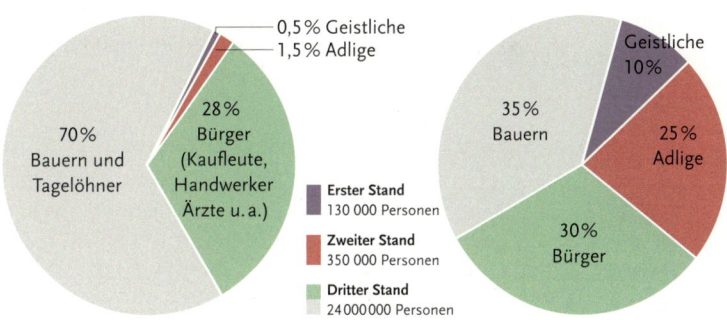

3 – Die Gliederung der Bevölkerung Frankreichs nach Ständen und die Verteilung des Grundbesitzes um 1780.

4 Gebt in eigenen Worten wieder, was in Q2 und Q3 kritisiert wird. Nennt die entscheidenden Unterschiede zur Sichtweise des Adels in Q1.

5 Schildert mit euren Worten die Lage in Frankreich 1788/1789. Nehmt dazu die Karikaturen und die Schaubilder zu Hilfe.

* **Prälat**
Hoher kirchlicher Würdenträger, z. B. Bischof oder Kardinal.

* **Livres**
Damalige französische Währung.

entdecken und verstehen

A Entwerft ein Flugblatt, in dem ihr aus der Sicht eines einfachen Bauern Forderungen an den französischen König stellt.

B Verfasst ein Streitgespräch zwischen einem Adligen und einem Angehörigen des dritten Standes. Führt das Streitgespräch in der Klasse vor.

Methode

Karikaturen entschlüsseln

Zur Zeit der Französischen Revolution konnten die meisten Menschen weder lesen noch schreiben. Die „Botschaften" von Karikaturen, die zu dieser Zeit weit verbreitet waren, wurden jedoch von fast allen Menschen verstanden.

Karikaturen zeigen Personen, Ereignisse oder Situationen in einer häufig übertriebenen Darstellung. Sie haben oft nur einen kurzen oder gar keinen Text. Meistens kritisiert der Karikaturist etwas mit seiner Zeichnung.

Folgende vier Schritte helfen euch, Karikaturen zu entschlüsseln:

Schritt 1 **Die Karikatur beschreiben**	Der erste Eindruck: ■ Welche Personen, Tiere, Gegenstände sind zu sehen? ■ Wie sind sie dargestellt? (realistisch, übertrieben, lächerlich, aggressiv, gefährlich ...) ■ Gibt es einen Text zu der Karikatur? ■ Notiert, was euch beim Betrachten zuerst auffällt. ■ Beschreibt so genau wie möglich, welche Personen und Sachverhalte abgebildet sind: Achtet auf Gesichtsausdruck, Körperhaltung, Kleidung, Gegenstände. Ferner auch auf Texte und die Bildunterschrift.
Schritt 2 **Die Bedeutung verstehen**	■ Welche Bedeutung haben die dargestellten Personen, Tiere oder Gegenstände? ■ Welches Problem oder welche Situation ist dargestellt?
Schritt 3 **Den Zusammenhang und die Absicht des Karikaturisten benennen**	■ In welchem Zusammenhang ist die Karikatur zu sehen? ■ Was muss man wissen, um die Karikatur zu verstehen? (geschichtliches Hintergrundwissen) ■ Was will der Zeichner verdeutlichen und eventuell kritisieren?
Schritt 4 **Die Karikatur beurteilen**	■ Welche Position bezieht der Karikaturist? ■ Haltet ihr die Karikatur für gelungen? ■ Stimmt ihr der Kritik des Karikaturisten zu?

❶ Entschlüsselt die Karikatur in Bild 1 mithilfe der Schritte 1 bis 4.

❷ Wendet die Methode auch bei der Karikatur Bild 2 an.

1 – „So kann es nicht weitergehen." Zeitgenössische Karikatur.

2 – „Man muss hoffen, dass dieses Spiel bald endet".
Karikatur, 1789. Auf der Hacke steht: „Mit Tränen
getränkt", auf dem Schwert des Adligen: „Von Blut
gerötet".

Lösungsansätze zum Bild 1:

Zum Schritt 1:

Es sind drei Personen zu sehen.
Außerdem sieht man zwei Hunde
und einen Affen. Zwei Personen
stehen auf einem Podest aus
Stein. Die dritte Person trägt
einen großen Korb auf dem
Rücken, der übervoll beladen ist.
Sie ist gerade dabei, sich auf den
Weg ...
Der Text zur Karikatur lautet: ...

Zum Schritt 2:

Die drei Personen stehen für die
drei Stände der absolutistischen
Gesellschaft: Der schwarz geklei-
dete Mann steht für den ersten
Stand. ...
Die Gegenstände in dem Korb
symbolisieren die Arbeit und die
Verpflichtungen, die auf dem
dritten Stand lasten. ...

Zum Schritt 3:

Die Karikatur muss im Zusammenhang mit der Krise des Absolutismus gesehen werden. Es wird
kritisiert, dass der dritte Stand alle
Lasten zu tragen hat, während ...

Zum Schritt 4:

Die Karikatur kann als Bildquelle
für die Zeit kurz vor der Französischen Revolution dienen, weil sie
die Sichtweise vieler Menschen zu
dieser Zeit wiedergibt.
Die Kritik an den politischen und
sozialen Missständen scheint vor
dem historischen Hintergrund
berechtigt.

Wie begann die Französische Revolution?

1 – Bauernfamilie. Gemälde von Louis Le Nain, 1643.

chen Klagen, wie z. B.: Die Abgaben sind zu hoch, die Bauern werden von ihren Grundherren wie Sklaven behandelt, viele sind dem Verhungern nahe. Die Beschwerdebriefe sollten dem König gezeigt werden. Aber auch die Adligen hatten Briefe verfasst. Darin erklärten sie, dass sie niemals zustimmen würden, ihre geerbten Rechte abzuschaffen.

❶ Beschreibt, mit welchen Erwartungen die Vertreter des dritten Standes und der Adligen nach Versailles gekommen sind.

❷ Vergleicht und bewertet die Zahl der Vertreter der drei Stände.

❸ Erläutert, welche Ziele der König mit der Einberufung der Versammlung verfolgte.

* **Generalstände**
Seit dem Beginn des 14. Jahrhunderts die Versammlung der Vertreter der drei Stände von ganz Frankreich. Sie wurden zur Zeit des Absolutismus nicht einberufen. Die Generalstände hatten vor allem das Recht der Steuerbewilligung.

* **Nationalversammlung**
Eine verfassunggebende Versammlung von Abgeordneten, die die ganze Nation vertritt.

Der König beruft die *Generalstände ein

Zu Beginn des Jahres 1789 war in Frankreich der dritte Stand weitgehend verarmt, das Land dem Bankrott nahe und weit und breit keine Lösung der Finanzkrise in Sicht. In dieser verzweifelten Lage beschloss König Ludwig XVI., die Vertreter aller drei Stände einzuberufen. Er ließ im ganzen Land von den Kanzeln der Kirchen verkünden, dass sich am 5. Mai 1789 die Abgeordneten in Versailles treffen. Im Februar und März fanden die Wahlen dazu statt:

– Der erste Stand (120 000 Geistliche) wählte 300 Abgeordnete.
– Der zweite Stand (350 000 Adlige) wählte 300 Abgeordnete.
– Der dritte Stand (24 Mio. Franzosen) wählte 600 Abgeordnete.

Wählen durften nur Männer, die Besitz hatten. Der König erhoffte sich, dass die Abgeordneten gemeinsam neuen Steuern zustimmen.

Die Vertreter des dritten Standes führten in ihrem Gepäck 60 000 Beschwerdehefte mit. Bauern, Handwerker, Landarbeiter und arme Landpfarrer hatten sie zusammengestellt. Alle enthielten immer wieder die glei-

Die ersten revolutionären Schritte

Voller Spannung warteten die Vertreter des dritten Standes am 5. Mai 1789, was der König zu den Beschwerden sagen würde. Doch Ludwig XVI. ging mit keinem Wort auf die Nöte des Volkes ein. Stattdessen sprach er ausschließlich über neue Steuern. Die Generalstände sollten getrennt darüber beraten und abstimmen. Jeder Stand sollte eine Stimme haben.

Aber die Vertreter des dritten Standes verlangten, dass die drei Stände gemeinsam beraten und dann die Abstimmung nach Köpfen stattfinden sollte. Dann könnten einzelne Angehörige des ersten und zweiten Standes auch für die Interessen des dritten Standes stimmen. Doch das lehnten der König und die beiden anderen Stände ab.

Q1 **Nach längeren Verhandlungen beschlossen die Abgeordneten des dritten Standes am 17. 6. 1789:**

… Wir sind die Vertreter von 24 Millionen Franzosen. Wir sind die einzigen und wahren Vertreter des ganzen französischen Volkes. Deshalb geben wir unserer Versammlung den Namen „*Nationalversammlung". Wir werden Frankreich eine Verfassung geben, die allen Franzosen die gleichen Rechte garantiert. …

2 – Am 20. Juni 1789: Der Schwur im Ballhaus. Gemälde von J. Louis David, nach 1791 entstanden. Der Maler bekam den Auftrag im Herbst 1790. Im Unterschied zum tatsächlichen Ablauf lässt er wie bei einer Theateraufführung den Leiter der Versammlung zum Publikum sprechen. Das Bild wurde vom Maler nicht vollendet.

4 Begründet, warum der dritte Stand das Recht für sich in Anspruch nahm, sich zur Nationalversammlung zu erklären.

Der Schwur im Ballhaus

Der König war empört über das Vorgehen des dritten Standes und ließ den Sitzungssaal sperren. Nun versammelten sich die Abgeordneten in einer nahe gelegenen Sporthalle, dem sogenannten Ballhaus. Hier schworen die Abgeordneten am 20. Juni 1789, sich nicht zu trennen, bis sie eine Verfassung für Frankreich verabschiedet hätten.

Als der König versuchte die Nationalversammlung auflösen zu lassen, riefen die Abgeordneten seinem Hofbeamten zu: „Die versammelte Nation empfängt keine Befehle und weicht nur den *Bajonetten.“

Der König war beeindruckt, wie entschlossen der dritte Stand war, und gab nach. Deshalb forderte er am 27. Juni 1789 die beiden anderen Stände auf, sich der Nationalversammlung anzuschließen.

5 Erläutert, warum das Verhalten des dritten Standes und der Schwur im Ballhaus als erste revolutionäre Schritte bezeichnet werden können.

6 Untersucht Bild 2 mithilfe der Methode auf S. 317 im Anhang und zeigt, welche politische Absicht es ausdrückt.

* **Bajonett**
Eine auf den Gewehrlauf aufgesteckte Stichwaffe.

entdecken und verstehen

A Legt eine Zeittafel in eurem Geschichtsheft an, in der ihr den Ablauf der revolutionären Ereignisse während der Französischen Revolution festhaltet.

B „Majestät! Ungeheuerliches hat sich heute zugetragen“, könnte ein Hofbeamter dem König berichtet haben. Setzt seinen Bericht über die Nationalversammlung fort.

Wie wurden Bürgerinnen und Bürger politisch aktiv

1 – Der Sturm auf die Bastille am 14. Juli 1789. Kupferstich von J. B. Laminit, um 1790.

Eine blau-weiß-rote Kokarde, das Abzeichen der Revolutionäre.

Der Sturm auf die Bastille

Über Paris lag am 14. Juli 1789 Unruhe. Das Brot war knapp und kostete doppelt so viel wie sonst. Der König befahl Soldaten nach Paris zu verlegen. Dennoch kamen dort mehrere Tausend Menschen zusammen und zogen zur Bastille, dem verhassten Staatsgefängnis. Gegen Mittag stieß die Menge bis an die geschlossene Zugbrücke vor. Der Gefängniskommandant verlor die Nerven und gab Befehl zum Feuern (Bild 1 und S. 150/151). Mehr als hundert Belagerer wurden getötet. Das steigerte aber nur die Wut der Volksmenge, die sich Kanonen verschafft hatte und nun zum Angriff überging. Aber schließlich gaben die Belagerten auf. Als Ludwig XVI. durch einen Herzog von den Ereignissen unterrichtet wurde, sagte er: „Das ist ja eine Revolte." „Nein, Majestät", erwiderte der Herzog, „das ist eine Revolution."

Daraufhin zog der König seine Truppen vollständig ab und kam nach Paris. Im Rathaus heftete er sich das Abzeichen der Revolutionäre an, das war die blau-weiß-rote Kokarde. Blau und rot waren die Farben der Stadt Paris, weiß die Farbe des Königshauses. Der König versicherte, dass dieses Zeichen den ewigen Bund zwischen ihm und dem Volk zeigt.

❶ Klärt, worin der Unterschied besteht zwischen „Revolte" und „Revolution". Schlagt auf Seite 328 die Erläuterung von „Revolution" nach.

Die Revolution ergreift das Land

Die Nachricht von der Erstürmung der Bastille verbreitete sich wie ein Lauffeuer in ganz Frankreich. Sie löste vor allem bei den Bauern große Freude aus. Seit Monaten hatten sie auf die Beantwortung ihrer Beschwerdehefte gewartet. Nichts war geschehen. Die Erstürmung der Bastille war für sie das Zeichen, jetzt ebenfalls selbst zu handeln.

Also zogen sie zu den Schlössern ihrer Grundherren und forderten die Herausgabe der Urkunden. Darin waren die Abgaben und Dienste verzeichnet, die die Bauern leisten mussten. Sie verbrannten diese Schriftstücke. An vielen Orten gingen Schlösser in Flammen auf. Die Bauern weigerten sich, weiter Steuern oder Abgaben zu zahlen.

Die Nationalversammlung wollte die Bauern beruhigen. Darum fasste sie in einer Nachtsitzung vom 4./5. August 1789 gegen den Widerstand des Adels folgende Beschlüsse:

- Leibeigenschaft, Frondienste und Gerichtsbarkeit des Grundherrn werden abgeschafft.
- Bauern dürfen auch Tauben und Kaninchen halten. Sie dürfen auch auf die Jagd gehen, bisher durften das nur Adlige.
- Der Zehnte und andere Rechte des Grundherrn können durch Geldzahlungen abgelöst werden.
- Alle Bürger werden zu allen Ämtern in Staat und Heer zugelassen.
- Alle Bürger sind gleich steuerpflichtig.

Nach diesen Beschlüssen beruhigte sich die Lage auf dem Land.

❷ Erläutert folgende Behauptung: „Diese Beschlüsse der Nationalversammlung waren die Sterbeurkunde für die alte Gesellschaftsordnung des Absolutismus." Geht dazu jeden Beschluss der Nationalversammlung einzeln durch.

Frauen werden aktiv

Die Nationalversammlung forderte den König auf, die Beschlüsse mit seiner Unterschrift zu bestätigen und sie damit als Gesetz anzuerkennen. Aber Ludwig XVI. weigerte sich mit der Bemerkung: „Nie werde ich einwilligen, meine Geistlichen und meinen Adel zu berauben." Gleichzeitig ließ er erneut Truppen in der Nähe von Versailles zusammenziehen. Hierüber war die Empörung bei der Bevölkerung in Paris sehr groß. Außerdem waren die Einwohner wütend und enttäuscht, weil sich die Versorgung mit Brot noch immer nicht gebessert hatte.

2 – Bauern zerstören den Besitz ihres Grundherren. Kupferstich eines Unbekannten, 1789.

Deshalb versammelten sich zahlreiche Frauen am Morgen des 5. Oktober 1789 vor dem Rathaus von Paris. Sie verlangten Brot, doch es gab keines. Spontan beschlossen sie, nach Versailles zu ziehen (s. S. 162/163). Über 7000 Frauen machten sich schließlich auf den Weg. Sie forderten Brot und die Unterschrift des Königs. Am Abend erreichten sie Versailles und am folgenden Morgen drangen sie in das Schloss ein. Immer lauter wurden die Rufe: „Der König nach Paris!" Ludwig XVI. gab nach. Abends trafen die Massen mit dem König in Paris ein. Die Frauen riefen: „Wir bringen den *Bäcker, die Bäckerin und den kleinen Bäckerjungen."

Als Ludwig XVI. in Paris angekommen war, unterschrieb er die Beschlüsse der Nationalversammlung und setzte sie damit in Kraft.

❸ Sammelt Argumente, warum gerade so viele Frauen an dem Marsch nach Versailles beteiligt waren.

❹ Beurteilt das Handeln der Pariser Frauen und ihre Einstellung zum König.

Bäcker

Das Volk von Paris gab dem König den Spitznamen „der Bäcker", der Königin Marie Antoinette, einer Tochter Maria Theresias, den Spitznamen „die Bäckerin", weil diese auf den Hinweis, dass es in Paris kein Brot mehr zu essen gäbe, gesagt haben soll: „Dann sollen die Leute doch Kuchen essen."

entdecken und verstehen

Ⓐ Stellt euch vor, ihr wäret im Juli/August 1789 Reporter gewesen. – Verfasst einen kurzen Zeitungsbericht, in dem ihr auch die Stimmung der Bauern schildert.

Ⓑ Führt eure Zeittafel von Seite 159 fort. Findet für die Ereignisse vom August und Oktober 1789 eine treffende Überschrift.

Frauen aus Paris auf dem Weg zum König nach Versailles

Schauplatz Geschichte

Versaille. du 5. Octobre 1789.

1 Beschreibt das Bild. Achtet dabei auf Kleidung, Haltung, Gesichtsausdruck usw.

Wählt eine der Aufgaben 2–4:

2 Entwerft ein Interview mit einer der Wortführerinnen über die Beweggründe der Frauen, nach Versailles zu ziehen.

3 Spielt eine Diskussion von Frauen. Denkt dabei an folgende Stichworte: die Versorgung der Pariser Bevölkerung mit Brot, der König soll nach Paris umziehen, der König soll die Beschlüsse der Nationalversammlung mit seiner Unterschrift in Kraft setzen ...

4 Die Königin sieht den Zug der Frauen vor dem Schloss in Versailles als Erste. Sie eilt zum König und berichtet ihm, was sich draußen abspielt. Sie sagt ...

1 – 5. Oktober 1789: Tausende von Frauen ziehen von Paris nach Versailles. Zeichnung eines unbekannten Künstlers, um 1790.

Frankreich wird Republik

Für wen gelten die Menschenrechte?

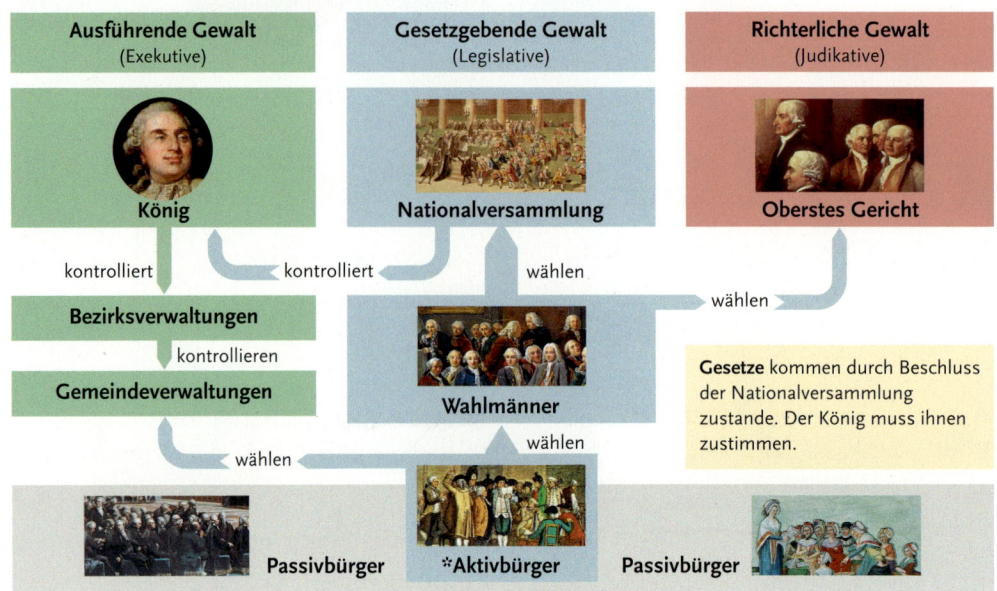

1 – Der Staatsaufbau Frankreichs nach der Verfassung von 1791. Schaubild.

* **Aktivbürger**
Männlicher Bürger älter als 25 Jahre, der mehr als 3 Livres Steuern im Jahr entrichtete.

* **Körperschaft**
Staatliche Stelle, Behörde.

Freiheit – Gleichheit – Brüderlichkeit

So lautete die Parole der Französischen Revolution und dieser Leitgedanke sollte möglichst bald für alle Menschen gelten. Die Verwirklichung dieses Leitgedankens war besonders für den Marquis de Lafayette (1757–1834) ein großes Anliegen. Lafayette war ein begeisterter Anhänger der Aufklärung. Im Jahre 1777 war er zusammen mit einer Truppe von Freiwilligen nach Amerika aufgebrochen, um dort für seine Ideale: „Freiheit, Gleichheit und Gerechtigkeit" zu kämpfen. Sie wollten die amerikanischen Kolonisten bei ihrem Unabhängigkeitskampf unterstützen.

Lafayette brachte als Abgeordneter der Nationalversammlung den Antrag für die Erklärung der Menschen- und Bürgerrechte ein.

Q1 Am 26. August 1789 wurde von der Nationalversammlung die Erklärung der Menschen- und Bürgerrechte beschlossen. Darin heißt es:

1. Die Menschen werden frei und gleich an Rechten geboren und bleiben es. ...

2. Der Zweck jeder staatlichen Vereinigung ist die Erhaltung der natürlichen und unverjährbaren Menschenrechte. Diese Rechte sind Freiheit, Eigentum, Sicherheit und Widerstand gegen Unterdrückung.

3. Der Ursprung jeder Herrschaft liegt wesensmäßig beim Volke; keine *Körperschaft, kein einzelner kann Herrschaft ausüben, die nicht ausdrücklich von ihm ausgeht.

4. Die Freiheit besteht darin, alles tun zu können, was einem anderen nicht schadet; ...

6. Das Gesetz ist der Ausdruck des allgemeinen Willens. Alle Bürger haben das Recht, an seiner Gestaltung persönlich oder durch ihre Vertreter mitzuwirken. Es soll für alle Bürger das gleiche sein, es mag beschützen oder bestrafen. ...

7. Niemand darf außer in den durch das Gesetz bestimmten Fällen angeklagt, verhaftet oder gefangen gehalten werden. ...

10. Niemand darf wegen seiner Ansichten, selbst nicht der religiösen, bedrängt werden, vorausgesetzt, dass ihre Äußerung nicht die durch das Gesetz festgelegte öffentliche Ordnung stört.

11. Die freie Mitteilung der Gedanken und Ansichten ist eines der kostbarsten Menschenrechte; daher kann jeder Bürger frei sprechen, schreiben, drucken, mit dem Vorbehalt, dass er verantwortlich ist für den Missbrauch dieser Freiheit in den von dem Gesetz festgelegten Fällen. ...

17. Da das Eigentum ein unverletzliches und geheiligtes Recht ist, kann es niemandem genommen werden, wenn nicht die öffentliche, gesetzlich festgestellte Notwendigkeit es klar erfordert und unter der Bedingung einer gerechten und vorherigen Entschädigung. ...

❶ Lest die Menschen- und Bürgerrechte (Q1) und notiert zu jedem Artikel Stichworte.

❷ Prüft, in welchen Punkten die Menschenrechte die bisherige Ordnung des Absolutismus veränderten.

Die neue Verfassung

Am 3. September 1791 erhielt Frankreich eine neue Verfassung. Der Titel für König Ludwig XVI. lautete jetzt: „Durch Gottes Gnade und die Verfassungsgesetze König der Franzosen". Frankreich war jetzt eine *konstitutionelle Monarchie. Somit war der König an die Verfassung und die Gesetze gebunden.

An der Wahl zur Nationalversammlung durften nur Aktivbürger teilnehmen. Sie mussten über ein Mindesteinkommen verfügen, um wählen zu dürfen. Frauen durften nicht wählen. Deswegen hatten etwa 21 Millionen Französinnen und Franzosen kein Wahlrecht.

❸ Untersucht das Verfassungsschema mithilfe der Methodenseite S. 323. Erläutert die neue Verfassung im Vergleich zur absolutistischen Herrschaft.

2 – Olympe de Gouges. Zeitgenössische Darstellung.

Menschenrechte – auch für Frauen?

Olympe de Gouges (1748–1793), Schriftstellerin und Vorkämpferin für die Rechte der Frauen, veröffentlichte daraufhin im September 1791 eine Schrift:

Q2 Erklärung der Rechte der Frau und Bürgerin 1791:

... Wir, Mütter, Töchter, Schwestern, Vertreterinnen der Nation, verlangen in die Nationalversammlung aufgenommen zu werden. ...

1. Die Frau ist frei geboren und bleibt dem Manne gleich in allen Rechten. ...

6. Das Gesetz muss Ausdruck des allgemeinen Willens sein; alle Bürgerinnen und Bürger müssen persönlich oder durch ihre Vertreter an seiner Entstehung mitwirken, es muss für alle gleich sein. ...

17. Eigentum kommt beiden Geschlechtern zu, seien sie vereint oder getrennt. ...

❹ Vergleicht die Forderungen von Olympe de Gouges (Q2) mit der Erklärung in Q1. Beurteilt ihre Forderungen aus damaliger und heutiger Sicht.

* konstitutionelle Monarchie
Durch eine Verfassung beschränkte Königsherrschaft.

entdecken und verstehen

Ⓐ Erklärt euch die Menschenrechte in Q1 gegenseitig mit eigenen Formulierungen und Beispielen.

Ⓑ Sucht im Internet nach weiteren Informationen zu Olympe de Gouges. Informiert die Klasse durch ein mit Bildern unterstütztes Referat.

Die Entwicklung der Menschenrechte

1 – Die Entwicklung der Menschenrechte von 1776 bis heute.

2 – Jahresbericht der Menschenrechts-
organisation Amnesty International.

Menschenrechte heute

**M1 Michael Krennerich, Vorsitzender des Nürn-
berger Menschenrechtszentrums, erklärte 2010
die Entwicklung der Menschenrechte so:**

… Gemeinhin werden drei „Generationen" von
Menschenrechten unterschieden. Rechte der ersten
„Generation" bezeichnen die klassischen bürgerlichen
und politischen Freiheits- und Beteiligungsrechte.
Dazu gehören das Recht auf Leben, die Verbote der
Folter, der Sklaverei und der Zwangsarbeit, sodann u. a.
die Rechte auf persönliche Freiheit und Sicherheit,
Gedanken-, Religions-, Meinungs-, Versammlungs-,
Vereinigungsfreiheit sowie justizbezogene Rechte
(Gleichheit vor dem Gesetz, Unschuldsvermutung,
faires Verfahren etc.). …
Rechte der zweiten „Generation" umfassen die lange
Zeit vernachlässigten wirtschaftlichen, sozialen und
kulturellen Menschenrechte, wie die Rechte auf und in
Arbeit, auf soziale Sicherheit, Ernährung, Wohnen,
Wasser, Gesundheit und Bildung. …
Rechte der dritten „Generation" sind jüngeren Datums
und bezeichnen allgemeine, noch kaum in Vertrags-
werken konkretisierte Rechte wie etwa die Rechte auf
Entwicklung, Frieden oder saubere Umwelt. …

Menschenrechtsverletzungen 2010

**M2 Auf einer Pressekonferenz zur Vorstellung des
Berichts von Amnesty International zur Lage der
Menschenrechte im Jahr 2010 sagte Wolfgang
Grenz, stellvertretender Generalsekretär von
Amnesty International in Deutschland:**

… Eine massive Einschränkung der Meinungsfreiheit
verzeichnet Amnesty in 89 Staaten. Das Recht auf freie
Meinungsäußerung ist ein grundlegendes Menschen-
recht, für das sich Amnesty International seit seiner
Gründung 1961 einsetzt. …
In China werden Menschenrechtsanwälte, Umwelt-
aktivisten, Schriftsteller, aber auch gewöhnliche Bürger
daran gehindert, politisch brisante Themen an die
Öffentlichkeit zu bringen. …
In Syrien werden Webseiten mit Beiträgen zu Menschenrechten, Regierungskritik oder zur Lage der
kurdischen Minderheiten blockiert, Blogger und junge
Menschenrechtsaktivisten zu drakonischen Haftstrafen
verurteilt.
In Ägypten hat sich mit Blick auf das Streikrecht auch
nach dem Sturz von Hosni Mubarak nicht viel verändert: Mitte April trat ein Gesetz in Kraft, das friedliche
Proteste und Streiks kriminalisiert. …

en tdecken

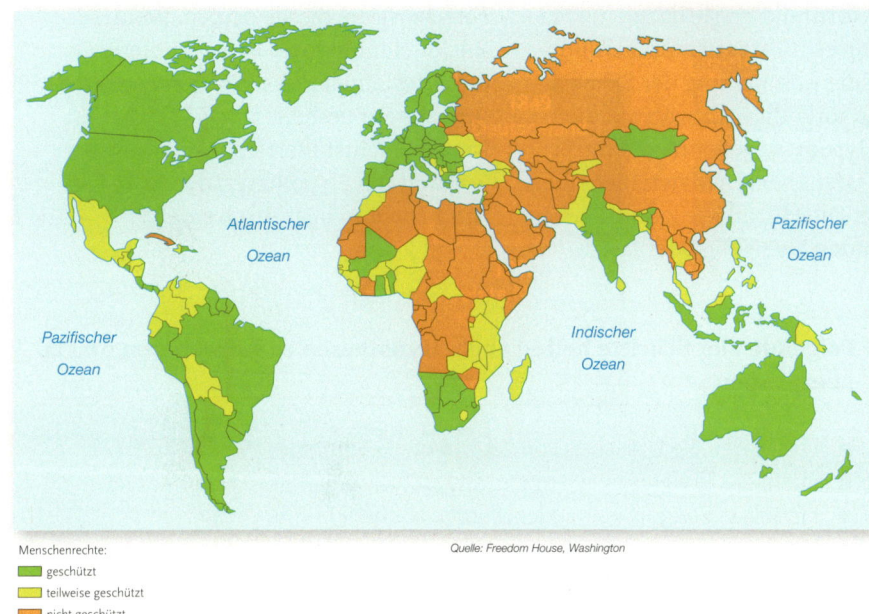

Quelle: Freedom House, Washington

Menschenrechte:
- geschützt
- teilweise geschützt
- nicht geschützt

3 – Menschenrechte weltweit 2011.

Kinderrechte

M3 1989 erweiterten die Vereinten Nationen die Erklärung der Menschenrechte um weltweit geltende Kinderrechte.

4 – Plakat des Kinderhilfswerks der Vereinten Nationen (UNICEF) zur Verbreitung der Inhalte der Kinderrechtserklärung von 1989.

Teilt euch in Gruppen auf und bearbeitet jeweils eines der drei Themen mithilfe der Fragen:

Menschenrechte heute
1 Beschreibt mit M1 die drei Gruppen von Menschenrechten, die es heute gibt, und erläutert sie.

Menschenrechtsverletzungen 2010
2 Lest M2 und sagt mit euren Worten, welche Menschenrechtsverletzungen Amnesty International benennt.

3 Besorgt euch den Jahresbericht aus einer Bibliothek oder lest die Länderberichte im Internet nach. Berichtet der Klasse über die Situation der Menschenrechte in einem von euch ausgewählten Land.

4 Listet mithilfe der Karte 3 und einem Atlas Staaten auf, in den die Menschenrechte auch heute bedroht sind.

Kinderrechte
5 Erklärt mit M3 die Kinderrechte. Prüft mithilfe des Internets, ob die aufgeführten Kinderrechte inzwischen umgesetzt worden sind.

Methode

Methode: Hypothesen überprüfen

Wenn Geschichtsforscher einen Sachverhalt erklären wollen, der noch nicht genügend erforscht ist, formulieren sie dazu eine Frage, z. B.: „Ging es im amerikanischen Bürgerkrieg um die Abschaffung der Sklavenarbeit?". Eine vorläufige Antwort auf die Frage wird Hypothese genannt. Sie muss mit Quellen oder anderen Materialien überprüft werden. Die Hypothese kann sich bei der Überprüfung als richtig oder falsch herausstellen. Die Forscherinnen und Forscher legen ihre Hypothesen anderen Forschern vor, die sie prüfen. Wenn die Rückmeldungen der Forscher die Hypothese bestätigen, wird eine gemeinsame Aussage zur gestellten Frage formuliert. Im Geschichtsunterricht kann die Überprüfung von Hypothesen nur in ersten Ansätzen durchgeführt werden.

Folgende vier Schritte helfen euch, Hypothesen zu formulieren und zu überprüfen:

Schritt 1 **Eine Forschungsfrage formulieren**	■ Was waren die Ursachen von …? ■ Hatte das Ereignis eine längere Vorgeschichte? ■ Hätte das Ereignis vermieden werden können? ■ Haben mehrere oder unterschiedliche Faktoren zusammengewirkt? ■ Welche Faktoren waren bei dem Ereignis vor allem wirksam?
Schritt 2 **Eine Hypothese (vorläufige Antwort) formulieren**	Folgende Formulierungen könnt ihr anwenden: ■ Die Ursache von … war …, weil … ■ Betrachtet man die Vorgeschichte, dann musste … ■ Noch bis zum Jahr … hätte eine andere Lösung gefunden werden können, wenn … ■ Von den vielen Faktoren, die bei dem Ergebnis zusammenwirkten, war wahrscheinlich … ausschlaggebend …
Schritt 3 **Die Hypothese überprüfen**	Eine Hypothese im Fach Geschichte muss man an Quellen oder anderen Materialien überprüfen. Es genügt nicht, nur andere Darstellungen von Historikern oder Schulbüchern heranzuziehen. ■ Mit welchen Quellen und Materialien kann die Hypothese belegt werden? ■ Wie können die Quellenaussagen im Hinblick auf die Hypothese bewertet werden? ■ Darf man das Schweigen der Quellen zu einer Hypothese als Zustimmung ansehen? ■ Ist die Hypothese aufgrund der Quellen und Materialien richtig, teilweise richtig oder falsch?
Schritt 4 **Diskussion mit anderen „Forschern"**	■ Fasst euer Ergebnis zusammen und stellt es den Mitschülerinnen und Mitschülern vor. Bittet sie, euer Ergebnis zu prüfen und zu sagen, ob sie es überzeugend finden.

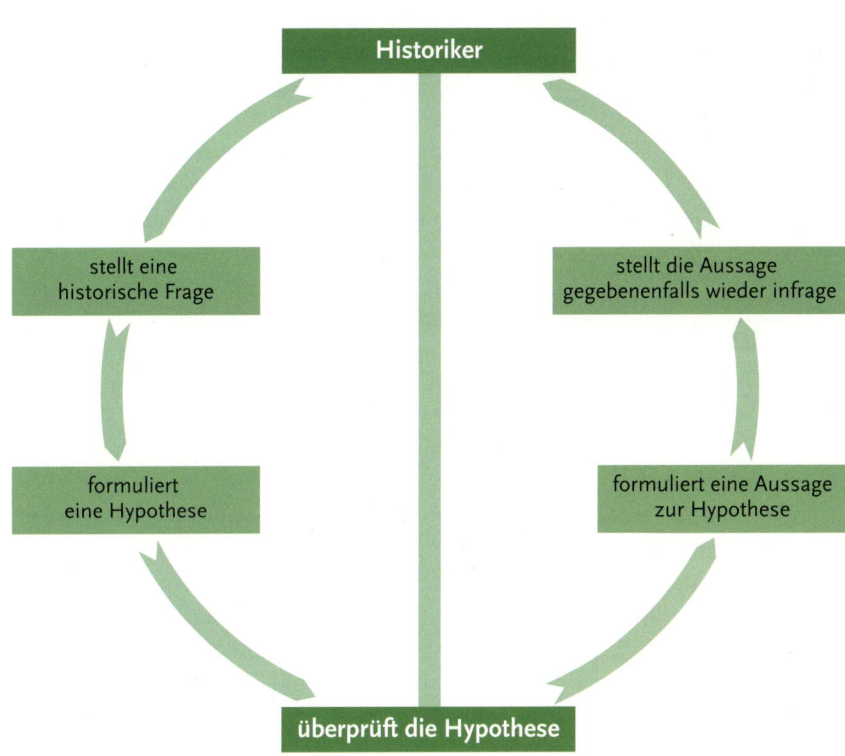

1 – „Kreislauf" der Bildung von Hypothesen.

❶ Vollzieht die Musterlösung mit den einzelnen Schritten nach.

❷ Formuliert eine eigene Forschungsfrage und eine dazugehörige Hypothese. Versucht dann die Hypothese zu überprüfen.
Weitere Forschungsfragen könnten z. B. sein:
Hätte der König den Ausbruch der Französischen Revolution verhindern können?
Warum konnte die Französische Revolution nicht mit der Verabschiedung der Verfasssung von 1791 abgeschlossen werden?

Musterlösung:

Zu Schritt 1:
Die beispielhafte Forschungsfrage im Rahmen dieses Kapitels lautet: Bekamen alle Französinnen und Franzosen mit der Verkündigung der Menschenrechte 1789 gleiche Rechte?

Zu Schritt 2:
Die Hypothese lautet: Durch die Verkündigung der Menschenrechte bekamen alle Französinnen und Franzosen gleiche Rechte.

Zu Schritt 3:
Aus dem Schaubild der Verfassung von 1791 (siehe S. 164) ergibt sich, dass nur Männer über 25 Jahre mit einem Mindesteinkommen wählen durften. Frauen und Männer ohne dieses Mindesteinkommen hatten kein Wahlrecht. In der Erklärung der Rechte der Frau und Bürgerin von 1791 (Q2 S. 165) fordert Olympe de Gouges gleiche Rechte für Männer und Frauen. Sowohl mit dem Schaubild zur Verfassung von 1791 als auch mit Q2 S. 165 kann man belegen, dass die Hypothese sich nicht bestätigen lässt.

Zu Schritt 4:
Auf die Forschungsfrage lässt sich die Aussage treffen: Die Verkündigung der Menschenrechte führte nicht dazu, dass Französinnen und Franzosen gleiche Rechte bekamen. 21 Millionen der 25 Millionen Französinnen und Franzosen durften 1791 nicht wählen. Besprecht die Musterlösung in der Klasse. Ist sie einleuchtend, gibt es weitere Belege für oder gegen die Hypothese?

Darf man einen König zum Tode verurteilen?

1 – Die Verhaftung König Ludwigs XVI. auf der Flucht 1791. Zeitgenössische Darstellung.

Ein Fluchtversuch scheitert

Nur wenige Monate bevor die neue Verfassung verkündet wurde, verkleidete sich der König als Kammerdiener und verließ am 20. Juni 1791 mit seiner Familie heimlich Paris. Sein Ziel war die deutsche Grenze. Schon mehr als 40 000 Adlige waren vor ihm ins Ausland geflohen. Denn sie wollten sich nicht damit abfinden, dass sie keine Vorrechte mehr hatten.

Deshalb bereiteten sie vom Ausland aus den Kampf gegen die Revolution in Frankreich vor. Der König wollte sich mit den geflohenen Adligen verbünden. Sein Ziel war es, mit einer Armee nach Paris zurückzukehren, um die Macht wieder an sich zu reißen. Jedoch wurde der König auf der Flucht erkannt und als Gefangener nach Paris zurückgebracht.

Als er am 25. Juni wieder in Paris eintraf, war es totenstill. Schweigend standen die Soldaten rechts und links der Straße, die Gewehre nach unten gekehrt.

❶ Beschreibt die Vorgänge auf der Abbildung 1. Erläutert, wie der Künstler den König darstellt.

Die Revolution in Gefahr

Obwohl der König zurückgebracht wurde, war die Revolution in Gefahr. Denn nahezu alle europäischen Herrscher fürchteten, dass die Revolution auf ihre Länder übergreifen könnte. So schlossen Preußen und Österreich ein Militärbündnis gegen die französische Revolutionsregierung. Aber die Nationalversammlung kam ihren Gegnern zuvor und erklärte den verbündeten europäischen Mächten am 22. April 1792 den Krieg. Die schlecht ausgebildete Revolutionsarmee erlitt zunächst schwere Niederlagen.

Frankreich wird Republik

Die Situation spitzte sich zu. Denn das Volk suchte nach Sündenböcken für die militärischen Niederlagen. So wuchs die Wut des Volkes gegen den König , weil er Gegner der Revolution war und ihm Landesverrat vorgeworfen wurde. Im August 1792 stürmte die Menge das Schloss. Der König wurde für abgesetzt erklärt und verhaftet.

Noch am gleichen Tag wurden Neuwahlen zur Nationalversammlung ausgeschrieben. Bei dieser Wahl sollten alle Bürger stimmberechtigt sein. Nur einen Monat später, im September 1792, trat die neue Nationalversammlung zusammen. Sie bezeichnete sich jetzt als Nationalkonvent.

In diesem Konvent hatte eine Gruppe radikaler Abgeordneter, das waren die ✱Jakobiner, den größten Einfluss. In seiner ersten Sitzung verkündete der Nationalkonvent am 21. September das Ende der Monarchie und erklärte Frankreich zur ✱Republik.

Das Schicksal des Königs

An mehreren Tagen diskutierte der Nationalkonvent über das Schicksal des Königs.

Q1 Der 25-jährige Abgeordnete Louis de Saint Just, Mitglied der Jakobiner, sagte am 13. November 1792:

... Ich sage, der König muss als Feind gerichtet werden; wir haben ihn weniger zu richten als zu bekämpfen. ...

Man wird erstaunen darüber, dass man im

18. Jahrhundert weniger fortgeschritten war als zur Zeit Caesars: der Tyrann wurde geschlachtet mitten im versammelten Senat, ohne andere Förmlichkeiten als 22 Dolchstiche, ohne andere Gesetze als die Freiheit Roms. Und heute scheut man sich, einem Mann den Prozess zu machen, der der Mörder eines Volkes, der ergriffen worden ist auf frischer Tat, die Hand im Blut, die Hand im Verbrechen! ...

Q2 Der Rechtsanwalt Maximilien Robespierre, einer der politischen Führer der Jakobiner, sagte am 3. 12. 1792:

... Hier ist kein Prozess zu führen. Ludwig ist kein Angeklagter, Ihr seid keine Richter. Ihr seid nur Staatsmänner und Vertreter der Nation und könnt nichts anderes sein. Ihr habt kein Urteil für oder gegen einen Menschen zu fällen, sondern eine Maßnahme der öffentlichen Wohlfahrt zu treffen, einen Akt nationaler Vorsehung zu vollziehen. Was schreibt eine gesunde Politik vor, um die werdende Republik zu stärken? Den Herzen einen tiefen Abscheu vor dem Königtum einzuflößen und alle Anhänger des Königs in Betäubung zu versetzen! ... Was mich angeht, so verabscheue ich die Todesstrafe, und für Ludwig habe ich weder Hass noch Liebe, nur seine Missetaten verabscheue ich. Aber ein König, dessen Name allein schon für unsere Nation den Krieg bedeutet, stellt für das öffentliche Wohl eine Gefahr dar. Mit Schmerz spreche ich die verhängnisvolle Wahrheit aus: Es ist besser, dass Ludwig stirbt, als dass 100 000 tugendhafte Bürger umkommen: Ludwig muss sterben, weil das Vaterland leben muss. ...

Q3 Der Abgeordnete und Rechtsanwalt Romain de Seze erklärte am 26. Dezember 1792:

... Nehmt Euch in Acht; nehmt Ihr Ludwig die Unverletzlichkeit des Königs, so seid Ihr ihm wenigstens die Rechte des Bürgers schuldig; ... Wollt Ihr nun aber Ludwig als König richten, dann frage ich Euch: Wo sind die schützenden Formen, die jeder

2 – Die Hinrichtung König Ludwigs XVI. Radierung, 1793.

Bürger kraft unveräußerlichen Rechtes verlangen kann? Ich frage Euch: Wo ist jene Teilung der Gewalten, ohne die weder Verfassung noch Freiheit möglich ist? Ich frage Euch: Wo sind die Geschworenen für Anklage und Urteil, die den Bürgern durch das Gesetz als Geiseln zum Schutz ihrer Sicherheit und Unschuld gegeben sind? ... Mit einem Wort, ich frage Euch: Wo sind alle jene strengen Vorkehrungen, die das Gesetz bestimmt hat, damit der Bürger, selbst wenn er schuldig ist, nur durch das Gesetz getroffen wird? ...

Am 17. Januar 1793 fällte der Nationalkonvent mit 387 zu 334 Stimmen das Todesurteil. Vier Tage später wurde Ludwig XVI. hingerichtet.

❷ Untersucht Q1–Q3 und erarbeitet mithilfe der Methodenseiten 316 die Kernaussagen der Reden im Nationalkonvent. Schreibt diese in eine Übersicht: „Für oder gegen den König?".

❸ Trefft mithilfe der Methodenseiten 320 ein Werturteil: „Durfte der König zum Tode verurteilt werden?"

entdecken und verstehen

Ⓐ Entwerft kurze Redebeiträge für die Debatte im Nationalkonvent zum Schicksal des Königs. Berücksichtigt dabei auch die Menschenrechte (s. S. 164).

Ⓑ Führt eure Zeittafel von Seite 159 fort. Findet für die Ereignisse von 1791 bis Januar 1793 jeweils treffende Bezeichnungen.

Wie kam es zur blutigen Terrorherrschaft?

1 – Verhör vor dem Revolutionsgericht. Zeitgenössische Darstellung, 1792.

✳ Sansculotten
(frz. = ohne Kniehosen).
Bezeichnung für Pariser
Revolutionäre, die aus
einfachen Verhältnissen
stammten.

Der Terror beginnt

Frankreich kam nicht zur Ruhe. Denn nachdem der König hingerichtet worden war, mussten die französischen Truppen vor feindlichen Heeren fliehen. Dazu kamen immer wieder verheerende Hungersnöte wegen Missernten. Daher wandten sich viele Menschen zwangsläufig von der Revolution und den Revolutionären ab.
Um mit den vielfältigen Problemen fertig zu werden, übertrug der Nationalkonvent die Macht auf zwei Ausschüsse:
– Die Mitglieder des Wohlfahrtsausschusses waren zuständig für die Versorgung der Bevölkerung, die Errichtung von Rüstungsbetrieben, für das Militär und die Polizei. Vorsitzender dieses Ausschusses wurde Maximilien Robespierre.
– Der Sicherheitsausschuss hatte die Aufgabe, „Feinde der öffentlichen Ordnung" aufzuspüren und verhaften zu lassen.
Die Jakobiner beherrschten beide Ausschüsse. Besonders die Kleinbürger, die ✳Sansculotten, unterstützten die Jakobiner. Die politische Lage war sehr unsicher. Darum glaubten die Sansculotten, dass sie die Revolution mit Gewalt aufrechterhalten könnten. So genügten bereits einige unbedachte Äußerungen, um eine Person als „Feind der Republik" anzuklagen.

Q1 Am 11. Oktober 1793 erließ der Sicherheitsausschuss folgende Bekanntmachung:

... Merkmale zur Kennzeichnung von Verdächtigen:
1. Wer Versammlungen des Volkes durch hinterhältige Reden und Zwischenrufe stört.
2. Wer die Großpächter und habgierigen Händler bedauert, gegen die Maßnahmen ergriffen wurden.
3. Wer dauernd die Worte Freiheit, Republik und Vaterland im Munde führt, aber mit ehemaligen Adligen verkehrt und an ihrem Schicksal Anteil nimmt.
4. Wer die republikanische Verfassung mit Gleichgültigkeit aufgenommen hat. ...

❶ Lest noch einmal die Artikel 10 und 11 der Erklärung der Menschenrechte (S. 164). Beurteilt mit ihnen die Bekanntmachung des Sicherheitsausschusses (Q1).

Vor dem Revolutionsgericht

Noch im gleichen Jahr wurde ein Revolutionsgericht gebildet, das die Feinde der Republik aburteilen sollte. Gegen seine Entscheidungen gab es keine Einspruchsmöglichkeiten.

Q2 In einem zeitgenössischen Bericht über die Arbeit der Revolutionsgerichte steht:

... Verhöre und Verteidigungen gibt es nicht mehr. Zeugen werden keine vernommen. Wer im Gefängnis sitzt, ist bereits zum Tode verurteilt. ...
Es gibt Verhandlungen, wo 100 oder 150 Angeklagte schon vor der Verhandlung als schuldig in die Listen eingetragen wurden. ... Der eine Richter vertreibt sich die Zeit damit, Karikaturen der Angeklagten zu zeichnen, andere sind oft betrunken. ...

Ein Mitglied des Wohlfahrtsausschusses erklärte später: „Wir wollten nicht töten, um zu töten. Wir wollten unsere Vorstellungen um jeden Preis durchsetzen." Ungefähr 500 000 Menschen wurden verhaftet, etwa 40 000 hingerichtet, darunter auch Kinder im Alter von zehn bis zwölf Jahren.

❷ Beschreibt die Bilder 1 und 2. Erklärt, welche Haltung sie zum Vorgehen der Jakobiner und zum Revolutionsgericht zum Ausdruck bringen.

2 – Die Opfer der Terrorherrschaft: u. a. Geistlichkeit (Clergé), Parlament (Parlement), Adel (Noblesse), Volk (Peuple). Stich von 1794.

Ende des Terrors

Im Jahr 1794 konnten die französischen Truppen, die zahlenmäßig überlegen waren, ihre Gegner aus Frankreich vertreiben. Die Revolution schien gerettet. Die Mehrzahl der Abgeordneten im Nationalkonvent sah jetzt keinen Sinn mehr, die Terrorherrschaft fortzuführen. Folglich ließen sie am 27. Juli 1794 Robespierre verhaften und am nächsten Tag hinrichten.
Ein Jahr später beschloss der Nationalkonvent eine neue, die dritte Verfassung der Revolution. Zuerst wurde die Gewaltenteilung, die Robespierre außer Kraft gesetzt hatte, wieder eingeführt. Außerdem erhielten die Bürger mit höherem Einkommen wieder größere Rechte bei den Wahlen. Die wesentlichen Regierungsgeschäfte wurden einem Direktorium von fünf Konventsmitgliedern übertragen.
Aber auch diese Regierung konnte den wirtschaftlichen Verfall nicht aufhalten. Daher wurde das Direktorium bei der Bevölkerung immer unbeliebter. Schließlich konnte nur noch das Militär die allgemeine Ordnung aufrechterhalten.

❸ Erläutert anhand von Q2, wieso die Revolutionsgerichte mit den 1789 beschlossenen Menschenrechten nicht vereinbar waren.

❹ Auch heute werden in einigen Staaten die Menschenrechte nicht beachtet. Recherchiert im Internet mit den Suchbegriffen „Einhaltung der Menschenrechte" und „Diktatur".

entdecken und verstehen

Ⓐ Verfasst eine Geschichtserzählung, in der ihr von den Zielen der Revolution, der Einführung einer demokratischen Ordnung und der Terrorherrschaft der Jahre 1793/1794 berichtet.

Ⓑ Führt eure Zeittafel von Seite 159 fort. Findet für die Ereignisse von 1793 und 1794 jeweils treffende Bezeichnungen.

Kaiserreich Frankreich

Warum wurde ein General Kaiser?

1 – Die Kaiserkrönung Napoleons. Napoleon krönt seine Frau, nachdem er sich selbst zum Kaiser gekrönt hat. Gemälde von J.Louis David, 1804, Ausschnitt.

Gewalten wurde aufgehoben, freie Wahlen und die Pressefreiheit abgeschafft. Die Verwaltung wurde zentral organisiert und reformiert. Alle Bürger mussten entsprechend ihrem Vermögen Steuern zahlen. Napoleon entschied selbst, wie die höchsten Ämter in der Verwaltung, in der Polizei und in der Armee besetzt wurden.

1802 ließ er sein Konsulat durch einen Volksentscheid auf Lebenszeit verlängern. Einige Rechte aus der Revolutionszeit ließ Napoleon aber unangetastet:
– die persönliche Freiheit,
– die Gleichheit vor dem Gesetz, und
– das Recht auf Eigentum.

❶ Beschreibt mit euren Worten, wie Napoleon an die Macht kam und wie er das Regierungssystem Frankreichs umgestaltete.

*Feudalsystem
Herrschaft von Königen und Adel.

Napoleon Bonaparte

Nachdem Robespierre gestürzt worden war, kamen die Vertreter des wohlhabenden Bürgertums an die Macht. 1795 wurde eine neue Verfassung ausgearbeitet. Ein Direktorium aus fünf „Direktoren" bildete die Exekutive. Das Wahlrecht bekamen nur wohlhabende Männer. Das Direktorium war nicht fähig, die Not in großen Teilen der Bevölkerung zu beheben. Deshalb kam es wiederholt zu Unruhen und Aufständen von Anhängern des früheren Königtums. Seit 1798 herrschte das Direktorium uneingeschränkt. General Bonaparte war durch militärische Siege bekannt geworden. Er stürzte das Direktorium am 9. November 1799 und setzte sich an die Spitze eines neuen Dreier-Direktoriums. Die Revolution erklärte er für beendet.

Sicherung der Macht

Napoleon sicherte sich 1799 als Erster Konsul die größte Macht in dem Konsulat. Das war ein neues Regierungssystem. Es gab auch eine neue Verfassung. Die Teilung der

Napoleon krönt sich zum Kaiser

Q1 Einer der Vertreter des Bürgertums, der Rechtsanwalt François de Jaubert, der 1789 Mitglied der Nationalversammlung gewesen war, erklärte in einer Rede am 2. Mai 1804:

... Was wollten wir 1789? Das Eingreifen unserer Vertreter bei der Festlegung der Steuern, die Abschaffung des *Feudalsystems, ... die Beseitigung der Missbräuche, ... die Garantie für den Wohlstand im Inneren und für unsere Achtung im Ausland: das sind die wahren Wünsche der Nation gewesen. ...

Ja, wer könnte all die Wunder nennen, die er (Napoleon) seit seinem Aufstieg zum Konsulat vollbracht hat! Betrachten Sie, was vier Jahre hervorgebracht haben: Die Grundlagen der Verwaltung sind festgelegt, in die Finanzen ist Ordnung gebracht, die Armee ist organisiert; ... Europa ist befriedet, der Handel in Gang gebracht, die Industrie ermutigt, so auch die Künste und die Wissenschaften; ... das staatliche Unterrichtswesen ist neu aufgebaut; gewaltige Arbeiten werden angeordnet und vollendet. ...

All diese Leistungen werden den kommenden Jahrhunderten die tiefe Ergebenheit erklären, von der die Franzosen für Napoleon Bonaparte durchdrungen sind, so auch … diesen so stark ausgesprochenen Wunsch: dass jener, dem die Republik so großen Ruhm und so große Wohltaten verdankt, einwilligen möge, ihr Kaiser genannt zu werden und die ausführende Gewalt in seiner Familie festzulegen. …

❷ Untersucht Q1 mithilfe der Methode auf S. 317 im Anhang und erklärt, warum das Bürgertum Napoleon größtenteils unterstützte.

1804 krönte sich Napoleon im Beisein des Papstes selbst zum Kaiser und seine Frau zur Kaiserin der Franzosen.

Der „Code civil"

1804 erschien die erste Ausgabe einer Gesetzessammlung für Frankreich, die „*Code civil" genannt wurde. Die einzelnen Bücher des Code regelten die Rechte der Personen und Fragen des Eigentums. Mit dieser Gesetzessammlung wurde zum ersten Mal ein einheitliches geschriebenes Recht geschaffen, das für ganz Frankreich gültig war. Es löste 300 unterschiedliche Gesetzesbücher ab, die bis dahin galten. Der „Code civil" wurde zum Vorbild für ganz Europa.

Q2 Aus dem „Code civil" von 1804:
… 8. Jeder Franzose soll Bürgerrechte genießen. …
144. Mannspersonen können nicht heiraten, ehe sie das achtzehnte Jahr, Frauenzimmer nicht, ehe sie das fünfzehnte Jahr zurückgelegt haben. …
146. Ohne Einwilligung gibt es keine Ehe.
147. Man kann keine zweite Ehe schließen, ohne dass die erste aufgelöst ist. …
165. Die Ehe soll öffentlich vor dem Civil-Beamten des Ortes … geschlossen werden. …
213. Der Mann ist seiner Frau Schutz und die Frau ihrem Manne Gehorsam schuldig. …

2 – Kaiser Napoleon im Krönungsornat. Gemälde von F. P. Gérad, 1805/1810.

215. Die Frau kann ohne die *Autorisation ihres Mannes nicht vor Gericht stehen, selbst dann nicht, wenn sie öffentlich in ihrem eigenen Namen Handelsgeschäfte treibt, mit ihrem Manne in keiner Gütergemeinschaft lebt oder ihr Vermögen ausschließlich für sich allein genießt. …

* Code civil
Bürgerliches Gesetzbuch.

* Autorisation
Erlaubnis.

❸ Nennt die Vorteile, die der „Code civil" für die Rechtsprechung bedeutete.
❹ Beurteilt die Regelungen in Q2 Nr. 213 und 215 im Vergleich mit den Forderungen von Olympe de Gouges (S. 165).

entdecken und verstehen

Ⓐ Untersucht Bild 1. Napoleon soll zu dem Maler David gesagt haben: „Das ist gut, David. Ihr habt vollkommen meine Vorstellungen erahnt." Versucht zu erklären, was Napoleon damit gemeint haben könnte.
Ⓑ Führt ein Streitgespräch: Napoleon – Retter oder Zerstörer der Französischen Revolution?

Wurde ganz Europa französisch?

1 – Europa unter der Herrschaft Napoleons 1804–1812.

---

❶ Beschreibt mit der Karte 1 die Herrschaftsgebiete Frankreichs um 1812.

Ganz Europa französisch?

Q1 Napoleon äußerte sich 1804 zu seinen außenpolitischen Zielen:
... Europa wird nicht zur Ruhe kommen, bevor es nicht unter einem einzigen Oberhaupte steht, unter einem Kaiser, der Könige als seine Beamte hat und der seinen Generälen Königreiche gibt.
Wir brauchen ein europäisches Gesetz, einen europäischen Gerichtshof, eine einheitliche Münze, die gleichen Gewichte und Maße. Wir brauchen dieselben Gesetze für ganz Europa. ... Aus allen Völkern Europas muss ich ein Volk machen und aus Paris die Hauptstadt der Welt. ...

❷ Nennt die außenpolitischen Ziele Napoleons (Q1) im Einzelnen.

❸ Berichtet, was ihr über die heutige Europäische Union (EU) wisst und welche Staaten ihr angehören.

❹ Erläutert die Unterschiede von Napoleons Vorstellungen von Europa mit den heutigen Zielen eines vereinigten Europas.

Neuordnung der deutschen Staaten
Napoleon führte ständig Krieg und unterwarf – bis auf Großbritannien – fast alle Staaten Europas. Nachdem die französischen Truppen 1806 deutsche Gebiete erobert hatten, wurde Deutschland umgestaltet. Im Jahr 1801 hatten die deutschen Fürsten sich damit einverstanden erklären müssen, dass die Gebiete links des Rheins auf Dauer zu Frankreich gehören sollten. Weitere Änderungen betrafen:
– Geistliche Landesherren, das waren Bischöfe und Kardinäle, wurden enteignet. Die Gebiete verteilte man an weltliche Fürsten.
– Fast alle Reichsstädte und zahllose Kleinstaaten teilte man mächtigeren Landesherren zu.
So wurden etwa 300 kleine Herrschaftsgebiete aufgelöst.

— Grenze des Heiligen Römischen Reiches 1789
⊙ Reichsstädte
▪ geistliche Gebiete

2 – Mitteleuropa vor 1789.

▪ Kaiserreich Frankreich unter Napoleon 1812
▭ Rheinbund 1812 (von Napoleon abhängig)
▫ sonstige von Napoleon abhängige Staaten

3 – Mitteleuropa von 1806 bis 1812.

Napoleon brachte nicht nur seine Truppen nach Deutschland, sondern auch viele Reformen. Viele deutsche Staaten führten das „Bürgerliche Gesetzbuch", den Code civil ein (s. Seite 175) oder orientierten sich daran. Die Vorrechte der Adeligen wurden weitgehend abgeschafft.

Die Verwaltung wurde neu geordnet: Ähnlich wie in Frankreich wurden Staat und Kirche strikt getrennt. Die Sorge für Arme und Kranke wurde jetzt ebenso eine Aufgabe des Staates wie die Schulerziehung. Ehe-schließungen, Geburten und Todesfälle wurden jetzt von Verwaltungsbeamten registriert.

⑤ Erläutert mit den Karten 2 und 3 die Auswirkungen der Herrschaft Napoleons auf die politische Gliederung Deutschlands.

Ende des Heiligen Römischen Reichs

Im Jahr 1806 schlossen sich unter der Vorherrschaft Napoleons 16 deutsche Fürsten zum *Rheinbund zusammen. Sie erklärten gleichzeitig ihren Austritt aus dem Heiligen Römischen Reich Deutscher Nation. Durch diese Nachricht und unter dem Druck Napoleons verzichtete Franz II. auf die deutsche Kaiserkrone und nannte sich nur noch „Kaiser von Österreich". Das war das Ende des Heiligen Römischen Reiches , das eine fast tausendjährige Geschichte hatte.

Niederlage in Russland

Die Truppen Napoleons überschritten 1812 mit 600 000 Soldaten die russische Grenze. Das Ziel war Moskau. Vor Moskau wurden die Franzosen vom Winter überrascht. Sie mussten den Rückzug antreten, weil es ihnen an Vorräten mangelte. Die russischen Truppen verfolgten und besiegten sie. Deshalb erreichten nur 30 000 französische Soldaten die Heimat. Napoleon erlitt 1815 seine endgültige Niederlage in der Schlacht bei Waterloo, als er gegen britische und preußische Truppen kämpfte. Er wurde auf die Insel St. Helena im Südatlantik verbannt, wo er 1821 starb.

entdecken und verstehen

Ⓐ Die französische Herrschaft in deutschen Gebieten hat sich auch in unserer Sprache niedergeschlagen. Sucht im Internet mit „französische Lehnwörter" nach solchen Worten. Listet diejenigen auf, die ihr kennt.

Ⓑ Erstellt ein Lernplakat: „Die Auswirkungen der Herrschaft Napoleons für Europa".

✽ Rheinbund
Im Jahr 1806 traten 16 deutsche Reichsstädte und Fürstentümer aus dem Deutschen Reich aus. Sie gründeten den Rheinbund, dessen Schutzherr Napoleon war.

Methode

Wir erarbeiten ein Portfolio

Das Portfolio habt ihr schon als Mappe gelungener Arbeiten kennengelernt. Es zeigt wie ein „Schaufenster" Ergebnisse, die ihr zu einem historischen Thema erstellt habt. Es enthält außerdem eure Gedanken über Lernwege, persönliche Interessen oder auch Schwierigkeiten.

Hier bekommt ihr noch weitere vertiefende Anregungen, denn für ein Portfolio kann es unterschiedliche Vorgaben geben: Es gibt Wahlmöglichkeiten für die Themen und auch die Produkte sind frei wählbar. Wichtig sind immer genaue Absprachen!

Folgende Schritte helfen euch bei der Planung und Durchführung:

Schritt 1 **Absprachen treffen**	Vor Arbeitsbeginn werden geklärt und schriftlich festgehalten: ■ Alle **Anforderungen**, wie das **Thema** des Portfolios, der **Zeitplan**, der **Rahmen** (wann und wo wird am Portfolio gearbeitet?), die **Ziele** und die **Inhalte** (Pflicht- und Wahlbereich), die **Form** (z. B. eine Mappe), die Art der **Reflexion** (des Nachdenkens über die Arbeit, z. B. durch Reflexionsblätter) ■ Die **Beratung** durch die Lehrkraft (wann und wie?), die **Rückmeldung** und die **Auswertung** (durch euch, Mitschüler/innen oder die Lehrkraft)
Schritt 2 **Das Portfolio erarbeiten und veröffentlichen**	Das Portfolio wird (meist im und parallel zum Unterricht) entwickelt: ■ Ein **Arbeitsplan** hilft, sich die Zeit gut einzuteilen ■ Die **Gliederung** wächst mit den fertigen Arbeiten und die **Gestaltung** passt zum Thema ■ Die fertigen **Portfolios liegen aus**, zur Ansicht und für ein gegenseitiges Feedback
Schritt 3 **Das Portfolio auswerten**	Das Portfolio wird beurteilt, Verabredungen werden getroffen ■ Wie ist der **Gesamteindruck**? Ist das Portfolio **vollständig**? ■ Die **Einzelheiten**: Was ist euch schon gut oder bestens gelungen? Woran könnt ihr noch arbeiten? Ein **Bewertungsbogen** ist hilfreich! ■ **Verabredungen**: neue Ziele, Schwerpunkte für das nächste Portfolio

Anforderungen: PORTFOLIO: „Französische Revolution"
- **Deckblatt** (Thema, Name, passende und ansprechende Gestaltung)
- Von den **neun Themen** und **Leitfragen** des Kapitels werden **sechs** zur Bearbeitung gewählt. Die unterschiedlichen **Produkte** (z. B. Reportage, Zeittafel, …) sind frei wählbar, sie beantworten die Themen/Leitfragen ausführlich und sind anschaulich. Die Aufgaben im Buch geben Anregung!
- Eine **Methode** des Kapitels wird mit selbst ausgesuchtem Material bearbeitet.
- **Zwei Reflexionsblätter** werden ergänzt:
  - Zum **Thema**: Gedanken über das bearbeitete historische Thema: Was ist wichtig geworden, was war interessant, verwunderlich, …
  - **Meine Arbeit**: Kommentar und Begründung zur Auswahl der Themen und der Produkte und ihrer Form. Reflexion über eigene Stärken und Schwächen.

Portfolio: Die Französische Revolution

Lisa B.

1 – Sprung der königlichen Familie aus den Tuilerien nach Montmédy, wo sie von geflüchteten Adligen schon erwartet werden. Karikatur, 1791.

2 – Schüler/innen geben sich gegenseitig ein Feedback zu den Portfolios. Foto, 2012.

❶ Trefft mit eurer Lehrkraft Absprachen über die Anforderungen eines Portfolios, das ihr erarbeiten wollt.

❷ Entwerft in Kleingruppen Muster für einen Bewertungsbogen, er sollte sich an den drei Schritten und am Anforderungsbogen orientieren.

Musterlösung:

Zu 6. METHODE:
Die Karikatur habe ich ... gefunden ... Abgebildet sind die Königin Marie Antoinette, sie trägt und zieht die anderen ... Der Felsen meint den Montmédy, das Ziel der Flucht ... Der Zeichner hat zugleich die Flucht, die Beteiligten und ihre Einstellungen gezeigt. Seine Sicht ...

Zu 8. REFLEXION, Thema:
Ich fand das Thema wirklich spannend, ... was in dieser Zeit passiert ist, hat viel mit uns zu tun, z. B. ... Daher war es gut, viel Unterrichtszeit für die eigene Arbeit zu haben ...

Zu 9. REFLEXION, meine Arbeit:
... Zum Thema „Menschenrechte" habe ich mich sofort für die Person Olympe de Gouges entschieden, weil ich Lebensgeschichten von Menschen spannend finde. Ich hatte gleich die Idee eines Steckbriefs, hier kann man viele Informationen übersichtlich anordnen. ... Mit dem Steckbrief hatte ich keine Probleme, es hat Spaß gemacht noch mehr über sie zu finden ... Thema 7: Die Urteilsfrage hat mich gleich angesprochen. ... Schwierig ist es vor allem, eine Überzeugung gut zu begründen. ... ich habe viel Zeit für wenige Sätze gebraucht. ... Die Methodenschritte zum Werturteil waren nützlich. ...
Das gegenseitige Feedback war super hilfreich! Ich war neugierig, welche Themen und Produkte andere ausgewählt haben. ... man war sehr gespannt, was die anderen in die Bewertungsbögen geschrieben haben, was sie gut oder nicht so gelungen fanden.

Erbe der Französischen Revolution

Was wirkt sich bis heute aus?

1 – „Die Freiheit führt das Volk". Gemälde von Eugène Delacroix, 1830.

2 – Demonstration in der DDR im Dezember 1989. Foto.

3 – Demonstranten auf dem Tahir-Platz in Kairo im Herbst 2011. Sie fordern den Rücktritt des Diktators Mubarak und die Einführung einer Demokratie. Foto.

Ein lebendiges Erbe

Menschen werden auf der ganzen Welt für ihre Rechte und für die Einführung einer demokratischen Ordnung politisch aktiv. Das gehört zum wichtigsten Erbe der Französischen Revolution.

Seit 1789 bestimmen die Forderungen nach „Freiheit, Gleichheit und Brüderlichkeit" und nach Mitbestimmung die politische Kultur nicht nur in Europa. Überall wo Menschen unterdrückt sind, erinnern sie sich an die Revolution von 1789.

Bis heute ist die Forderung ebenso wirksam, dass die Menschenrechte für alle Menschen in allen Staaten eingehalten werden müssen. Auch die Forderung nach gleichen Rechten für Frauen hat bis heute nichts von ihrer revolutionären Kraft verloren.

❶ Beurteilt mit den Bildern und dem Text die Bedeutung der Französischen Revolution bis heute.

Zusammenfassung

Die Französische Revolution

Staatskrise in Frankreich

Als Ludwig XVI. die Herrschaft 1774 übernahm, gab er nicht weniger Geld als seine Vorgänger aus. Das Volk litt unter der hohen Abgabenlast. In immer größerer Zahl erschienen Flugblätter, die darauf hinwiesen, dass das Volk frei und alle Menschen gleich seien. Schließlich war Ludwig XVI. nicht mehr in der Lage, seine enormen Ausgaben zu finanzieren. In dieser Notlage berief der König die Vertreter der drei Stände ein, um sich höhere Steuern bewilligen zu lassen.

1774–1789

Ludwig XVI., der letzte absolute König Frankreichs.

Revolution im Jahr 1789

Die Vertreter des dritten Standes forderten in einer der ersten Sitzungen der Generalstände, dass nach Köpfen und nicht nach Ständen abgestimmt werden sollte. Da der König und die beiden anderen Stände dies verweigerten, erklärten sich die Vertreter des dritten Standes zur Nationalversammlung. Denn sie vertraten mehr als 95 Prozent der Bevölkerung. Bald darauf traten viele Adlige und Geistliche vom ersten und zweiten Stand der Nationalversammlung bei und erklärten den Verzicht auf ihre Privilegien. Im August 1789 wurden die Menschenrechte und wenig später eine neue Verfassung verkündet.

1789

1789 erklärten sich die Vertreter des dritten Standes zur Nationalversammlung.

Die Republik

Ludwig XVI. arbeitete zunächst mit der Nationalversammlung zusammen. Insgeheim verhandelte er aber mit ausländischen Fürsten. Er hatte das Ziel, die Revolution mit ihrer Hilfe militärisch rückgängig zu machen.
Nach einem gescheiterten Fluchtversuch des Königs im Jahr 1791 galt er als gefährlicher Feind der Revolution. Nach heftigen Debatten im Nationalkonvent, so nannte sich jetzt die Nationalversammlung, wurde der König am 17. Dezember 1792 auf Beschluss des Nationalkonvents hingerichtet.

1792–1799

Mit der Hinrichtung des Königs wurde Frankreich zu einer Republik.

Das Kaiserreich

Die Revolution schien von vielen Seiten bedroht. Um ihre Ziele zu verwirklichen, gingen die Revolutionäre immer radikaler vor. Die Terrorherrschaft der Jakobiner endete erst mit der Hinrichtung von Robespierre. 1795 stellte eine neue Verfassung die Gewaltenteilung wieder her. Ein Direktorium führte die Regierungsgeschäfte.
Es war jedoch unfähig, die wirtschaftliche Lage zu verbessern. Das weckte bei vielen Franzosen den Wunsch nach einem starken Mann an der Spitze des Staates. Diese Chance nutzte General Napoleon, der 1799 die Macht an sich riss und sich im Jahr 1804 zum Kaiser krönte.
In der folgenden Zeit gelang es Napoleon, Mitteleuropa zu erobern. Nachdem der Russlandfeldzug gescheitert war und Napoleon 1815 seine endgültige Niederlage erlitt, wurde er auf die Insel St. Helena verbannt.

1804–1815

Napoleon Bonaparte, der seit 1799 Frankreich allein regierte, krönte sich 1804 selbst zum Kaiser.

Das kann ich …

Die Französische Revolution

1 – Das Defizit. Englische Karikatur, November 1788. Der König Ludwig XVI., rechts, zeigt auf die leere Schatztruhe und sagt: „Es ist nichts mehr vorhanden". Die zwei Personen, die den Raum verlassen, stellen einen Adligen und einen Geistlichen dar. Der Adlige sagt: „Ich habe die Geldsumme bekommen", der Geistliche sagt: „Ich habe den Rest".

Q1 **1776 plante König Ludwig XVI., dem Adel und der Geistlichkeit eine Steuer aufzuerlegen. In einer Protesterklärung des ersten und zweiten Standes hieß es:**

… Der besondere Dienst der Geistlichkeit besteht darin, alle Aufgaben zu erfüllen, die sich auf den Unterricht und den religiösen Kult beziehen, und zur Tröstung der Armen durch ihre Almosen beizutragen. Der Adlige weiht sein Blut der Verteidigung des Staates und hilft dem Herrscher mit seinen Ratschlägen.

Die letzte Klasse des Volkes, die dem Staat nicht so hervorragende Dienste leisten kann, leistet ihren Beitrag durch die Abgaben, durch Arbeitsamkeit und durch körperliche Dienste.

Das ist, Majestät, das uralte Gesetz der Verpflichtungen und Pflichten Ihrer Untertanen. …

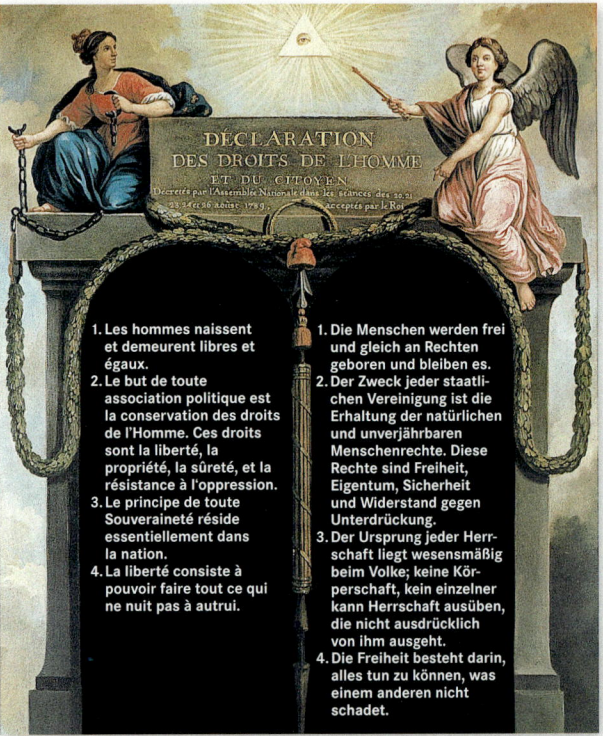

2 – „Die Erklärung der Menschen- und Bürgerrechte". Fotomontage unter Benutzung eines Ölgemäldes von Le Barbier, 1789. Die linke Figur stellt Frankreich, die rechte das Gesetz dar.

Verstehen

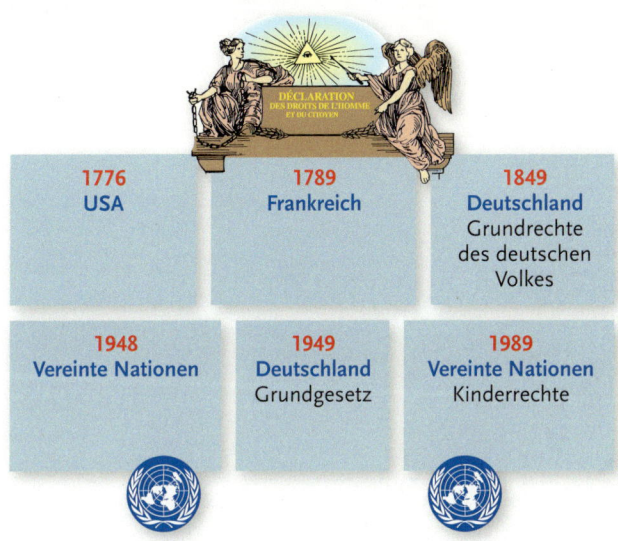

| 1776 USA | 1789 Frankreich | 1849 Deutschland Grundrechte des deutschen Volkes |
| 1948 Vereinte Nationen | 1949 Deutschland Grundgesetz | 1989 Vereinte Nationen Kinderrechte |

3 – Die Entwicklung der Menschenrechte von 1776 bis heute.

Q2 Der deutsche Dichter Ludwig Börne (1786–1837), der lange Zeit in Paris lebte, schrieb 1834:

… Die Französische Revolution war gleich vom Beginn an europäisch. …
Betrachtet man die Französische Revolution als eine europäische Angelegenheit, so ergibt sich, dass sie durch Napoleon nicht unterbrochen, sondern befördert worden (ist). …

Q3 Der französische Gelehrte Alexis de Tocqueville schrieb 1856:

… So radikal auch die Revolution gewesen ist, so hat sie doch viel weniger erneuert, als man im Allgemeinen annimmt; ….
Sie kam zwar für die Welt unversehens und unvermutet, und dennoch war sie nur der plötzliche und gewaltsame Abschluss eines Werkes, an dem zehn Menschengenerationen gearbeitet hatten. Hätte sie nicht stattgefunden, wäre die alte Gesellschaftsstruktur dennoch zusammengebrochen, hier früher, dort später. …

Wichtige Begriffe

| Generalstände |
| Nationalversammlung |
| Menschenrechte |
| konstitutionelle Monarchie |
| Republik |
| Frauenrechte |
| Schreckensherrschaft |

Wissen und erklären

1 Erklärt euch gegenseitig die wichtigen Begriffe (oben) und schreibt die Bedeutung der Begriffe in euer Geschichtsheft.

2 Erläutert die Ursachen der Französischen Revolution (Bild 1, Q1).

3 Stellt den Weg Frankreichs zur Republik dar.

4 Nennt wichtige Etappen der Entwicklung der Menschenrechte und erläutert einzelne Bestimmungen (Bild 2, Bild 3).

5 Erklärt, wie es zur Schreckensherrschaft kam und welche Folgen diese hatte.

Anwenden

6 Überprüft mithilfe der Methodenseiten 168/169 die Hypothese in Q3: „Auch ohne die Revolution wäre die alte Gesellschaftsordnung zusammengebrochen."

7 Bildet Fünfergruppen. Sucht euch aus dem Kapitel eine interessante historische Situation aus und bildet dazu gemeinsam ein „Standbild" als würdet ihr ein Bild oder ein Foto darstellen. Überlegt passende Körperhaltungen, den Gesichtsausdruck usw. der Beteiligten und führt euch die Standbilder vor.

Beurteilen und handeln

8 Beurteilt die Aussage von Ludwig Börne (Q2) und erläutert die Bedeutung der Französischen Revolution für die politische Kultur Europas bis heute.

9 Tauscht euch über eure Erfahrungen mit der Portfolioarbeit mit Hilfe der Methodenseiten (S. 178/179) aus.

Auf dem Weg zur Demokratie

Aufruhr in Berlin. Bürger, erkennbar an ihren Hüten, stehen auf Barrikaden, die sie in einer Straße errichtet haben. Es weht die schwarz-rot-goldene Fahne. Von den Dächern und Balkonen wird geschossen. Es herrscht Revolutionsstimmung.

Darum geht es …

Auf dem Weg zur Demokratie

1814/15

Wiener Kongress

1 – Revolutionen und Aufstände in Europa 1848/49.

Napoleon war besiegt – wie sollte es jetzt weitergehen? Sollten die Fürsten weiterhin uneingeschränkt herrschen? War jetzt die Zeit gekommen für ein einiges Deutschland, für mehr Demokratie, für die Mitbestimmung der Bürger?

Bei der Arbeit mit diesem Kapitel könnt ihr euch mit folgenden Fragen beschäftigen:

- Wie und von wem wurde Europa 1815 neu geordnet?
- Welche Ziele hatten die Bürger in der Revolution von 1848?
- Wie kam es 1871 zur Gründung des Deutschen Kaiserreiches?
- Brachte das Deutsche Kaiserreich den Bürgern Freiheit und demokratische Rechte?
- Außerdem lernt ihr, wie ihr ein größeres Thema in einem Projekt erarbeiten könnt.

❶ Entnehmt aus der Karte, wo 1848/49 Aufstände und Revolutionen stattgefunden haben.

❷ Betrachtet die Bilder 2 und 3 und ordnet sie Ereignissen auf der Zeitleiste zu.

❸ Erkundigt euch, ob es 1848/49 auch in oder in der Nähe eures Heimatortes zu Revolutionen oder Aufständen gekommen ist (Museum, Stadtarchiv).

1817	1832	1848/49	1871
Wartburgfest	Hambacher Fest	Revolutionen und Aufstände in Europa	Gründung des Deutschen Kaiserreiches

2 – Das Hambacher Fest 1832.
Sonderbriefmarke, 2007.

3 – Eröffnung der Nationalversammlung in Frankfurt am Main am 18.5.1848. Holzstich, um 1890.

4 – Blick in den Bundestag. Foto, 2011.

Was geschah nach der Niederlage Napoleons?

Legende:
- Grenze des Deutschen Bundes 1815
- neu- oder wieder-erworbene Gebiete in hellerer Farbstufe
- 1815 neugeschaffene oder wiederhergestellte Staaten

1 Kgr. der Vereinigten Niederlande
2 Kgr. Hannover
3 Grhzm. Luxemburg
4 Grhzm. Hessen
5 Kgr. Württemberg
6 Grhzm. Baden

1 – Europa 1815.

Restauration
Bezeichnung für die Wiederherstellung der alten Ordnung nach einem gescheiterten Umsturzversuch.

Kongress
Politische Tagung oder auch Versammlung von Fachleuten zu einem Thema.

Klemens Wenzel Fürst von Metternich
(1773–1859). Ab 1809 Innenminister in Österreich, danach Staatskanzler.

Zeit der *Restauration

Napoleons Truppen waren geschlagen, seine Herrschaft zusammengebrochen. Wie sollte es jetzt weitergehen? Um diese Frage zu lösen, luden die Siegermächte unter Führung Österreichs, Russlands, Englands und Preußens die Fürsten Europas zu einem Kongress nach Wien ein. Die Herrscher oder ihre Gesandten aus fast 200 Staaten und freien Reichsstädten folgten der Einladung.

Jene Fürsten, die von Napoleon vertrieben worden waren, forderten jetzt die Rückgabe ihrer Gebiete. Es war das gemeinsame Ziel aller Teilnehmer, die alte Ordnung von vor 1789 wiederherzustellen.

Der Wiener Kongress

Der Wiener *Kongress begann am 18. September 1814. Die Beratungen dauerten über neun Monate. Den Vorsitz hatte der österreichische Staatskanzler *Fürst Metternich. Im Jahr 1815 einigten sich die Fürsten unter anderem auf folgende Grundsätze:

– Keine der fünf europäischen Großmächte (Frankreich, Großbritannien, Österreich, Preußen, Russland) soll mehr Macht als ein anderes Land haben. Nur so könne man den Frieden sichern.
– Frankreich wird wieder ein Königreich in den Grenzen von 1789.
– Preußen wird um die Rheinprovinz, Westfalen und den Nordteil Sachsens vergrößert.

Die Fürsten schoben während der Verhandlungen Länder und Provinzen, Städte und Grenzstreifen zwischen sich hin und her. An die Folgen für die betroffenen Menschen dachte niemand.

❶ Nennt die wichtigen Grundsätze für die Neuordnung Europas.
❷ Beschreibt die Gebietsveränderungen für Preußen und Österreich anhand der Karte 1.

2 – Der Deutsche Bund 1815.

Map legend:

— Grenze des Deutschen Bundes 1815

1 Hzm. Lauenburg
2 Grhzm. Mecklenbg.-Strelitz
3 Fsm. Schaumburg-Lippe
4 Fsm. Lippe
5 Hzm. Braunschweig
6 Hzm. Anhalt
7 Jülich-Kleve-Berg
8 Fsm. Waldeck
9 Lgft. Hessen-Homburg
10 Fsm. Hohenzollern
11 Fsm. Liechtenstein
12 Vorarlberg

Nationale Einheit oder Deutscher Bund?

Viele Deutsche hofften jetzt, dass endlich die Einheit Deutschlands geschaffen würde.

Q1 In einem Flugblatt aus dem Jahre 1815 zum Wiener Kongress hieß es:

... Wer fühlt jetzt nicht voller Begeisterung, dass der Zeitpunkt da ist, wo der Deutsche an der Donau und am Rhein den an der Elbe und Weser als einen Mitbruder umarmen möchte? Jetzt ist die Zeit, wo die Herrscher erkennen, dass die Völker nicht um ihretwillen, sondern dass sie um der Völker willen da sind. Jetzt ist die Zeit, wo nicht mehr wie bisher den Menschen die Hälfte des Arbeitsschweißes abgepresst wird, um elende Höflinge, kostbare Jagden, die Menge unnützer Schlösser und eine Kriegsmacht zu unterhalten, die nicht dem Schutz des Vaterlandes dient, sondern nur ... für die Großmannssucht des Herrschers. Diese Zeiten – wer zweifelt daran – sind vorbei. ...

Aber die Großmächte wollten kein mächtiges Deutsches Reich. Auch die deutschen Fürsten wollten keinen starken deutschen Kaiser über sich haben.

Der Deutsche Bund

So schlossen sich die deutschen Fürsten in einem losen Deutschen Bund mit 35 Fürstentümern und vier freien Städten zusammen. Die Gesandten der Fürsten bildeten die Bundesversammlung. Aber die Einzelstaaten konnten entscheiden, ob deren Beschlüsse dann auch tatsächlich durchgeführt wurden. Auf dem Wiener Kongress hatten die Fürsten den Staaten des Deutschen Bundes auch Verfassungen versprochen. Dieses Versprechen wurde zwar in einigen Staaten wie Bayern, Baden oder Hannover gehalten, aber gerade die großen Staaten Preußen und Österreich erhielten keine Verfassung.

❸ Fasst zusammen, was der Autor in Q1 fordert.

❹ Vergleicht die tatsächlichen Ergebnisse mit den in Q1 geäußerten Erwartungen.

entdecken und verstehen

🅐 Sucht auf Karte 2 die ungefähre Lage eures Wohnortes und schreibt auf, zu welchem Staat er 1815 gehört hat.

🅑 Malt ein Plakat, auf dem ihr zum Ausdruck bringt, wie die Menschen damals auf die Gründung des Deutschen Bundes reagiert haben könnten.

Methode

Ein Projekt planen und durchführen

In einem Projekt arbeitet ihr in Arbeitsgruppen selbstständig mit unterschiedlichen Fragestellungen an einem Rahmenthema. Jede Schülerin und jeder Schüler beschäftigt sich in einem Teilthema des Projekts mit Fragen, die sie/ihn besonders interessieren. Projekte erfordern längere und intensive Arbeitsphasen. Am Ende des Projektes hat jede Gruppe als Ergebnis der Arbeit ein Produkt, dass sie gemeinsam und eigenverantwortlich hergestellt hat. Diese Ergebnisse werden dann der gesamten Klasse oder auch eingeladenen Interessierten vorgestellt.

Folgende Schritte helfen euch, ein Projekt zu planen und durchzuführen:

Schritt 1 **Ein Projekt vorbereiten**	■ Themen sammeln: Welche Fragestellungen interessieren uns besonders? Auf welches Thema kann die ganze Gruppe sich einigen, damit alle engagiert mitarbeiten? Welche Leitfragen sollen die Gruppen bearbeiten? ■ Zeitplan festlegen: Projekte dauern mindestens eine, oft zwei oder drei Wochen. Ihr müsst einen genauen Zeitplan haben, damit ihr eure Arbeit überschaut. ■ Vorstellung der Arbeitsergebnisse: Macht euch schon vor Arbeitsbeginn Gedanken, wie ihr eure Ergebnisse den anderen Schülern vorstellt. Ihr könnt z. B. eine Wandzeitung, eine Dokumentation oder eine Ausstellung erstellen.
Schritt 2 **Ein Projekt durchführen**	■ Arbeitsgruppen einteilen: Legt fest, wer mit wem arbeitet, und verteilt die Arbeiten auf die einzelnen Gruppen. Auch innerhalb der Arbeitsgruppen solltet ihr genau klären, wer wofür verantwortlich ist. Letztendlich ist aber die ganze Gruppe für ihr Ergebnis verantwortlich. ■ Material besorgen: Material findet ihr im Schulbuch, im Internet, in Büchern, in Tageszeitungen und Illustrierten. Vielleicht könnt ihr auch Videos auswerten und Ausschnitte daraus vorstellen. ■ Arbeitsergebnisse überprüfen: Während der Projektarbeit solltet ihr euch immer wieder in der ganzen Klasse zusammensetzen und eure Zwischenergebnisse vorstellen. Verständnisfragen der Mitschüler können euch helfen, Schwachpunkte eurer Arbeit zu erkennen. Kritik und Anregungen von Außenstehenden können helfen, euer Arbeitsergebnis zu verbessern.
Schritt 3 **Die Ergebnisse vorstellen**	■ Die in den einzelnen Arbeitsgruppen erzielten Ergebnisse werden gemeinsam der Klasse präsentiert, wie ihr es vorher vereinbart habt. ■ Falls die Ergebnisse auch für andere interessant sein können: Werbt für eure Präsentation. Ladet dazu Eltern und andere Klassen ein. Fragt, ob ihr eure Ergebnisse eventuell auch bei ihnen vorstellen könnt.

❶ Besprecht mit eurer Lehrerin/eurem Lehrer, ob ihr ein Projekt zur Revolution von 1848 in Deutschland durchführen könnt.

1 – Diskussion der Zwischenergebnisse der Projektarbeit. Foto, 2011.

2 – Letzte Korrekturen der Wandzeitung. Foto, 2011.

3 – Schüler bei der Präsentation ihrer Ergebnisse. Foto, 2011.

Beispiellösung für ein Projekt

Zum Schritt 1: Leitfragen für ein Projekt könnten zum Beispiel sein:

1. Was waren erste Schritte auf dem Weg zur Demokratie in Deutschland?
2. Warum wollten manche Bürger von Forderungen nach Demokratie nichts mehr wissen?
3. Warum ging das Volk 1848 auf die Barrikaden?

Eine ergänzende Gruppe könnte untersuchen, was 1848 in anderen europäischen Ländern geschah. Sie sollte dafür ihr Material im Internet oder in Büchern suchen. Als Ergebnis könnten alle Gruppen eine Wandzeitung anfertigen.

Zum Schritt 2: Für eure Gruppenthemen findet ihr als Ausgangspunkt Material auf den Seiten 192/193, 194/195 und 196/197. Das Internet bietet weitere Informationen unter den Stichworten: Wartburgfest, Karlsbader Beschlüsse, Hambacher Fest, Biedermeier, Berlin 1848. Es gibt im Internet auch zahlreiche Bilder zu diesen Stichworten.

Zum Schritt 3:

Eine Wandzeitung könnte dem zeitlichen Ablauf nach aufgebaut sein. Sie würde 1817 beim Wartburgfest beginnen, die Karlsbader Beschlüsse darstellen und das Biedermeier erklären. Dann würden die Wiederbelebung des Protestes auf dem Hambacher Fest, die erneute Unterdrückung und schließlich die Barrikadenkämpfe 1848 in Berlin folgen. Die Ereignisse von 1848 in anderen europäischen Staaten würden sich dann anschließen.

Wogegen protestierten die Menschen?

1 – Wartburgfest. Etwa 500 Studenten gedachten am 18. und 19. Oktober 1817 der *Völkerschlacht bei Leipzig und des Beginns der Reformation (1517) mit einem Fest auf der Wartburg. Holzstich, um 1880.

Studenten auf der Wartburg

Zwei Jahre später luden Jenaer Studenten für den Oktober 1817 zu einer Gedenkfeier auf die Wartburg ein. Sie sprachen auf der Feier von Freiheit, Einheit und von Menschen, die dafür gekämpft hatten. Man traf sich abends zu einem langen, feierlichen Fackelzug. Studenten entzündeten nach der Feier noch ein Feuer. Sie warfen eine preußische Polizeivorschrift, einen *Husarenschnürleib und Bücher von Anhängern der bestehenden Fürstenherrschaft hinein.

❶ Erläutert Bild 1 mithilfe des Textes. Was brachten die Studenten mit ihrem Verhalten zum Ausdruck?

Die Karlsbader Beschlüsse

Q1 Auf einer Konferenz in Karlsbad (im heutigen Tschechien) beschlossen die Vertreter der deutschen Staaten 1819:

(Es) ... dürfen Schriften, die in der Form täglicher Blätter oder heftweise erscheinen, desgleichen solche, die nicht über 20 Bogen (ca. 320 Seiten) im Druck stark sind, in keinem deutschen Bundesstaate ohne Vorwissen und vorgängige Genehmhaltung der Landesbehörden zum Druck befördert werden.

Die Bundesregierungen verpflichten sich gegeneinander, Universitäts- und andere öffentliche Lehrer, ... die [ihr Amt gebraucht haben zur] Verbreitung ... die Grundlagen der bestehenden Staatseinrichtungen untergrabender Lehren, von den Universitäten und sonstigen Lehranstalten zu entfernen.

In ganz Deutschland herrschte jetzt die Furcht vor Bespitzelung, Verhören, Verhaftungen. Die Gefängnisse füllten sich mit Professoren und Studenten.

❷ Beschreibt die Reaktion der Fürsten auf die Forderungen der Studenten.

---

* **Husarenschnürleib**
Eng anliegende, geschnürte Uniformjacke der Reiterei.

* **Völkerschlacht bei Leipzig**
Entscheidender Sieg über Napoleon am 16.–19. 10. 1813.

* **Liberalismus**
(von lat. liber = frei). Politische Lehre, die seit dem Ende des 18. Jahrhunderts für die politische und wirtschaftliche Freiheit der Bürger eintrat.

* **Nationalstaat**
Ein Staatswesen, in dem sich die Angehörigen als einheitliche Nation fühlen und bekennen.

Enttäuschte Hoffnungen

Viele Menschen in Deutschland waren von den Beschlüssen der Fürsten auf dem Wiener Kongress enttäuscht. Sollten sie dafür ihr Blut vergossen haben, waren dafür Hunderttausende in den zahlreichen Schlachten gefallen, dass jetzt alles so blieb wie vorher? Viele Bürger schlossen sich daher den *Liberalen an. Die Liberalen verlangten:
– eine Verfassung für jedes Land,
– die Anerkennung der Menschenrechte,
– die Beteiligung der Bürger an den politischen Entscheidungen.

Eine andere politische Gruppe strebte die Bildung eines *Nationalstaates an. Sie setzte sich für ein geeintes Deutschland mit frei gewählten Volksvertretern ein. Die Studenten zeigten ihre Unzufriedenheit mit den politischen Verhältnissen am heftigsten. Sie hatten sich 1815 in Jena zur Deutschen Burschenschaft zusammengeschlossen. Die Farben ihrer Verbindung waren Schwarz, Rot und Gold.

2 – Der Zug auf das Hambacher Schloss am 27. Mai 1832. Radierung, 1832.

„Freiheit, Recht und Einheit" – das Hambacher Fest

Im Jahr 1832 versammelten sich über 30 000 Demonstranten beim Schloss Hambach in der Pfalz. Sie trugen *schwarz-rot-goldene Fahnen. Es war die erste politische Massenversammlung in Deutschland.

Q2 Der Journalist Philipp Jakob Siebenpfeiffer rief den Teilnehmern am Hambacher Fest 1832 zu:

… Vaterland – Freiheit – ja! Ein freies deutsches Vaterland – dies ist der Sinn des heutigen Festes, dies die Worte, den Verrätern der deutschen Nationalsache die Knochen erschütternd. Seit das Joch des fremden Eroberers abgeschüttelt wurde, erwartet das deutsche Volk von seinen Fürsten die verheißene Wiedergeburt; es sieht sich getäuscht. Die Natur der Herrschenden ist Unterdrückung, der Völker Streben ist Freiheit. Es wird kommen der Tag, wo … der Bürger nicht in *höriger Untertänigkeit den Launen des Herrschers, sondern dem Gesetz gehorcht, wo ein gemeinsames deutsches Vaterland sich erhebt. …

Bilder regierender Fürsten wurden verbrannt, die Teilnehmer sangen: „Fürsten zum Land hinaus, jetzt kommt der Völkerschmaus!"

❸ Erklärt, was Siebenpfeiffer in Q2 mit der Aussage „das Joch des fremden Eroberers abgeschüttelt wurde" meint.

❹ Benennt die Forderungen, die Siebenpfeiffer in Q2 stellt.

Verschärfung der Unterdrückung

Wie sie es schon zuvor getan hatten, so antworteten die Fürsten auch jetzt mit noch härteren Maßnahmen, um die Menschen zu unterdrücken. Folglich wurde die Zensur der Presse weiter verschärft, die Rede- und Versammlungsfreiheit aufgehoben. Mehrere Hundert Oppositionelle wurden in Gefängnisse gebracht. Tausende flohen ins Ausland, vor allem nach Amerika.

Hinweise zum Projekt

- Stellt anhand dieser Doppelseite zuerst einen zeitlichen Überblick her. Neben dem Wartburgfest könnten als Unterthemen vertieft werden: der Mord an Schriftsteller Kotzebue, die Karlsbader Beschlüsse, das Hambacher Fest und die Farben schwarz-rot-gold.
- Zusatzthemen könnten sein: die Revolutionen in Europa 1830, deutsche Schriftsteller im Exil (Büchner, Heine, Herwegh).
- Ihr könnt auch Flugblätter gestalten, die gegen die Zensur protestieren oder zur Teilnahme am Hambacher Fest aufrufen.

❋ **Schwarz-rot-goldene Fahne**
Wurde schon 1815 von der Jenaer Burschenschaft im Kampf gegen Napoleon benutzt. Sie wurde in den folgenden Jahren zum Symbol der nationalen und demokratischen Bewegung in Deutschland.

❋ **hörig**
Unfrei, kritiklos gehorsam.

Wie zeigte sich der Rückzug ins Private?

1 – „Mein Nest ist das Best." Zeichnung von Ludwig Richter, 1869.

❋ Romantik
Die Romantik ist eine kulturgeschichtliche Epoche Europas. Sie dauerte ungefähr von 1790 bis 1830. Sie kennzeichnet die Flucht aus der Wirklichkeit in eine Welt des Gefühls und der Fantasie. Die Rückbesinnung auf die Vergangenheit war oft ein Thema der romantischen Malerei, Literatur und Musik.

❋ legitimieren
Für gesetzlich und rechtmäßig erklären.

❋ loyal
Dem Gesetz gemäß, rechtmäßig.

❋ Idylle
Friedliche, beschauliche, meist ländliche Darstellung.

---

❶ Beschreibt, welchen Eindruck die Bilder 1–3 auf euch machen.

Die Menschen ziehen sich zurück

In Wien hatte sich der Wunsch nach einem großen, geeinten Deutschland nicht erfüllt. Die Fürsten hatten es auch abgelehnt, dass die Forderung der Bürger nach mehr Mitbestimmung erfüllt wird. Sie sahen in der Bevölkerung nicht mündige Bürger, sondern Untertanen, die regiert werden müssen, und ❋legitimierten so ihre Herrschaft. Daher löste das Ergebnis des Wiener Kongresses vor allem in Deutschland Enttäuschung und Verbitterung aus. Viele Menschen zogen sich deshalb in die eigenen vier Wände zurück. Außerdem fürchteten sie die Bespitzelung. Von der Politik wollten die Bürger jetzt nichts mehr wissen. Sie entwickelten eine Lebenseinstellung, die mit dem Begriff „Biedermeier" bezeichnet wurde.
Der Rückzug ins Private zeigte sich auch in der bildenden Kunst. Bekannte Maler dieser Zeit waren Caspar David Friedrich (1774–1840) und Ludwig Richter (1803–1884). In den Bildern Richters (siehe Abbildung 1) kommen seine Liebe zum Kleinen und Nahen, der Hang zur ❋Idylle und seine Volksverbundenheit zum Ausdruck. Caspar David Friedrich war hingegen ein Vertreter der ❋Romantik. Hier wurden vor allem Gefühle ausgedrückt und in den Bildern wurde ein tiefes Empfinden für die Natur zum Ausdruck gebracht. Künstler wie Richter oder Friedrich vermieden durch ihre Art der Darstellung alles, was sie in einen Konflikt mit den Herrschenden hätte bringen können.

Q1 Der Schriftsteller Gottfried Kinkel dichtete 1844:
... Stets nur treu und stets ❋loyal
Und vor allem stets zufrieden.
So hat Gott es mir beschieden.
Folglich bleibt mir keine Wahl.
Ob des Staates alte Karren
Weise lenken oder Narren,
Dieses geht mich gar nichts an;
Denn ich bin ein Untertan. ...

❷ In dem Gedicht wird der Bürger als „Untertan" bezeichnet. Worauf möchte der Dichter hinweisen?

2 – „Mondaufgang am Meer". Gemälde von Caspar David Friedrich, 1832.

3 – „Die gute alte Zeit". Das Innere einer Bürgerwohnung im Biedermeierstil. Gemälde, um 1835.

Hinweise zum Projekt

- Gestaltet eine Ausstellung in der Klasse mit Bildern der Romantik und Steckbriefen berühmter Dichter und Komponisten. Lest Text- und spielt Musikbeispiele vor. Bittet eure Fachlehrer um Hilfe.
- Erarbeitet eine Ausstellung zur Mode und zu Möbeln des Biedermeier.

Die Revolution von 1848/1849

Warum ging das Volk auf die Barrikaden?

Grenze des Deutschen Bundes 1848/49

Staatsgrenzen von Preußen und Österreich

Staatsformen im Deutschen Bund vor 1848:
- absolute Monarchie
- konstitutionelle Monarchie
- Republik

🔥 revolutionäre Aufstände 1848/49

1 Hzm. Lauenburg
2 Grhzm. Mecklenbg.-Strelitz
3 Fsm. Schaumburg-Lippe
4 Fsm. Lippe
5 Hzm. Braunschweig
6 Hzm. Anhalt
7 Fsm. Waldeck
8 Lgft. Hessen-Homburg
9 Fsm. Hohenzollern
10 Fsm. Liechtenstein
11 Vorarlberg

1 – Revolutionen und Aufstände im Deutschen Bund 1848/49.

✳ Tagelöhner
Arbeiter, der keinen festen Arbeitsplatz hat und von seinen wechselnden Arbeitgebern täglich meist schlecht bezahlt wird.

Paris gibt das Signal für Erhebungen in Europa: Das Volk verjagt die Könige

Im Frühjahr des Jahres 1848 kam es in vielen Staaten Europas zu Revolutionen. Die revolutionäre Welle begann in Frankreich. In Paris demonstrierten die Menschen gegen die Monarchie und forderten neben anderen Verbesserungen ein neues Wahlrecht. Denn nur wer über ein hohes Einkommen verfügte, durfte auch zur Wahl gehen. Den aufgebrachten Bürgern rief ein Minister zu: „Werdet doch reiche Leute". Die Arbeiter, ✳Tagelöhner und Handwerker fühlten sich verhöhnt. Sie stürmten Ende Februar 1848 den Königspalast. Der König musste fliehen und die Republik wurde in Frankreich ausgerufen.

Aufstände in Deutschland

Dies war das Signal zu zahlreichen Revolutionen in ganz Europa. Davon wurden im Deutschen Bund zuerst die Staaten und Provinzen erfasst, die an Frankreich grenzten. In Baden und im Rheinland gab es die ersten revolutionären Aktionen. Die Menschen in vielen deutschen Staaten verlangten Freiheiten, eine Verfassung und ein deutsches Parlament. Dem großen Druck der Bürger gaben die Fürsten zunächst kampflos nach.

Q1 Der Großherzog Leopold von Baden (1790–1852) schrieb 1848 an den König von Preußen:

... Meine Zugeständnisse sind teils von zweckmäßiger Art, teils von untergeordneter, teils von keiner nachträglichen Bedeutung. Die erste Aufgabe war, das Land zu beruhigen und zusammenzuhalten. ...

❶ Schreibt anhand der Karte auf, in welchen Städten im Frühjahr 1848 Aufstände ausbrachen.

❷ Beurteilt mithilfe von Q1, wie ernst die Zugeständnisse des Großherzogs von Baden gemeint waren.

Revolution in Berlin

Die Nachrichten von der Revolution in Paris und den erfolgreichen Erhebungen in anderen deutschen Staaten führten in Berlin zu zahlreichen politischen Versammlungen. Auf ihnen forderten die Arbeiter von der Regierung, dass sie Maßnahmen gegen die Arbeitslosigkeit ergreift. Bürger, Studenten und Arbeiter forderten außerdem gemeinsam Presse- und Redefreiheit, Versammlungsfreiheit, Freilassung der politischen Gefangenen, eine freiheitliche Verfassung und eine allgemeine deutsche Volksvertretung.

Der preußische König war zunächst nicht bereit, den Forderungen nachzugeben. Um die politischen Versammlungen auseinanderzutreiben, ließ der König sogar Truppen in die Stadt einrücken. Aber die Protestierenden ließen sich nicht einschüchtern. König Friedrich Wilhelm IV. gab schließlich nach und versprach, dem Land eine Verfassung zu geben.

Das Volk geht auf die Barrikaden

Am 18. März 1848 versammelten sich etwa 10 000 Berliner vor dem Schloss, um ihrem König für die Zusage einer Verfassung zu danken. Plötzlich fielen – vermutlich aus Versehen – zwei Schüsse. Die Bürger fühlten sich betrogen. In aller Eile bauten sie Straßenbarrikaden (s. S. 184/185). Auf den Barrikaden wehten schwarz-rot-goldene Fahnen. Die Bürger wehrten die gut ausgebildeten Armeeeinheiten mit den einfachsten Waffen ab. Um weiteres Blutvergießen zu vermeiden, zog der König seine Trupen ab. Am folgenden Tag trugen die Bürger die Leichen von 150 Barrikadenkämpfern vor das königliche Schloss. Der König wurde gezwungen, sich vor den Särgen der Gefallenen zu verneigen. Mit einer schwarz-rot-goldenen Armbinde ritt er durch die Straßen. Die Revolution hatte gesiegt.

Q2 Am Abend des 18. 3. 1848 erließ Friedrich Wilhelm IV. einen Aufruf:
... Ich habe heute die alten deutschen Farben angenommen und mich und mein

2 – König Friedrich Wilhelm IV. reitet unter den Farben der Revolution durch Berlin. Zeitgenössischer Stich.

Volk unter das ehrwürdige Banner des Deutschen Reiches gestellt. Preußen geht fortan in Deutschland auf. ...

❸ Erklärt, was es bedeutet, wenn der König von Preußen sagt, Preußen geht jetzt in Deutschland auf.

Neue Freiheiten

Auf Flugblättern und Plakaten konnte nun jeder seine politischen Ansichten äußern. Diese Presse- und Versammlungsfreiheit führten zu einem lebhaften öffentlichen Leben. Jetzt schlossen sich Gleichgesinnte in „Klubs" zusammen. Das waren die Vorläufer der politischen Parteien. Hatte die Revolution in Preußen endgültig gesiegt?

Hinweise zum Projekt

- Stellt in Wandzeitungen Informationen zu den gleichzeitigen Revolutionen in Europa zusammen. Achtet auf die Reihenfolge und die Zusammenhänge zwischen den Ereignissen.
- Erarbeitet mithilfe der Schauplatzseiten (S. 198/199) eine Darstellung der Barrikadenkämpfe in Berlin. Nennt die beteiligten Personengruppen.
- Es gibt viele Lieder zur Revolution von 1848. Stellt Tonbeispiele vor.

Barrikadenkämpfe in Berlin

Schauplatz Geschichte

Der Titel des 1848 erschienenen großen Bildes lautet: „Die Barricade an der Kronen- und Friedrichstraße am 18./19. März 1848". Die Gedenktafel hängt heute an dieser Kreuzung und erinnert an den hier gefallenen Gustav von Lensky. Das Feuer im Vordergrund dient dem Gießen von Kugeln aus dem Blei der Fenster.

❶ Betrachtet das Bild genau und achtet auf Einzelheiten, z. B. die Bewaffnung, die Fahnen, die handelnden Gruppen, die Menschen im Hintergrund.

❷ Einer der Jungen in der Bildmitte schreibt an einen Freund, was er bei den Barrikadenkämpfen erlebt hat. Benutzt das Bild als Grundlage.

Geschichte vor Ort

Die 1848er Revolution in Köln

1 – „Die Erhebung der Mahl- und Schlachtsteuer in Köln". Ausschnitt aus dem Gemälde von Wilhelm Kleinenbroich aus dem Jahr 1847. Die Steuern wurden 1820 in Preußen eingeführt. Die Mahlsteuer wurde auf Getreide und Bäckereiwaren erhoben. Die Schlachtsteuer musste auf Tiere bzw. eingeführte Fleischprodukte entrichtet werden. Die Steuern trafen vor allem die armen Bevölkerungsgruppen.

Andreas Gottschalk (1815–1849). Darstellung von 1849. Gottschalk wurde in Düsseldorf geboren und stammte aus einer jüdischen Familie, trat 1844 zum Protestantismus über und arbeitete als Arzt in Köln. Als dort 1849 eine Choleraepidemie ausbrach, die über 10 000 Tote forderte, versuchte er vor allem den Armen zu helfen. Er starb 1849 an der Cholera. Zu seinem Begräbnis kamen mehrere tausend Kölner.

Köln im Vormärz

Köln war um 1848 eine Stadt mit etwa 90 000 Einwohnern. Trotz Wohlstandes durch Handel und Gewerbe konnten ungefähr 25 % der Bevölkerung nicht von ihrem Einkommen leben. Das Rheinland war 1815 zu Preußen gekommen. Die preußische Herrschaft über die Rheinprovinz war bei den Bewohnern nicht beliebt. Dazu trugen auch neue Steuern bei (siehe Bild 1). Bei vielen Menschen waren die Gedanken der Französischen Revolution noch lebendig. Die Nachricht über die Revolution in Frankreich Anfang 1848 überraschte die Rheinländer zwar. Aber schnell erstarkte eine demokratische Bewegung im Rheinland.

❶ Beschreibt das Bild 1. Berücksichtigt dabei auch die Bildlegende.

Demonstrationen in Köln

Am 3. März 1848 fanden vier politische Versammlungen in Köln statt. In dreien davon traf sich überwiegend das wohlhabende Bürgertum. Es forderte von der preußischen Regierung eine freiheitliche Verfassung, eine demokratische Wahlordnung und die Verwirklichung der deutschen Einheit. Die vierte Versammlung war eine Demonstration von ungefähr 5000 Handwerkern und Arbeitern. Sie wurde vom Armenarzt Andreas Gottschalk angeführt (siehe Randspalte). Die Demonstranten verteilten ein Flugblatt mit „Forderungen des Volkes". Darin forderten sie unter anderem:

- Gesetzgebung und Verwaltung durch das Volk.
- allgemeines Wahlrecht und allgemeine Wählbarkeit.
- Freiheit der Rede und Presse.
- Schutz der Arbeit und Sicherung der menschlichen Lebensbedürfnisse für alle.
- Vollständige Erziehung aller Kinder auf öffentliche Kosten.

Eine Abordnung unter Führung von Gottschalk forderte vom Rat der Stadt, auch an die Bedürfnisse der Armen zu denken. Gegen 21 Uhr marschierten preußische Truppen auf, die Demonstrierenden flüchteten und Gottschalk wurde verhaftet. Die Forderungen der Kölner Arbeiter verbreiteten sich unter den Arbeitern und Handwerkern an Rhein und Ruhr.

Reaktion auf die Berliner Revolution

Am 20. März erfuhren die Kölner von der Revolution in Berlin. Nun wurde eine Ge-

2 – Arbeitervertreter vor dem städtischen Rat. Gemälde von J. P. Hasenclever, 1849.

sandtschaft nach Berlin geschickt, die vom preußischen König weitergehende demokratische Rechte forderte. Auf der Dombaustelle wurde unter großem Jubel eine große schwarz-rot-goldene Fahne aufgehängt.

Der Kölner Barrikadenbau

Bei den Kölnern war das preußische Militär besonders unbeliebt. Als im September 1848 die Soldaten die schwarz-rot-goldenen Abzeichen der Revolution von ihren Mützen entfernten und mit Füßen traten, war die Empörung groß. Es kam zu Prügeleien und Verhaftungen. Darüber aufgebracht fingen Jugendliche am 25. September an, aus Pflastersteinen eine Barrikade zu bauen. Als Reaktion wurde eine geplante Volksversammlung auf dem Alten Markt verboten. Als der Stadtrat sich weigerte, gegen die Versammlung vorzugehen, marschierte das preußische Militär mit Kanonen auf. Dagegen bauten die Bürger an mehreren Stellen der Stadt Barrikaden. Auf beiden Seiten fielen Schüsse. Um die Ruhe wiederherzustellen verhängte die preußische Regierung am 26. September den *Ausnahmezustand über Köln. Alle Versammlungen wurden verboten, ebenso politische Zeitungen. Die Männer mussten ihre Waffen abgeben. Von da an gab es keinen offenen politischen Widerstand mehr gegen die Regierung in Berlin.

M1 **Der Historiker James M. Brophy schrieb 2011 über die Revolution im Rheinland:**

Im Rheinland, wo sich seit 1815 Einheimische und Preußen ... in einem scharfen Gegensatz zueinander befanden, erfuhr diese (die Revolution) eine besondere Ausprägung. Obwohl sie in ihren Bestrebungen mit dem Sieg der preußischen Gegenrevolution kurzfristig scheiterte, stellten die Ereignisse von 1848/1849 langfristig gesehen einen für den weiteren Verlauf der deutschen Geschichte entscheidenden Zwischenschritt auf dem Weg zum Industrie-, Parteien- und Verfassungsstaat dar. ...

❷ Vergleicht die „Forderungen des Volkes" mit den Forderungen der wohlhabenderen Bürger.

❸ Schreibt auf, worin sich der Aufruhr in Köln von den Märzereignissen in Berlin unterscheidet.

❹ Lest M1 und schreibt auf, worin der Autor positive Folgen der Revolution sieht.

❺ Sucht im Internet und in Büchern, ob es in eurem Heimatort 1848/49 Unruhen gab.

⁎ Ausnahmezustand
Aufgrund einer Notlage (z. B. einer Naturkatastrophe, politischer Unruhen) werden bestimmte Gesetze und Rechte außer Kraft gesetzt.

Wie sah die Verfassung für alle Deutschen aus?

1 – Feierlicher Einzug der Mitglieder des Vorparlaments in die Frankfurter Paulskirche vom 31. März 1848. Holzstich von Fritz Bergen, 1896.

* Akademiker
Person mit Hochschulausbildung.

Die Abgeordneten der Paulskirche

Noch im Frühjahr 1848 wurden fast überall die Regierungen in den deutschen Staaten zum Rücktritt gezwungen. In ganz Deutschland fanden erstmalig allgemeine und gleiche Wahlen zu einer Versammlung statt, die eine Verfassung erarbeiten sollte. Frauen hatten allerdings kein Wahlrecht. Fast zwei Drittel der 573 Abgeordneten waren *Akademiker. Die übrigen Abgeordneten waren Vertreter der Wirtschaft, wie zum Beispiel Gutsbesitzer, Kaufleute und Industrielle. Arbeiter und Frauen fehlten hingegen in der Nationalversammlung. Sie trat am 18. Mai 1848 in Frankfurt am Main zu ihrer ersten Sitzung zusammen.

Die Rechte der Frauen

Schon am Hambacher Fest 1832 hatten auch Frauen teilgenommen. Viele Frauen nahmen ebenfalls an der Revolution von 1848 lebhaften Anteil. Sie besuchten regelmäßig die Sitzungen in der Paulskirche. Unter ihnen war auch Clotilde Koch-Gontard (1813–1869). In ihrer Wohnung trafen sich zahlreiche Politiker und politisch interessierte Frauen, um über politische Probleme zu diskutieren.

Q1 1848 schrieb Clotilde Koch-Gontard an die „Deutsche Zeitung":
... Doch höre ich Männer sagen: Es ist mit dem Weibergeschwätz wieder kein Ende; in der Kinderstube und an den Strickstrumpf gehört die Frau, der Mann ist berufen zum Handeln nach außen.
Jetzt noch weniger als früher mag ich meine Stellung so zu begreifen und es macht mir recht viel Mühe, die Küche als den Hauptschauplatz meiner Tatkraft anzusehen. ...

Die Grundrechte

Q2 Am 28. März 1849 verabschiedete die Nationalversammlung eine von ihr erarbeitete Reichsverfassung. Darin wurden die Grundrechte festgelegt:
... § 137 Vor dem Gesetz gilt kein Unterschied der Stände. Der Adel als Stand ist aufgehoben. Alle Standesvorrechte sind abgeschafft. Die Deutschen sind vor dem Gesetz gleich.
§ 138 Die Freiheit der Person ist unverletzlich. ...
§ 140 Die Wohnung ist unverletzlich. ...
§ 143 Jeder Deutsche hat das Recht, ... seine Meinung frei zu äußern. ...
§ 144 Jeder Deutsche hat volle Glaubens- und Gewissensfreiheit. ...
§ 161 Die Deutschen haben das Recht, sich friedlich und ohne Waffen zu versammeln; einer besonderen Erlaubnis bedarf es nicht. ...
§ 164 Das Eigentum ist unverletzlich. ...

❶ Schreibt auf, was Clotilde Koch-Gontard in Q1 fordert.

❷ Schlagt nach, ob die in Q2 genannten Grundrechte auch in unserem Grundgesetz stehen (siehe Anhang).

❸ Beschreibt mithilfe der Methode S. 134 die Verfassung (Abb. 2). Untersucht die Rollen von Kaiser, Reichstag, Reichsregierung und Volk.

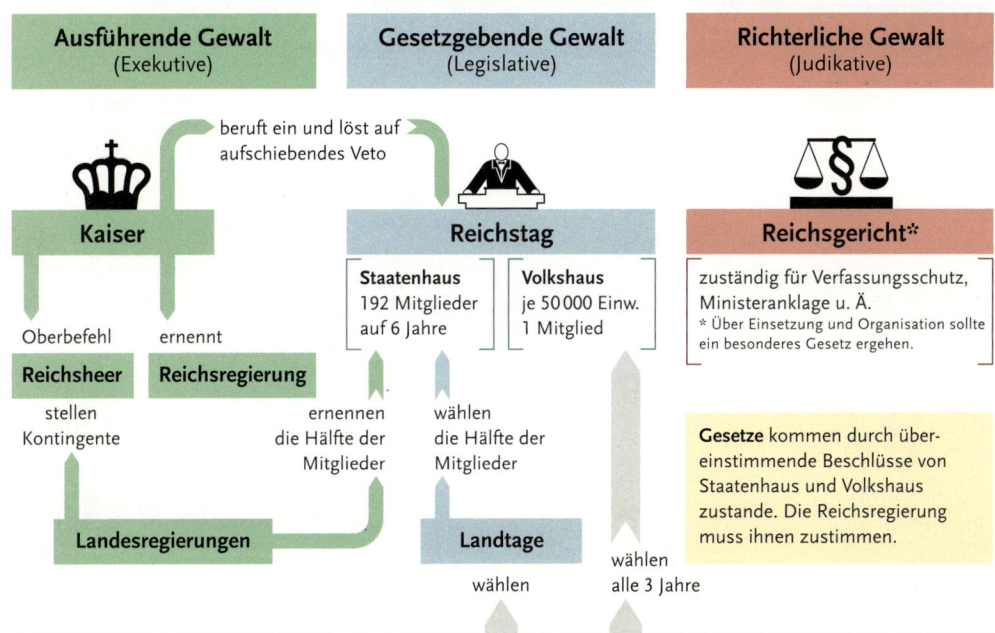

Ausführende Gewalt (Exekutive)	Gesetzgebende Gewalt (Legislative)	Richterliche Gewalt (Judikative)

beruft ein und löst auf
aufschiebendes Veto

Kaiser

Oberbefehl   ernennt

Reichsheer   **Reichsregierung**

stellen
Kontingente

ernennen
die Hälfte der
Mitglieder

Landesregierungen

Reichstag

Staatenhaus 192 Mitglieder auf 6 Jahre	Volkshaus je 50000 Einw. 1 Mitglied

wählen
die Hälfte der
Mitglieder

Landtage

wählen

Reichsgericht*

zuständig für Verfassungsschutz,
Ministeranklage u. Ä.
* Über Einsetzung und Organisation sollte
ein besonderes Gesetz ergehen.

Gesetze kommen durch übereinstimmende Beschlüsse von
Staatenhaus und Volkshaus
zustande. Die Reichsregierung
muss ihnen zustimmen.

wählen
alle 3 Jahre

Wahlberechtigte Bürger
(in den Ländern unterschiedliche Wahlrechte, zum Volkshaus alle Männer über 25 Jahre)

2 – Verfassung für das Deutsche Reich nach den Vorstellungen der deutschen Nationalversammlung vom 28. März 1848. Schaubild.

Der König lehnt die Kaiserkrone ab

Die Mitglieder der Nationalversammlung hatten lange die Frage diskutiert, ob das Deutsche Reich eine Republik oder eine Monarchie sein sollte. Schließlich entschieden sie sich für die Wahl eines Kaisers, der gemeinsam mit dem Parlament die Gesetze erlassen sollte. Doch wer sollte Kaiser werden? Zwei Möglichkeiten boten sich an: ein großes Deutsches Reich unter der Führung Österreichs mit dem österreichischen Kaiser oder die „kleindeutsche" Lösung ohne Österreich unter der Führung Preußens. Man einigte sich auf die kleindeutsche Lösung unter der Führung Preußens. „Kaiser der Deutschen" sollte Friedrich Wilhelm IV. von Preußen werden. Doch der preußische König lehnte dies ab.

Q3 Im Februar 1849 schrieb Friedrich Wilhelm IV.:

... Diese Krone ist nicht die tausendjährige Krone „deutscher Nation", sondern eine Geburt des scheußeligen Jahres 1848. ... Untertanen können keine Krone vergeben. ... Mit Gottes Hilfe werden wir „oben" wieder „oben" und „unten" wieder „unten" machen. Das ist es, was vor allem Not tut. ...

Aber die Nationalversammlung verfügte über keine Machtmittel, um ihre Beschlüsse durchzusetzen. Deshalb verließen viele Abgeordnete die Nationalversammlung. Nur 100 Abgeordnete blieben und bildeten Anfang Mai in Stuttgart ein „Rumpfparlament". Württembergische Truppen lösten es noch im Juli auf.

④ Untersucht Q3: Nennt das Interesse des Königs und bewertet seine Aussage unter Beachtung von § 137 in Q2.

⑤ Nennt Gründe für das Scheitern der Nationalversammlung.

entdecken und verstehen

Ⓐ In Deutschland entstanden 1848 Zeitungen, von radikal demokratisch bis strikt konservativ. Entscheidet euch in Partnerarbeit für eine Haltung und schreibt einen Artikel zur neuen Verfassung.

Ⓑ Schreibt ein Flugblatt, das gegen die Ablehnung der Kaiserkrone durch Friedrich Wilhelm IV. protestiert.

Wie beendeten die Fürsten die Revolution?

1 – Kapitulation der Festung Rastatt am 23. 7. 1849. Entwaffnung der Aufständischen. Farblithografie, 1849.

Aufstandsbewegungen

Nachdem der preußische König die Kaiserkrone abgelehnt hatte, weigerten sich Preußen und Österreich die Verfassung anzuerkennen, die die Frankfurter Nationalversammlung beschlossen hatte. Aber die kleinen Staaten hatten sie angenommen. Revolutionäre Bürger versuchten im Frühjahr 1849 durch Aufstände die Anerkennung der Verfassung durchzusetzen. Zu solchen Aufstandsbewegungen kam es in Dresden und Elberfeld, im Rheinland und in Süddeutschland.

Q1 Im badischen Offenburg beschloss am 13. Mai 1849 eine Volksversammlung von 40 000 Menschen einen Aufruf:
... Deutschland befindet sich fortwährend im Zustand voller Revolution, aufs Neue hervorgerufen durch die Angriffe der größeren deutschen Fürsten auf die von der deutschen Nationalversammlung endgültig beschlossene Reichsverfassung und die Freiheit überhaupt. Die deutschen Fürsten haben sich zur Unterdrückung der Freiheit verschworen und verbunden, der Hochverrat an Volk und Vaterland liegt offen zutage; es ist klar, dass sie sogar Russlands sämtliche Armeen zur Unterdrückung der Freiheit zu Hilfe rufen.

❶ Gebt den Aufruf (Q1) mit euren Worten wieder. Welchen Vorwurf machten die Teilnehmer den Fürsten?

Das Ende des Aufstandes

Der badische Großherzog forderte preußische Truppen an, um den Aufstand niederzuschlagen. Der preußische König hatte schon früher erklärt: „Gegen Demokraten helfen nur Soldaten." Seine Truppen besetzten Baden. Die Revolutionäre wurden zur Festung Rastatt zurückgedrängt. Nach drei Monaten Bürgerkrieg mussten die Aufständischen in der Festung am 23. Juli 1849 kapitulieren.
Viele Revolutionäre wurden hingerichtet oder zu hohen Zuchthausstrafen verurteilt. Andere flohen vor der Polizei ins Ausland. Etwa eine Million Menschen wanderten in die USA aus.

Q2 Johann Jakoby, einer der Revolutionäre, schrieb 1849 an einen Freund:
... (Die Revolution) ... hat die Lehre erteilt, dass jede Revolution verloren ist, welche die alten wohl organisierten Gewalten neben sich fortbestehen lässt. ...

❷ Erklärt die Aussage von Jakoby (Q2).

2 – Rundgemälde von Europa 1849. Karikatur zur Niederschlagung der Revolutionen in Europa. Zeitgenössische Lithografie.

Die Wiederherstellung der alten Ordnung

Die Fürsten stellten jetzt wieder in den Ländern die alte Ordnung her. Sie behinderten die Arbeit der Landesparlamente und schränkten das Wahlrecht ein. Friedrich Wilhelm IV. erließ eigenmächtig für Preußen eine Verfassung, ohne sich mit den gewählten Vertretern des Volkes abzusprechen. Diese Verfassung räumte dem König eine starke Stellung ein. 1850 vereinbarten Preußen und Österreich die Wiederherstellung des alten Deutschen Bundes (vgl. S. 189). Die Grundrechte, die die Nationalversammlung beschlossen hatte, wurden 1851 durch den neu zusammengetretenen Frankfurter Bundestag aufgehoben.

Q3 Malvida von Meysenburg (1816–1903) schrieb 1848:
Als ich zuletzt den Weg mit der Eisenbahn zwischen Köln und dem Norden zurücklegte, da war es Frühling 1848. Von unserem Zug flatterten schwarzrotgoldene Fahnen; eine lange Reihe Waggons, eingenommen von Freischaren junger entflammter Männer. ... Ich mischte mich unter sie und hörte, wie sie Hoffnungen und Wünsche austauschten. ...
Und nun? ... Keine Fahnen flatterten, keine Jünglinge schwärmten von Kampf und Sieg; lautlos ... schoss der Zug dahin, aber im Herzen brannte die ... tausendfache Schmach des Vaterlandes, die getäuschten Erwartungen und die vielleicht auf lange hinausgeschobene Entwicklung des politischen und sozialen Lebens.

❸ Notiert, welche „getäuschten Erwartungen" in Q3 gemeint sein könnten.
❹ Ihr trefft euch 1850 am Sonntag. „Da hätten wir von Anfang an nicht mitmachen sollen" sagt ein Bürger, ein anderer: „Für seine demokratischen Rechte muss man kämpfen, der Jakoby (Q2) hat recht. Setzt das Streitgespräch fort.
❺ Erläutert die Karikatur oben.

✻ Malvida von Meysenburg war Vorkämpferin für die Gleichberechtigung der Frauen und eine parlamentarische Demokratie. Um einer drohenden Verhaftung zu entgehen, floh sie 1852 nach London.

entdecken und verstehen

Ⓐ Stellt anhand der Seiten 199 bis 205 eine Übersicht der Ereignisse der Revolutionsjahre 1848/49 her.
Ⓑ Erstellt eine Mindmap zur Revolution 1848/49.
Ⓒ Informiert euch im Internet über das Ende der Festung Rastatt und berichtet in der Klasse darüber.

Das Deutsche Kaiserreich

Wie entstand 1871 das Deutsche Reich?

Legende:
- Kgr. Preußen 1864
- preußische Erwerbungen bis 1866
- x wichtige Schlacht
- Grenze des Deutschen Bundes 1864
- Südgrenze des Norddeutschen Bundes 1867–1871
- Grenze des Deutschen Reiches 1871

1 Grhzm. Mecklenbg.-Strelitz
2 Fsm. Schaumburg-Lippe
3 Fsm. Hohenzollern

1 – Die Länder des Deutschen Reiches.

Preußen und Österreich kämpfen um die Vorherrschaft

Im Jahre 1815 hatten sich 35 Fürstentümer und vier freie Reichsstädte zum „Deutschen Bund" zusammengeschlossen (siehe Karte S. 186). In diesem Bund waren zwei große Einzelstaaten: Preußen und Österreich. Sie stritten um die politische Vorherrschaft im Deutschen Bund. Preußen war stärker industrialisiert und brauchte deshalb einen größeren, zusammenhängenden Wirtschaftsraum. Nun strebte Preußen die Vorherrschaft in Norddeutschland an, um so ein zusammenhängendes Staatsgebiet herzustellen.

Vor allem Otto von Bismarck setzte sich dafür ein, dass Preußen eine Vormachtstellung erreichte. Er war ein Gutsherr aus Schönhausen an der Elbe und Abgeordneter im preußischen Parlament. 1862 wurde Bismarck zum preußischen Ministerpräsidenten ernannt.

Q1 Im Preußischen Landtage sagte Bismarck 1862:

... Preußens Grenzen ... sind für ein gesundes Staatsleben nicht günstig. Nicht durch Reden und Mehrheitsbeschlüsse werden die großen Fragen der Zeit entschieden – das ist der große Fehler von 1848 und 1849 –, sondern durch Eisen und Blut. ...

Bismarck stellte immer neue Forderungen an Österreich. Deshalb erklärte Österreich im Jahre 1866 Preußen den Krieg. Österreich wurde von der Mehrzahl der deutschen Fürsten unterstützt, weil sie sich von Preußens Macht bedroht fühlten. Schon nach wenigen Wochen wurden die österreichischen Truppen und ihre Verbündeten in der Schlacht von Königgrätz geschlagen.

❶ Beschreibt mithilfe von Q1 Bismarcks Einstellung zum Parlament und zur Revolution von 1848/49.

❷ Seht euch die Karte 1 an. Welche Vorteile brachte die Gebietserweiterung durch den Krieg von 1866 für Preußen?

2 – Karikatur auf Preußens Annexionen* und die Gründung des Norddeutschen Bundes.

3 – Otto von Bismarck (1815–1898), preußischer Ministerpräsident. Gemälde, um 1870.

Q2 Im August 1866 schrieb der deutsche Professor Ihering, der noch vor dem Krieg gegen Österreich Bismarck scharf verurteilt hatte:

... Ich beuge mich vor dem Genie eines Bismarck. ... Was uns Uneingeweihten als Übermut erschien, es hat sich hinterher herausgestellt als unerlässliches Mittel zum Ziel (der deutschen Einheit). Ich gebe für einen solchen Mann der Tat 100 Männer ... der machtlosen Ehrlichkeit. ...

❸ Erklärt den Meinungswandel in Q2.

Die Vorbereitung der Reichsgründung

Q3 Zum Friedensschluss mit Österreich schrieb Bismarck 1866:

... Österreich darf nicht gedemütigt werden. Man muss für die Zukunft seine Freundschaft gewinnen, sonst wird es der Bundesgenosse Frankreichs. ... Wir wollen nicht Richter über Österreich spielen ..., sondern die Anbahnung der deutschen Einheit unter dem König von Preußen ins Auge fassen. ...

Die „Anbahnung der deutschen Einheit" begann 1867 mit der Gründung des „Norddeutschen Bundes". Ihm gehörten alle Staaten nördlich des Mains an (siehe Karte 1).

An der Spitze des Bundes stand der preußische König, dem alle Truppen unterstellt wurden. Bismarck wurde Bundeskanzler. Sein Ziel war es, auch die vier süddeutschen Staaten in den Bund einzugliedern. Jedoch sah Frankreich mit Sorge, dass Preußen zur führenden Macht in Norddeutschland aufstieg. Es wollte nicht hinnehmen, dass die Macht sich in Europa zugunsten Preußens verschob. Folglich verschlechterte sich das Verhältnis zwischen den beiden Staaten. Bismarck schloss daher mit den süddeutschen Staaten zunächst nur geheime militärische „Schutz- und Trutzbündnisse": Die süddeutschen Staaten verpflichteten sich darin, im Kriegsfall ihre Truppen dem Oberbefehl des preußischen Königs zu unterstellen.

❹ Vergleicht die Beurteilung der Machtpolitik Bismarcks in der Karikatur und in Q2.

* Annexion
Gewaltsame Aneignung von Gebieten.

entdecken und verstehen

Ⓐ Entwerft ein Rollenspiel, in dem sich ein Österreicher und ein Preuße über die Vor- und Nachteile eines Deutschen Reiches unter preußischer Führung unterhalten.

Ⓑ Informiert euch im Internet über Bismarck und erstellt eine Wandzeitung.

Wie wurde das Deutsche Reich gegründet?

1 – Die Ausrufung des Deutschen Kaiserreiches am 18. Januar 1871 im Spiegelsaal von Schloss Versailles. Gemälde von Anton von Werner, 1882.

Ein „notwendiger" Krieg mit Frankreich?

Q1 Im Herbst 1869 hatte Bismarck dem sächsischen Minister von Friesen gesagt:
... Ich sehe einen baldigen Krieg mit Frankreich als eine unabweisliche Notwendigkeit an. ... Auch mit Rücksicht auf die süddeutschen Staaten liegt es in unserem Interesse, nicht den Anlass zu einem Krieg zu geben. Aufgrund der mit ihnen geschlossenen Schutzverträge können wir mit voller Bestimmtheit auf ihre Hilfe rechnen, wenn der Krieg von Frankreich erklärt wird. ...

Ein naher Verwandter des preußischen Königs wurde 1870 zum Nachfolger des spanischen Königs vorgeschlagen. Deshalb kam es zum offenen Streit zwischen Frankreich und Preußen. Bismarck nutzte diesen äußeren Anlass, um die Spannungen zu verschärfen. Daraufhin erklärte Frankreich am 19. Juli 1870 Preußen den Krieg. Die süddeutschen Staaten kämpften nun gemeinsam mit Preußen gegen Frankreich. Eine Welle nationaler Begeisterung erfasste die deutschen Staaten.

Kapitulation bei Sedan
Schon am 2. September 1870 musste die französische Armee bei Sedan (Nordost-

frankreich) kapitulieren. Mit fast 100 000 Soldaten geriet auch der französische Kaiser Napoleon III. in Gefangenschaft. Endgültig kapitulierte Frankreich erst im Januar 1871. Danach verlegte der preußische König sein Hauptquartier nach Versailles bei Paris. Im Friedensvertrag wurde Frankreich zu einer hohen Entschädigungssumme verpflichtet. Außerdem musste es das Elsass und Teile Lothringens abtreten.
Diese Gebietsabtretungen führten zu einer tiefen Verbitterung der Franzosen.

❶ Erklärt, warum es zum Krieg zwischen Preußen und Frankreich kam.

❷ Nennt Gefahren, die aus den harten Friedensbedingungen entstehen konnten.

Wilhelm I. wird deutscher Kaiser

Q2 Am 3. 9. 1871 notierte der preußische Kronprinz Friedrich Wilhelm in sein Tagebuch:
... Wohl aber drängt die deutsche Geschichte jetzt auf eine baldige Wiederherstellung von „Kaiser und Reich" durch unser königliches Haus. Dieses Ereignis kann in keinem günstigeren Momente eintreten als in jenem Augenblick, an dem unser König an der Spitze des deutschen Heeres als Sieger

Ausführende Gewalt (Exekutive)	Gesetzgebende Gewalt (Legislative)	Richterliche Gewalt (Judikative)

Deutscher Kaiser
(König von Preußen)
Oberbefehlshaber von
Heer und Marine

ernennt | entlässt

Reichsgericht
1879 eingeführt

Richter werden auf Vorschlag des Bundesrates vom Kaiser ernannt.

Reichskanzler Reichsregierung

Der Reichskanzler ist zugleich Ministerpräsident von Preußen, hat den Vorsitz im Bundesrat.

Bundesrat
25 ernannte Vertreter der Landes-regierungen

Reichstag
397 Abgeordnete

Gesetze kommen durch übereinstimmende Beschlüsse von Bundesrat und Reichstag zustande. Der Kaiser verkündet die Gesetze.

wählen alle 3 Jahre

Wahlberechtigte Bürger:
Männer ab 25 Jahre, keine Bindung an Besitz.

2 – Die Reichsverfassung von 1871. Schaubild.

über Frankreich auf französischem Boden steht. ...

Mit dieser Einschätzung traf der Prinz die Stimmung im deutschen Volk. Viele hofften auf ein einiges Deutsches Reich. Bismarck hatte schon während des Krieges Verhandlungen über die Gründung eines Deutschen Reiches geführt. Es musste geklärt werden, welche Rechte der deutsche Kaiser haben sollte und auf welche Rechte die Fürsten verzichten mussten. Am 18. Januar 1871 war es so weit: Der preußische König Wilhelm I. wurde im Spiegelsaal des Schlosses in Versailles zum deutschen Kaiser ausgerufen.

❸ Schreibt auf, wie eurer Meinung nach viele Franzosen die Krönung des deutschen Kaisers in Versailles empfunden haben.

Die Verfassung von 1871
Die Freude über die Reichsgründung war groß, aber von der Verfassung waren viele Demokraten enttäuscht. So fehlten in der Reichsverfasssung z. B. die Grundrechte, die die Verfassung der Frankfurter Nationalversammlung von 1849 enthalten hatte. Die oberste Gewalt im Reich lag nicht beim Volk, sondern beim Kaiser und den

25 Landesregierungen. Alle Gesetze, die die Abgeordneten des Volkes im neuen Reichstag beschlossen, mussten vom Bundesrat bestätigt werden. Kein Gesetz konnte gegen die Stimmen von Preußen beschlossen werden. Der Kaiser war alleiniger Oberbefehlshaber der Armee und konnte im Namen des Reiches den Krieg erklären. Er ernannte den Reichskanzler. So war dieser nicht von den Vertretern des Volkes, sondern nur vom Vertrauen des Kaisers abhängig. Der Kaiser konnte außerdem den Reichstag einberufen oder auch auflösen.

❹ Beschreibt mithilfe der Methode auf S. 323 die Verfassung (Abb. 2). Schreibt auf, wer den Reichskanzler ernennt und welche Befugnisse der Reichstag hat.

entdecken und verstehen

Ⓐ Die Errichtung des Kaiserreiches wird als Schaffung eines Nationalstaates „von oben" beschrieben. Erklärt den Begriff. Schreibt auf, was ein Nationalstaat „von unten" wäre.

Ⓑ Stellt aus den Seiten 206 bis 209 die wichtigen Daten auf dem Weg zur Reichsgründung zusammen und schreibt auf, wie das Deutsche Kaiserreich gegründet wurde.

Deutschland über alles?

1 – So könnte es gewesen sein: Bürger einer Kleinstadt erwarten auf ihrem Bahnhof den Besuch des Kaisers. Foto aus dem Spielfilm „Der Stolz der dritten Kompanie" von 1931.

Kaiserkult und Nationalismus

Ein lang gehegter Wunsch vieler Deutscher war mit der Reichsgründung und der Aus-rufung des preußischen Königs zum Kaiser erfüllt worden. Endlich gab es ein Deut-sches Reich. Alle Deutschen sollten sich hinter dieses Reich stellen. Deshalb wurde in der Schule, beim Militär und von den Kanzeln herab verkündet, dass dieser Staat mit dem Kaiser an der Spitze für das Wohl aller seiner Untertanen sorge. In vielen Städten und Dörfern errichtete man Krie-gerdenkmäler, Denkmäler von ruhmrei-chen Feldherren oder Herrschern, die sich um das Vaterland verdient gemacht hatten (vgl. Bilder 2–4). Bei den jährlichen Feiern zum Kaisergeburtstag und zum Andenken an die Schlacht von Sedan ließen die Fest-redner das Deutschtum hochleben. Sie erin-nerten an die Größe des Reiches, auf die man stolz zu sein hatte und die es zu vertei-digen galt. Viele Menschen teilten diesen Stolz, und als gute Patrioten betonten sie ih-re Vaterlandsliebe. Ob arm oder reich, in vielen Wohnungen hingen Porträts des Kai-sers oder Bismarcks.

① Erklärt mithilfe der Abbildungen 1–4 die Begriffe „Kaiserkult" und „Nationalis-mus".

Deutscher Anspruch auf Weltgeltung

Aus diesem Stolz auf das Deutsche Reich entwickelte sich jedoch ein Überlegenheits-gefühl (Nationalismus). Hatten nicht deut-sche Truppen den Gegner vernichtend ge-schlagen? Hatte nicht Gott dem deutschen Volk dabei geholfen? War die deutsche Nati-on dadurch nicht hervorgehoben vor allen anderen Völkern? Es entwickelte sich eine zunehmende Feindschaft gegen alle, die man als Gegner dieses Staates ansah.
Als Feinde galten alle „Nicht-Deutschen", die im Reich lebten, wie Polen und Juden. Und Feinde waren natürlich auch die „nei-dischen" Nachbarvölker, insbesondere Frankreich, das angeblich nur auf Rache sann. Das Sinnbild für das Deutsche Reich war Germania. Sie wurde jetzt nur noch mit gezogenem Schwert dargestellt. In dieser Gesinnung sang man jetzt auch das Deutschlandlied und dessen erste Zeilen: „Deutschland, Deutschland über alles, über alles in der Welt". Das Lied war ursprüng-lich ein Bekenntnis zur deutschen Einheit. Jetzt aber wollten viele Deutsche damit zum Ausdruck bringen, dass dem Deutschen Reich die Weltherrschaft zustehe. Diese übersteigerte nationale Gesinnung fand sich auch in anderen europäischen Staaten. Die Gefahr einer kriegerischen Auseinan-dersetzung wurde damit immer größer.

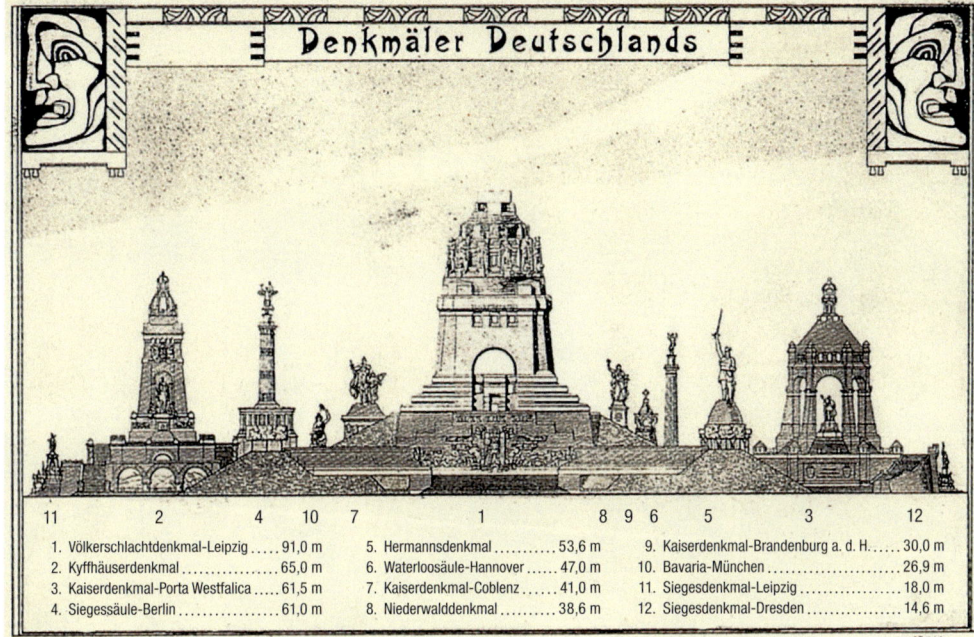

Denkmäler Deutschlands

11	2	4	10	7	1	8	9	6	5	3	12

1. Völkerschlachtdenkmal-Leipzig ..... 91,0 m
2. Kyffhäuserdenkmal .... 65,0 m
3. Kaiserdenkmal-Porta Westfalica ..... 61,5 m
4. Siegessäule-Berlin .... 61,0 m
5. Hermannsdenkmal .... 53,6 m
6. Waterloosäule-Hannover ..... 47,0 m
7. Kaiserdenkmal-Coblenz ...... 41,0 m
8. Niederwalddenkmal .... 38,6 m
9. Kaiserdenkmal-Brandenburg a. d. H. ..... 30,0 m
10. Bavaria-München .... 26,9 m
11. Siegesdenkmal-Leipzig .... 18,0 m
12. Siegesdenkmal-Dresden .... 14,6 m

2 – Bedeutende Denkmäler Deutschlands. Postkarte, um 1900.

3 – Bismarckturm in Mülheim an der Ruhr.
Eingeweiht 1909. Foto, 2007.

4 – Kriegerdenkmal in Bad Sassendorf. Foto, 2011.

❷ Informiert euch über die in Abbildung 2 genannten Denkmäler.
– Findet heraus, an welches Ereignis oder welche Person erinnert wird.
– Stellt fest, wozu diese Denkmäler errichtet wurden (zur Mahnung, zur Verherrlichung, als Aufforderung zur Nachahmung usw.).

entdecken und verstehen

Ⓐ Stellt fest, ob es in der Nähe eures Heimatortes Denkmäler aus der Kaiserzeit (1870–1918) gibt. Fotografiert oder zeichnet sie und erarbeitet eine Ausstellung.

Ⓑ Stellt Bild 1 in der Klasse nach. Versetzt euch in die Personen und schildert ihre Gefühle beim Warten auf den Besuch des Kaisers.

Familie und Erziehung im Kaiserreich

1 – „Unser Kaiserpaar im Familienkreise." Erinnerungsblatt an die Geburt der ersten Kaiserlichen Prinzessin Viktoria, 13. September 1892". Fotografische Reproduktion einer Zeichnung.

Die Rolle des Militärs

Q1 Ein Arzt erinnert sich an seine Jugend in den 1880er-Jahren:

... Der Offizier bildete ganz unbestritten den ersten Stand. ... Ich glaube nicht, dass sich die heutige Generation noch einen Begriff von der damals fast überall herrschenden Militärfrommheit machen kann. Der Uniform kam jeder entgegen, machte jeder Platz, es war nahezu undenkbar, dass ein Leutnant sich bei irgendeinem Mädchen einen Korb holen konnte. „Mein Gott, wie kann man nur einen Leutnant töten", rief ein junges Mädchen, als es hörte, dass ein solcher im Krieg gefallen war. ...

M1 Der Historiker Hans-Ulrich Wehler schrieb 1995:

... In strahlendem Glanz stand das Militär nach seiner Serie von Siegen da. ... Das Offizierkorps galt vielen uneingeschränkt als „Erster Stand im Staat". ... Militärische Gewohnheiten drangen im Kaiserreich immer tiefer in das tägliche Leben ein: der Kommandoton und das Strammstehen, die herablassende Behandlung des Bürgers durch den Offizier. ... Im Verhaltensstil, in der Sprache und Denkweise wurde die Dominanz des Militärs bereitwillig akzeptiert. ...

Familien im Kaiserreich

M2 Der Historiker Gert Richter schrieb 1974 über die bürgerliche Familie im Kaiserreich:

... In der „guten alten Zeit" ist ... der Vater noch fast überall der Mittelpunkt, die Frau in erster Linie Hausfrau und Mutter, die sich, wie die Kinder, diesem Mann unterordnet, wie sie es vor dem Traualtar geschworen hat, die ihn umsorgt, ihm alle Wünsche von den Augen abliest, „nur für ihn da ist". ... Die Erziehung der Kinder war streng und autoritär. Den Anweisungen und Wünschen des Vaters müssen alle widerspruchslos Folge leisten. Zweifel an dieser Familienordnung gibt es kaum. Wie im Staat der Kaiser, so ist in der Familie der Vater das unbestrittene Oberhaupt. ...

ent tdecken

2 – Blick in ein Klassenzimmer. Foto, 1910.

Schule in der Kaiserzeit

Q2 In den Anweisungen eines Schulrates für Lehrer aus dem Jahre 1903 steht:

... Damit jede Störung des Unterrichts unmöglich gemacht werde, hat der Lehrer ... darauf zu halten: a) dass alle Schüler gerade und in Reihen hintereinander sitzen b) dass jedes Kind seine Hände geschlossen auf die Schultafel legt c) dass die Füße parallel nebeneinander auf den Boden gestellt werden ... (Zur Heraufnahme von Büchern gilt Folgendes): Die Kinder haben die betreffenden Lernmittel in drei Zeichen heraufzunehmen. ... Gibt der Lehrer ... das Zeichen „1", dann erfassen die Kinder das unter der Schultafel liegende Buch; bei „2" erheben sie das Buch über die Schultafel; bei „3" legen sie es geräuschlos auf die Schultafel nieder, schließen die Hände und blicken den Lehrer an. ... Alle breiten Auseinandersetzungen und Reden müssen wegfallen; hier muss ein Wink des Auges ... oder der einzige ... Ausruf: „Klasse – Achtung!" genügen, um die gesamte Schulordnung herzustellen.

Q3 Paul Eipper (geboren 1891) besuchte eine „Bürgerschule" (Volksschule). Über seine Lehrer urteilt er:

... Alle ... Lehrer waren unnahbar streng, betätigten sich eigentlich nur mit Forderungen, Rügen, mit Rohrstock-Schwingen für Schläge auf das Gesäß und die Hände. ... Ich kann es nicht ändern: meine Schuljahre liegen noch immer als Albdruck auf mir, sie schrecken mich auch jetzt noch dann und wann aus dem Nachtschlaf hoch, aus verängstigten Schülerträumen. ...

Q4 Der Schriftsteller Erich Kästner (1899–1974) schrieb 1957 über seine Kindheit im Kaiserreich:

... In jener Zeit sahen alle Schulen düster aus, dunkelrot oder schwärzlich grau, steif und unheimlich. Wahrscheinlich waren sie von denselben Baumeistern gebaut worden, die auch die Kasernen gebaut hatten. Die Schulen sahen aus wie Kinderkasernen. Man wollte wohl schon die Kinder durch Furcht zu folgsamen Staatsbürgern erziehen. ...

Bildet Arbeitsgruppen und bearbeitet eines der folgenden Themen:

Rolle des Militärs in der Gesellschaft

1 Beschreibt, welche Rolle das Militär in der Gesellschaft des Kaiserreiches spielte (Q1, M1, Bild 1 auf S. 210).

2 Untersucht, welchen Einfluss militärisches Denken auf Familie und Schule hatte (Q2, Q4).

Familie im Kaiserreich

3 Beschreibt anhand von M2 und Bild 1, wie die Beziehungen der Familienmitglieder untereinander sind.

Schule in der Kaiserzeit

4 Beschreibt mithilfe von Q2, Q3, Q4 und Bild 2, wie das Schulleben in der Kaiserzeit aussah.

5 Erläutert, was man mit Hilfe des Bildes 2 ohne die Texte Q2–Q4 über die Schule im Kaiserreich im Vergleich zur heutigen Schule aussagen kann.

Nationale Symbole heute

1 – Bundeskanzlerin Angela Merkel hört zusammen mit dem US-Präsidenten Barack Obama die Nationalhymnen. Foto, 3. 4. 2009.

2 – Deutsche Fans singen die Nationalhymne beim Spiel Deutschland – Polen während der Europameisterschaft 2008. Foto, 8. 6. 2008.

Nationalhymne

Nationale Symbole spielen auch bei Sportveranstaltungen eine wichtige Rolle. Im Jahr 2005 kam es bei den Ausscheidungsspielen zur WM-Qualifikation zwischen der Türkei und der Schweiz zu Pfiffen, während die Nationalhymne abgespielt wurde.

M1 Zu den Vorfällen sagte der FIFA-Präsident Blatter am 22. 11. 2005:

… „Das war eine derartige Respektlosigkeit und eine Verletzung des nationalen Stolzes. Ich frage mich, ob es überhaupt noch Sinn macht, Nationalhymnen abzuspielen." … Wenn sich Nationalismus sowie Leidenschaft und Emotionen paaren, entstehe offenbar eine explosive Situation, meinte der Schweizer.

M2 Zu diesem Vorschlag äußerte sich am 22. 11. 2005 der Sportsoziologe Gunter A. Pilz in einem Interview:

… Von den Fans wird die Nationalhymne schlicht zur Provokation von Mannschaft und Fans des Gegners genutzt. Dies Problem ist ganz offensichtlich nicht in den Griff zu bekommen. In Deutschland ist es zum Glück etwas besser geworden mit den Pfiffen. Die deutschen Anhänger brauchen die Hymne nicht zur *Identifikation mit der Nationalmannschaft. In anderen Nationen wie etwa der Türkei ist das natürlich ganz anders. Schauen Sie sich nur die Gesten an. Die legen die Hand ans Herz und sind ergriffen.

M3 In einem Interview erklärte der Sporthistoriker Karl Lennartz am 8. 12. 2005:

… Nationalhymnen stacheln nicht auf, sie sollen etwas Feierliches einläuten. … Die Hymne ist eine feierliche Einstimmung auf ein Großereignis, die auch auf einen fairen sportlichen Wettkampf zweier befreundeter Nationen hinweist. Sie stiftet Identifikation und weist auf das Land hin, das man vertritt. Englische Fans zum Beispiel singen ihre Nationalhymne während und nach dem Spiel – auch wenn sie verloren haben. Das heißt also, wir halten weiter zusammen. …

1 Fasst M1, M2 und M3 knapp mit eigenen Worten zusammen.

2 Erinnert euch, wie ihr euch gefühlt habt, als ihr die Nationalhymne bei einer Veranstaltung gehört oder gesungen habt.

3 Nehmt Stellung zur Frage, ob man bei Sportveranstaltungen die Nationalhymne singen soll. Berücksichtigt eure Lösungen der Aufgaben 1 und 2.

* **Identifikation**
Sich mit einer Person oder einer Gruppe gleichsetzen.

Zusammenfassung

Auf dem Weg zur Demokratie

Enttäuschte Hoffnungen

Für viele Menschen in Deutschland waren die Beschlüsse des Wiener Kongresses enttäuschend. Vor allem die Studenten zeigten ihre Unzufriedenheit mit den politischen Verhältnissen. Auf dem Wartburgfest 1817 forderten sie einen einheitlichen deutschen Staat und Freiheit. Dafür wurden sie von den Fürsten verfolgt und häufig zu harten Gefängnisstrafen verurteilt. Die Burschenschaften wurden verboten und die Universitäten mit einem Netz von Spitzeln überzogen. Dennoch begehrten viele Bürger weiterhin auf. Anlässlich des Hambacher Festes 1832 versammelten sich 30 000 Demonstranten beim Hambacher Schloss. Es war die erste politische Massenveranstaltung Deutschlands.

1815–1832

Streben nach Einheit und Demokratie.

Revolution

In vielen Ländern kam es schließlich 1848/1849 zu Revolutionen, weil die Menschen unzufrieden mit der Herrschaft der Fürsten waren. Von Paris aus, wo im Februar 1848 der König vertrieben und eine Republik ausgerufen wurde, breiteten sich Aufstände über Europa aus. In Deutschland fanden allgemeine und geheime Wahlen zur Nationalversammlung statt. Sie tagte in Frankfurt und erarbeitete die erste gemeinsame deutsche Verfassung. Dem ersten deutschen Parlament gehörten vor allem Akademiker, aber keine Arbeiter und Frauen an.

1848/49

Straßenkämpfe in Berlin 1848.

Gegenrevolution

Dem preußischen König Friedrich Wilhelm IV. wurde 1849 die Kaiserkrone angeboten, doch er lehnte die Krone aus der Hand des Volkes ab. Noch im gleichen Jahr ließ Friedrich Wilhelm IV. Berlin durch Soldaten besetzen und die preußische Nationalversammlung auflösen. Wie in Berlin, so wurden überall in den deutschen Staaten die Aufstände vor allem mithilfe preußischer Truppen niedergeschlagen. Zahlreiche Anhänger einer Demokratie für Deutschland landeten in Gefängnissen oder mussten ins Ausland fliehen.

1849

Niederschlagung der Revolution.

Das Kaiserreich

Otto von Bismarck wurde 1862 Ministerpräsident von Preußen. Mit dem Sieg über Österreich wurde Preußen zur stärksten Macht der deutschen Staaten. Der Aufstieg Preußens zu einer europäischen Großmacht beunruhigte Frankreich, das im Jahre 1870 Preußen den Krieg erklärte. Der Deutsche Bund siegte, Frankreich musste schon im Januar 1871 kapitulieren. Wenige Tage später wurde das Deutsche Reich gegründet und der preußische König Wilhelm I. in Versailles zum deutschen Kaiser ausgerufen.

Mit der Reichsgründung entwickelte sich ein übersteigertes Nationalgefühl in Deutschland: Viele Menschen bewunderten das Militär, die Orden und Uniformen. Unterordnung und Gehorsam wurde für die meisten Bürger zu einer selbstverständlichen Pflicht.

1871–1918

Das Deutsche Kaiserreich.

Das kann ich …

Auf dem Weg zur Demokratie

1 – Eröffnung der Nationalversammlung in der Paulskirche am 28. 5. 1848. Holzstich, um 1890.

2 – Festakt: „Deutschlands Weg zur Demokratie". Während der Rede des damaligen Bundespräsidenten Köhler in der Paulskirche am 27. 3. 2009.

Verstehen

3 – Schüler beim Hambacher Jugendfest 2007. Foto.

M1 Der damalige Bundespräsident Wulff sagte am 24. 5. 2011 in einer Rede vor dem Hambacher Schloss:

… Die Revolution von 1848 scheiterte in Deutschland nicht zuletzt am Unwillen der Obrigkeit, das Volk als Souverän (Inhaber der Staatsgewalt) anzuerkennen. Dennoch war die damals erarbeitete Verfassung der Frankfurter Nationalversammlung wegweisend für die weitere Entwicklung unseres Landes. Mit der Weimarer Verfassung von 1919 gelang es, die Ideale von Hambach auch tatsächlich in staatliches Recht umzusetzen. … Nach dem Zweiten Weltkrieg konnten sich die Autoren des Grundgesetzes auf die demokratischen Traditionen und die Errungenschaften von Hambach, Frankfurt und Weimar stützen.

M2 Der damalige Bundespräsident Heinemann sagte 1971 in einer Rede:

… Als das Deutsche Reich vor 100 Jahren gegründet wurde, war keiner der 48er zugegen. … Um den Kaiser standen in Versailles allein die Fürsten, die Generäle, die Hofbeamten, aber keine Volksvertreter. … Was 1871 erreicht wurde, war eine äußere Einheit ohne volle innere Freiheit. Die Staatsgewalt ging nicht vom Volke aus, sie lag bei den Fürsten.

Wichtige Begriffe

Wiener Kongress
Restauration
Wartburgfest
Hambacher Fest
Revolution 1848/49
Nationalversammlung
Reichsgründung
Deutsches Kaiserreich

Wissen und erklären

❶ Erklärt euch gegenseitig die wichtigen Begriffe (oben) und schreibt die Bedeutung der Begriffe in eure Geschichtsmappe.

❷ Vergleicht die Bilder 1 und 2. Sucht Gemeinsamkeiten und erläutert mit den beiden Bildern den „langen Weg zur Demokratie".

❸ Lest M1 und gebt den Inhalt mit eigenen Worten wieder. Worin sieht der damalige Bundespräsident den bleibenden Erfolg der Revolution von 1848?

❹ Erklärt die Aussage, das Deutsche Reich sei durch „Eisen und Blut" gegründet worden.

Anwenden

❺ Plant ausgehend von den Seiten 210–213 ein Projekt zum Thema „Leben im Kaiserreich". Wendet die auf den Seiten 190/191 beschriebene Methode an.

Beurteilen und handeln

❻ Seht euch Bild 3 an. Begründet, warum es sinnvoll ist, dass 175 Jahre später Jugendliche in Hambach feiern.

❼ Lest M2 und gebt den Inhalt mit eigenen Worten wieder. Beurteilt die Aussage.

❽ Erkundet, ob es in eurem Heimatort Spuren des Kaiserreiches gibt. Denkt neben Denkmälern und öffentlichen Gebäuden auch an Straßennamen.

❾ Vergleicht eure Arbeitsergebnisse in den Portfolios. Welche Themen kommen besonders häufig vor und welche Erklärung findet ihr dafür?

Die **Industrielle Revolution**

Aus kleinen Anfängen entstanden im 19. Jahrhundert oft in kürzester Zeit große Industrieanlagen – so auch die Krupp-Werke in Essen. Die hohen Schornsteine galten als Zeichen des Fortschritts. Diese Firmen boten oft tausenden Arbeiterinnen und Arbeitern und Angestellten Arbeit und Verdienst. In den riesigen Werkshallen wurden Produkte in großen Mengen und zu niedrigen Preisen hergestellt.

Die **Industrielle Revolution**

1 – Wichtige Industrieregionen in Europa um 1850.

Jahrhundertelang hatte sich das Leben der Menschen kaum geändert: Die meisten Menschen lebten in kleinen Dörfern oder verdienten sich ihren Lebensunterhalt als Handwerker und Händler in den Städten. Mit dem Beginn der Industrialisierung änderte sich das Leben der Bevölkerung schlagartig. Man spricht deshalb auch von der „Industriellen Revolution".

Bei der Arbeit mit diesem Kapitel könnt ihr euch mit folgenden Fragen beschäftigen:

- Weshalb begann die Industrialisierung in England?
- Wie verlief die Industrielle Revolution in Deutschland?
- Welche technischen Entwicklungen gab es in dieser Zeit?
- Wie veränderte sich das Leben der Menschen?

- Welche Folgen hatte die Industrialisierung für die Gesellschaft?
- Außerdem lernt ihr, wie man Statistiken untersucht und Industriefotos analysiert.

1 Schaut euch die Bilder auf der rechten Seite an und erzählt, was ihr bereits über die Industrialisierung wisst.

2 Zeigt auf der Karte, wo sich in Europa Zentren der Industrialisierung bildeten.

3 Ordnet die Bilder 2–4 den Ereignissen auf der Zeitleiste zu. Versucht, Unterschiede zum Leben in der heutigen Zeit zu benennen

1769	um 1770	1835	1875	1883–1889
		Erste deutsche Eisenbahnstrecke Nürnberg – Fürth		Sozialgesetzgebung in Deutschland
Dampfmaschine von James Watt	Beginn der Industrialisierung in England		Gründung der Sozialdemokratischen Partei Deutschlands	

2 – Dampfhammer in einem Stahlwerk in der Nähe Manchesters, 1842. Gemälde von James Nasmyth, 1877.

3 – Kinderarbeit in einem englischen Steinkohlebergwerk. Lithografie, 1884.

4 – Die erste Eisenbahnlinie in Deutschland: Abfahrt des Eröffnungszuges von Nürnberg nach Fürth am 7. Dezember 1835. Lithografie, 1845.

5 – Demonstration für Mindestlöhne in Berlin. Foto, 2011.

Anfänge der industriellen Produktion

Wie kam es zur Industriellen Revolution?

1 – Verarbeitung von Wolle zu Garn in England um 1770. Die Fäden werden zunächst auf dem Spinnrad gesponnen und dann auf eine Garnwinde gewickelt. Buchillustration, 2005.

Die Revolution begann in England

Q1 Friedrich Engels, ein deutscher Fabrikant, schrieb 1845 in seinem Buch „Die Lage der arbeitenden Klasse in England":

... Vor 60/80 Jahren ein Land wie alle anderen, mit kleinen Städten, wenig und einfacher Industrie und einer verhältnismäßig großen Ackerbaubevölkerung. Und jetzt: Ein Land wie kein anderes, mit einer Hauptstadt von dreieinhalb Millionen Einwohnern, mit großen Fabrikstädten, mit einer Industrie, die die ganze Welt versorgt und die fast alles mit den kompliziertesten Maschinen macht, mit einer fleißigen, intelligenten Bevölkerung, von der zwei Drittel von der Industrie in Anspruch genommen werden und die aus ganz anderen Klassen besteht, ja, die eine ganz andere Nation mit anderen Sitten und Bedürfnissen bildet als damals. ...

❶ Notiert, welche Veränderungen Engels in England beobachtet hat.

❷ Erläutert, warum man die Entwicklung, die Engels in Q1 beschreibt, als „Revolution" bezeichnen kann.

Voraussetzungen der Industriellen Revolution

Wie hatte es zu diesen Veränderungen kommen können und warum gerade in England?

– Eine wichtige Voraussetzung war, dass die Ernteerträge durch bessere Anbaumethoden und neue Maschinen gesteigert wurden. So erfand z. B. der Engländer Jethro Tull im Jahre 1701 eine Sämaschine. Man züchtete planmäßig neue Getreidesorten, die höhere Ernteerträge erzielten.

– Es kam zu einer breiteren Versorgung mit Nahrungsmitteln, weil neue Nahrungsmittel wie die Kartoffel aus Südamerika und Erbsen aus Kleinasien hinzukamen.

– Die Gesundheit verbesserte sich und die Lebenserwartung wurde höher, weil die Ernährung besser wurde, mehr Sauberkeit in den Haushalten herrschte und die Medizin Fortschritte machte (z. B. durch diePockenschutzimpfung).

– Die Bevölkerungszahl stieg in England zwischen 1750 und 1850 von 7,4 Millionen auf fast 21 Millionen an.

2 – Die „Spinning Jenny" von 1764. Drehte man das Rad, zogen und drehten die Spindeln die Wolle automatisch zu Fäden. Ein Mensch konnte daran so viel Garn spinnen wie acht Leute mit herkömmlichen Spinnrädern. Buchillustration, 2005.

– Dadurch stieg der Bedarf an Kleidung aller Art, vor allem an preisgünstigen Stoffen. Für diese Stoffe produzierten die etwa 700 000 Heimarbeiter/-innen in England (Bild 1) Garn, aber die Produktionsmenge reichte bald nicht mehr aus.
– Großhändler und Unternehmer suchten deshalb nach technischen Möglichkeiten, um die Produktion zu erhöhen und gleichzeitig preiswerte Waren zu produzieren. Denn die Nachfrage nach preisgünstigen Stoffen war sehr groß.

Die „Spinning Jenny"
Im Jahre 1761 schrieb die „Gesellschaft zur Förderung des Handwerks und der Manufakturen" einen Wettbewerb aus. Den ersten Preis sollte derjenige erhalten, dem die Erfindung einer Maschine gelänge, die „sechs Fäden Wolle, Flachs, Hanf oder Baumwolle gleichzeitig spinnt, sodass nur eine Person zur Bedienung nötig ist". Den Preis gewann James Hargreaves (1740–1778). Im Jahre 1764 stellte er seine Maschine vor, die er nach seiner Tochter „Spinning Jenny" nannte. Mit dem Preisgeld richtete er sich eine Werkstatt ein, die aufgebrachte Weber und Spinner der Umgebung jedoch schon bald gewaltsam zer-

störten. Sie verloren ihre Arbeit, weil neue Maschinen eingesetzt wurden.
Aber durch solche Proteste ließ sich die industrielle Entwicklung nicht aufhalten. Die Arbeitswelt in England hatte sich innerhalb von nur zwei Generationen völlig verändert: Von der Heimarbeit, die die Menschen neben der Landwirtschaft ausüben konnten, kam es jetzt zur Vollarbeitszeit in großen Fabriken mit oft mehreren Hundert Arbeiterinnen und Arbeitern.

3 Beschreibt mithilfe von Q1, den Bildern 1 und 2 sowie des Textes die Veränderungen in der Textilproduktion Englands.
4 Stellt mithilfe des Textes und der Bilder fest, wie der Einsatz von Maschinen die Berufs- und Arbeitswelt veränderte.

entdecken und verstehen

A Heute sprechen wir von einer „Informatisierung" der Arbeitswelt. Findet heraus, was gemeint ist und notiert Merkmale, die für diese Arbeitswelt typisch sind. Ergänzt eure Einschätzung positiv/sinnvoll (+), negativ/schädlich (–) unentschieden/zwiespältig (+/–) und tauscht euch aus.
B Weber und Spinner zerstörten die Werkstatt von Hargreaves. – Notiert in euer Geschichtsheft, welche Motive sie dafür angegeben haben könnten.
C Legt ein Portfolio zum Thema „Die Industrielle Revolution" an.

Was bewirkte die Erfindung der Dampfmaschine?

1 – Die von James Watt 1769 konstruierte Dampfmaschine. Rekonstruktion im Deutschen Museum in München. Foto, 2009.

2 – James Watt (1736–1819). Gemälde von Friedrich Breck, 1792.

Abschied vom Webstuhl

Mit den neuen Spinnmaschinen, die zudem ständig verbessert wurden, gab es Garn im Überfluss. Daher verlangten die Webereibesitzer nach leistungsfähigeren Webstühlen, um das Garn auch verarbeiten zu können. Edmund Cartwright (1743–1823), konstruierte im Jahr 1785 die ersten mechanischen Webstühle. Sie wurden schon bald von Dampfmaschinen angetrieben. Dampfmaschinen gab es schon seit 1698. Bei geringer Leistung verbrauchten sie aber sehr viel Energie. Den Durchbruch schaffte erst James Watt im Jahr 1769 mit einer Dampfmaschine, die die zehnfache Leistung eines Pferdes erbrachte (10 Pferdestärken – 10 PS). Im Jahr 1810 gab es in England bereits über 5000 Dampfmaschinen. In den Bergwerken wurden sie vor allem für die Pumpen eingesetzt, mit denen die Kohlegruben entwässert wurden. Dampfmaschinen trieben Mühlen und Dreschmaschinen an. Auf den Feldern von großen landwirtschaftlichen Betrieben zogen Lokomobile die schweren Pflüge aus Stahl. Für die in Heimarbeit beschäftigten ländlichen Textilarbeiter und -arbeiterinnen entstand durch die Fabriken eine übermächtige Konkurrenz.

❶ Beschreibt die Entwicklung im Textilgewerbe anhand der folgenden Tabelle. Benutzt dabei auch die Methode auf S. 232.

M1 **Entwicklung der Textilproduktion in England 1810–1860. Zahl der ländlichen Weber und Zahl der kraftgetriebenen Webstühle.**

	Ländliche Weber	Kraftgetriebene Webstühle
1810	250 000	–
1813	–	2400
1820	250 000	14 150
1829	–	55 500
1833	–	100 000
1850	40 000	250 000
1860	3 000	–

(– = keine Angaben vorhanden)

3 – Dampfpflug im Einsatz. Dieser wird durch Auf- und Abwickeln eines zwischen zwei Lokomobilen gespannten Drahtseils hin- und herbewegt. Holzstich, koloriert, 1890.

Erfinder und Entdecker:
Benz · Edison · Fulton · Daimler · Koch · Liebig · Otto · Pasteur · Siemens · Daguerre

Erfindungen und Entdeckungen:
Glühbirne · Bekämpfung der Cholera · Entdeckung der Bakterien · erstes Automobil · Dynamo · Viertaktmotor · Kunstdünger · Benzinmotor · Fotografie · Dampfschiff

4 – Wichtige Erfindungen und Entdeckungen im 19. Jahrhundert.

Mit Volldampf in die Zukunft

Die ersten Dampfmaschinen waren so schwer, dass man sie nicht von der Stelle bewegen konnte. Doch schon bald gelang es englischen Technikern, Dampffahrzeuge zu entwickeln. Dies führte aber zum entschlossenen Widerstand von Fuhrunternehmern, Hufschmieden, Sattlern und Besitzern von Pferdestationen. Als es auch noch zu Verkehrsunfällen und Kesselexplosionen mit Todesopfern kam, erließ das englische Parlament 1836 das „Anti-Dampfwagen-Gesetz". Demnach durften die „pferdelosen-mechanischen" Wagen nicht schneller als vier englische Meilen in der Stunde (6,4 km/h) fahren. Dieses Gesetz galt bis 1895 und verhinderte so die Weiterentwicklung von Straßenfahrzeugen in England.

Erfolgreicher waren die Dampflokomotiven des englischen Konstrukteurs George Stephenson (1781–1848). Die erste Bahnlinie der Welt wurde im Jahre 1825 zwischen den Bergwerken in Darlington und der Hafenstadt Stock-on-Tees eröffnet. Die Lokomotive mit 34 Wagen brauchte für die 15 km lange Strecke 65 Minuten.

Wie keine andere Erfindung dieser Zeit hat die Dampfmaschine die Welt verändert: Menschen und Waren konnten nun in kürzester Zeit über große Strecken transportiert werden. Rohstoffe konnten in die Industriezentren gebracht und die Bevölkerung in den stark wachsenden Städten mit Lebensmitteln versorgt werden.

Der Dampfmaschine folgten im 19. Jahrhundert noch zahlreiche weitere bedeutende Erfindungen und Entdeckungen (s. Übersicht 4).

❷ Erklärt, warum es zur Erfindung von Dampfmaschinen kam und welche Folgen diese Erfindung hatte.

entdecken und verstehen

Ⓐ „Die Dampfmaschine hat die Welt verändert." – Erstellt dazu eine Mindmap.

Ⓑ Ordnet den Erfindungen bzw. Entdeckungen (Übersicht 4) Personen mithilfe eines Lexikons zu. – Welche Auswirkungen und Folgen hatten die einzelnen Erfindungen und Entdeckungen?

Ⓒ Erstellt in Partnerarbeit zu heutigen Erfindungen und Entdeckungen „Steckbriefe" und stellt sie aus. Tragt Informationen zusammen: „Was?", „Wer?", „Wann?", „Warum?" (Ursache, Zusammenhang), „Kosten", „beteiligte Wissenschaften/ Gebiete", „Nutzen", „Auswirkungen".

Industrialisierung in Deutschland

Wie begann die Industrialisierung in Deutschland?

Industriegebiete:

- um 1830
- Ausweitung bis 1850
- Ausweitung bis 1914

— wichtige Eisenbahnlinien um 1914

Städte nach Einwohnerzahl um 1914:

- ▣ mehr als 1 Million
- ▣ 500 000 – 1 Million
- ◉ 100 000 – 500 000
- ○ weniger als 100 000

— Staatsgrenzen 1914

— Grenze des Deutschen Reiches seit 1871

1 – Entwicklung der Industrialisierung in Deutschland 1830–1914.

Grenzen überall

Im Unterschied zu England zerfiel Deutschland in 39 Einzelstaaten (vgl. Seite 189).

Q1 Der Wirtschaftswissenschaftler Friedrich List (1789–1846) schrieb dazu 1819:

... 38 Zolllinien in Deutschland lähmen den Verkehr im Inneren und bringen ungefähr dieselbe Wirkung hervor, wie wenn jedes Glied des menschlichen Körpers unterbunden wird, damit das Blut ja nicht in ein anderes überfließe.

Um von Hamburg nach Österreich, von Berlin in die Schweiz zu handeln, hat man zehn Staaten zu durchschneiden, zehn Zollordnungen zu studieren, zehnmal Durchgangszoll zu bezahlen. ... Trostlos ist dieser Zustand für Männer, welche wirken und handeln möchten. ...

Die unterschiedlichen Gewichts- und Maßeinheiten erschwerten zusätzlich den Handel in den einzelnen Ländern.

❶ Erläutert die Klagen von Friedrich List.

Zollschranken fallen

1834 wurde der Deutsche Zollverein gegründet. Damit wurde eine wichtige Voraussetzung für den Weg Deutschlands zu einem Industriestaat geschaffen: Preußen und einige mittel- und süddeutsche Staaten bildeten nun ein einheitliches Wirtschaftsgebiet und die Zollschranken zwischen ihnen wurden aufgehoben. Fast alle deutschen Staaten traten dem Deutschen Zollverein bis 1854 bei.

Die Regierungen der einzelnen Staaten einigten sich auch darauf, das Münz-, Maß- und Gewichtssystem zu vereinheitlichen. Alle diese Maßnahmen führten dazu, dass Waren innerhalb Deutschlands jetzt viel schneller und günstiger transportiert werden konnten. Die Einwohner der Gebiete des Deutschen Zollvereins konnten sich jetzt auch in jedem Mitgliedsland des Zollvereins Arbeit suchen.

❷ Erklärt die Behauptung: „Die wirtschaftlichen Erfordernisse förderten die deutsche Einheit."

2 – Die Strecke von Nürnberg nach Fürth war die erste Eisenbahnlinie Deutschlands.
Lithografie von C. Trummer, 1836.

Die Eisenbahn – Motor der Industrialisierung in Deutschland

3 Benennt mithilfe der Karte 1 industrielle Zentren in Deutschland um 1830. Gebt Gründe an, warum sie gerade dort entstanden. Beachtet dazu die Legende zur Karte.

4 Beschreibt die Eisenbahnwagen und ihre Ausstattung (Bild 2). Worin unterscheiden sie sich?

In England hatte die Industrialisierung in der Textilindustrie begonnen. In Deutschland trieb die Eisenbahn die Industrialisierung voran.

Deutschlands „erste Eisenbahn mit Dampf" fuhr nur knapp zwei Jahre, nachdem der Deutsche Zollverein gegründet worden war. Sie legte am 7. Dezember 1835 die sechs Kilometer lange Strecke von Nürnberg nach Fürth zurück (siehe auch Bild 4 S. 221). Drei Jahre später wurde die Linie Potsdam–Berlin in Betrieb genommen.

In den folgenden Jahren wurde in vielen deutschen Staaten das Schienennetz ausgebaut, von etwa 550 Kilometern im Jahre 1840 auf ungefähr 34 000 Kilometer im Jahre 1880.

Aufschwung der Industrie

Zahlreiche Stahlwerke wurden für den Lokomotiven- und Wagenbau sowie den Bau von Gleisanlagen errichtet. In diesen Werken waren Arbeiterinnen und Arbeiter beschäftigt. Sie kamen in großer Zahl vom Land in die Stadt und brauchten Wohnungen. Deshalb wurden große Mietshäuser und Arbeitersiedlungen errichtet. Neben den Wohnhäusern mussten auch zahlreiche Bahnhöfe, Lokomotiven- und Wagenhallen gebaut werden. Darum erzielte das Baugewerbe hohe Gewinne.

Eine wichtige Rolle spielte die Eisenbahn auch im Güterverkehr. Kohle und Eisenerze aus Oberschlesien, dem Ruhrgebiet oder dem Saarland konnten jetzt schnell und preiswert zu den sich entwickelnden Industriezentren gebracht werden (Karte 1). So wurde es erst möglich, dass neue industrielle Standorte in der Eisen- und Stahlindustrie entstehen und ausgebaut werden konnten.

5 Begründet mithilfe des Textes die Bedeutung der Eisenbahn für die Industrialisierung in Deutschland. Vergleicht mit der Industrialisierung in England.

entdecken und verstehen

A Schreibt den Text von Q1 fort und verweist auf das Beispiel England.

B Erkundigt euch im Heimatmuseum nach der Geschichte der Eisenbahn in eurem Wohn- oder Schulort. – Haltet darüber in der Klasse ein kurzes Referat.

Das Eisenwalzwerk

Schauplatz Geschichte

1 – Adolph Menzel: „Das Eisenwalz-werk", 1875. Ölbild, 1,58 m x 2,54 m.

❶ Der Maler Adolph Menzel hat verschiedene Szenen in einem Eisenwalzwerk darge-stellt. Schaut euch das Bild genau an und zählt sie auf. Macht auch Angaben zum Gesamteindruck, zu den Farben, den einzelnen Per-sonen …
(Hinweis: Aus den weiß-glühenden Eisenstücken wurden Eisenbahnschienen hergestellt.)

❷ Sucht euch eine Person auf dem Gemälde aus. Erarbeitet eine Erzählung zu ihrem Alltag.

Welche Rolle spielten Kohle und Eisen?

1 – Eine Gruppe von Arbeitern einer Kohlengrube im Ruhrgebiet. Pferde wurden zum Ziehen der schweren Förderwagen eingesetzt. Foto, um 1880.

❶ Beschreibt das Foto 1.
❷ Erläutert die Arbeitsbedingungen für die Bergarbeiter.

Bergbau im Ruhrgebiet

Metalle wurden in der vorindustriellen Zeit mithilfe von Holzkohle aus den Erzen geschmolzen und dann verarbeitet. Die Eisenerzgruben und Eisenhütten deckten hauptsächlich den Bedarf an Eisenwaren in der Umgebung. Aber die Eisenproduktion musste eingeschränkt werden, wenn das Holz aus den vorhandenen Waldbeständen knapp wurde.

Im Tal der Ruhr bauten Bauern lange Zeit Steinkohle im Nebenerwerb ab. Das geschah im Stollenabbau an den Hängen des Ruhrtals. Nach 1815 förderte der preußische Staat in seinen neuen Provinzen Rheinland und Westfalen den Steinkohlenbergbau, z. B. durch die Anwerbung englischer Facharbeiter. Etwa fünfzehn Jahre später gelang der Übergang vom Stollen- zum Schachtbau. Denn erst mithilfe der Dampfmaschinen konnten die tiefen Schächte entwässert werden. 1835 hatten einige bereits eine Tiefe (bergmännisch: Teufe) von über 200 Metern.

Die Bergwerksarbeit wurde zu einer industriellen Arbeit. Sie war besonders hart und anstrengend. Männliche Jugendliche durften erst ab 16 Jahren unter Tage beschäftigt werden. Manche Zechenbesitzer beachteten diese Bestimmung jedoch nicht. Außerdem stellten sie viele Jugendliche ein, weil diese
- sich in den engen Stollen der Bergwerke besser bewegen konnten und
- als Arbeitskräfte billiger waren als die erwachsenen Arbeiter.

M1 Steinkohlenförderung 1860–1910 in Deutschland und der jeweilige Anteil des Ruhrgebietes (in Mio. Tonnen)

	Deutschland	davon: Ruhrgebiet
1860	12,3	4,4
1880	42,2	22,5
1900	109,3	60,1
1910	151,1	89,1

❸ Belegt mithilfe der Tabelle 1 die Bedeutung des Ruhrbergbaus für die wirtschaftliche Entwicklung in Deutschland.

2 – In der Gussstahlfabrik Krupp in Essen. Foto, um 1900.

Eisen und Stahl aus dem Ruhrgebiet

4 Tragt zusammen, welche Arbeitsbedingungen sich aus den Fotos 1 und 2 ableiten lassen.

In England wurde für die Eisen- und Stahlerzeugung inzwischen *Koks als Energiequelle eingesetzt. Dadurch konnten die englischen Metallwaren kostengünstiger und von besserer Qualität hergestellt werden. Deshalb überschwemmten neben englischen Textilwaren jetzt auch auch englische Metallprodukte den europäischen Markt. Daher versuchten Unternehmer aus dem Ruhrgebiet, wie die englischen Konkurrenten ebenfalls Kohle zur Eisen- und Stahlproduktion zu verwenden.
1811 gründete Friedrich Krupp (1787–1826) in Essen eine Gussstahlfabrik. Bei der Londoner Weltausstellung im Jahr 1851 staunten vor allem die englischen Besucher über eine riesige Gussstahlkanone und einen gewaltigen geschmiedeten Stahlblock der deutschen Firma Krupp.

5 Erklärt, warum Kohle, Eisen und Stahl für den Verlauf der Industrialisierung im Ruhrgebiet so wichtig waren.

Kapital für das Ruhrgebiet

Die Unternehmer benötigten viel Geld, um die Steinkohlenförderung und die Eisen- und Stahlproduktion zu steigern. Meist konnte ein einzelner Unternehmer dieses Kapital nicht aufbringen. Deshalb wurden *Aktiengesellschaften gegründet, bei denen viele Kapitalgeber ihr Geld in der Hoffnung auf hohe Gewinne zusammenlegten.

M2 Gründung von Aktiengesellschaften und Banken in Deutschland 1850, 1853 und 1856

	Aktiengesellschaften	Banken
1850	4	2
1853	16	3
1856	90	9

6 Bearbeitet die Tabelle. Was lässt sich aus den Angaben zur Entwicklung der Industrialisierung in Deutschland schließen?

entdecken und verstehen

A Entwickelt mit den Informationen der Seiten 226–231 eine Zeittafel zum Verlauf der Industrialisierung in Deutschland.

B Kohle lieferte die Energie, Eisen und Stahl waren wichtige Materialien und eine Gußstahlkanone ein bewundertes Produkt. Findet Beispiele für moderne Energieerzeugung, neue Werkstoffe und innovative Produkte.

*Aktiengesellschaft
Während bei einem Einzelunternehmer das Betriebskapital aus dem Vermögen des Unternehmers stammt, wird das Betriebskapital bei Aktiengesellschaften dadurch beschafft, dass viele Einzelpersonen oder andere Unternehmen Anteilscheine (Aktien) an dem Unternehmen kaufen.

*Koks
Aus Kohle gewonnener Brennstoff, mit dem höhere Temperaturen erzeugt werden können als mit Holzkohle.

Methode

Statistiken untersuchen

Statistiken helfen, Daten übersichtlich darzustellen und sie vergleichbar zu machen. Statistiken begegnen uns fast täglich, in der Zeitung, im Internet oder auch im Fernsehen.

Sie liegen meist in aufbereiteter Form von Tabellen oder unterschiedlichen Diagrammen und Grafiken vor. Mit dem Computer werden so genannte Infografiken erstellt.

Folgende Schritte helfen euch, Statistiken zu untersuchen:

Schritt 1 **Das Thema klären**	Wie ist die Statistik einzuordnen? ■ Welchen Sachverhalt stellt die Statistik dar (Über- oder Unterschrift)? ■ Für welchen Zeitabschnitt macht die Statistik Angaben? ■ Für welche Region/en gilt die Statistik?
Schritt 2 **Die Darstellung verstehen**	Welche Form der Darstellung wurde gewählt? ■ Handelt es sich um eine Tabelle oder um ein Diagramm? ■ Welche Form des Diagramms wurde gewählt? Streifendiagramm (Säulen- oder Balken-)? Liniendiagramm? Kreisdiagramm? ■ Welche Maßeinheiten werden verwendet (z. B. Jahre, Einwohnerzahlen, Anteile in Prozent)?
Schritt 3 **Den Inhalt aufschlüsseln**	Welche Informationen werden vermittelt? ■ Welche Daten werden aufeinander bezogen (z. B. Jahres- und Bevölkerungszahlen)? ■ Welche auffälligen Einzelinformationen kann man entnehmen? ■ Gibt es eine deutliche Entwicklung (z. B. Wachstum oder Rückgang)?
Schritt 4 **Eine Bewertung finden**	Wurden die Daten übersichtlich und leicht verständlich grafisch umgesetzt? ■ Benötigt man für die Beantwortung der Sachfragen weitere Informationen? ■ Welche Ergebnisse kann man zusammenfassend formulieren?

❶ Vervollständigt die Musterlösung für die Tabelle M1.

❷ Vergleicht die beiden grafischen Darstellungen der Zahlenwerte aus Tabelle M1 in Bild 1. Welche Darstellungsform (A oder B) ist besser? Begründet eure Meinung.

❸ Bearbeitet arbeitsteilig die Tabelle M2.

M1 Wert der industriellen Produktion führender Industriestaaten von 1780 bis 1888 (in Millionen englische Pfund)

	1780	1820	1860	1888
England	177	280	577	870
Frankreich	147	220	380	485
Deutschland	50	85	310	583
USA	15	55	392	1443

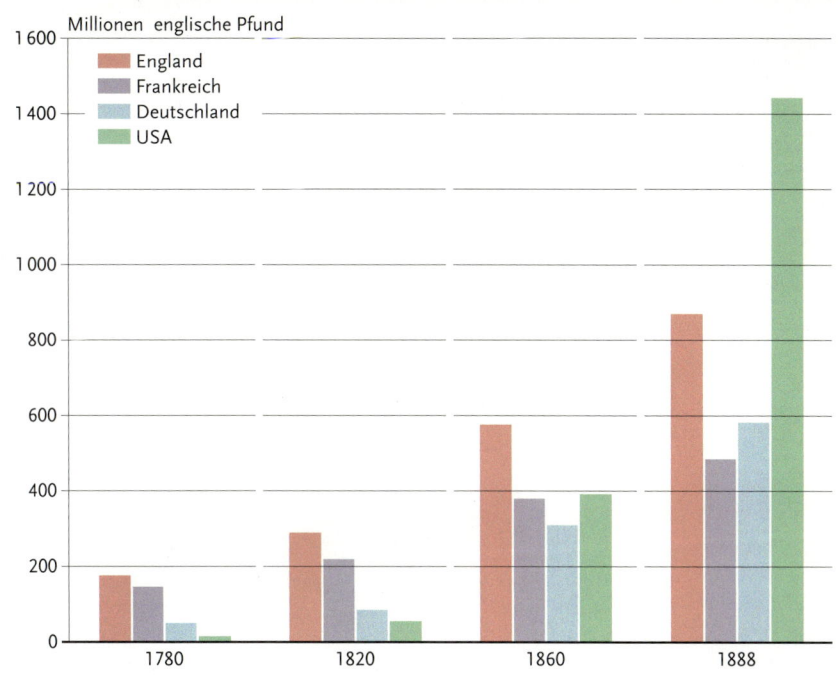

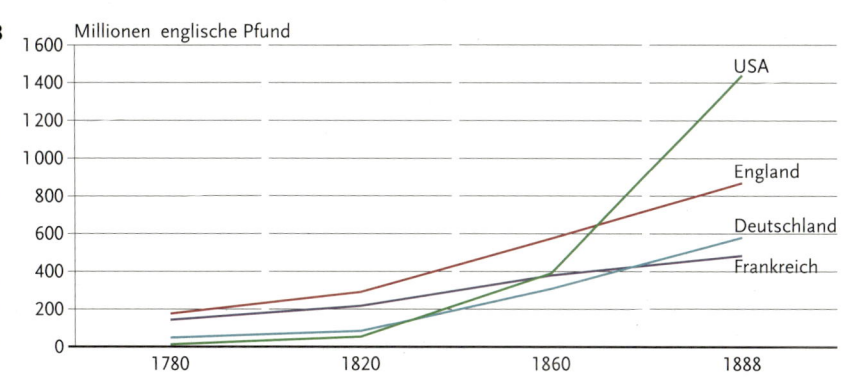

1 – Wert der industriellen Produktion führender Industriestaaten 1780–1888 (in Millionen englische Pfund).

M2 Entwicklung der Einwohnerzahlen (in 1000) von ausgewählten Städten in Deutschland und England 1800–1900

	1800	1850	1880	1900
Berlin	172	419	1122	1889
Essen	4	9	57	119
London	959	2336	3830	4537
Manchester	77	336	462	544

Musterlösung zur Statistik/ Tabelle M1:

Zum Schritt 1:
- Die Statistik/Tabelle M1 zeigt die Entwicklung des Wertes der industriellen Produktion in England, … von 1780 bis … (in Millionen englische …).

Zum Schritt 2:
- In Bild 1 wurden die statistischen Angaben aus M1 auf zwei Wegen grafisch umgesetzt: In der Grafik A als Säulendiagramm, unten in der Grafik B als … .

Zum Schritt 3:
- Für jedes der vier Länder kann man den Wert der Industrieproduktion ablesen, gemessen jeweils in Millionen englische Pfund.
- Auffällig ist, dass der Wert der Produktion der USA im Vergleich zu den drei europäischen Staaten bis 1820 deutlich geringer war. 1888 aber …
- Insgesamt ist der Wert der industriellen Produktion nach diesen Diagrammen in den genannten Ländern von 1780 bis 1888 …

Zum Schritt 4:
- Die Angaben der Statistik reichen nicht über 1888 hinaus.
- Zusammenfassend kann man feststellen, dass das Wachstum des Wertes der industriellen Produktion für England und die USA am größten war.
- Das Säulendiagramm verdeutlicht die unterschiedliche Entwicklung der industriellen Produktion in den vier Staaten besser als die Grafik B (Kurvendiagramm).

Ist der Industrialisierungsprozess zu Ende?

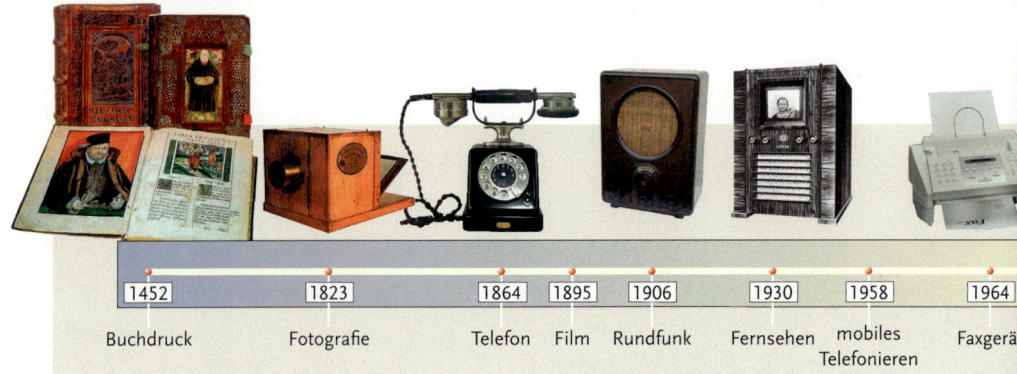

1452	1823	1864	1895	1906	1930	1958	1964
Buchdruck	Fotografie	Telefon	Film	Rundfunk	Fernsehen	mobiles Telefonieren	Faxgerä

1 – Vom Buchdruck zum iPad.

2 – Die Entwicklung des Autos: Vom ersten Kraftfahrzeug zum Elektromobil. Links: Erster dreirädriger Motorwagen von Carl Benz aus dem Jahr 1886. Rechts: Toyota Prius mit Hybridmotor. Foto, 2011.

Andauernde Industrialisierung

Die Industrialisierung, die vor mehr als zweihundert Jahren in England begann, ist bis heute nicht abgeschlossen. Sie ist vielmehr ein Prozess, der sich stets weiter entwickelt. Er erfasste in verschiedenen Wellen alle Bereiche des Lebens und veränderte die Lebensgewohnheiten (vgl. Karte 3).

Aktuelle Beispiele für den andauernden Industrialisierungsprozess sind die Erfindungen des Personal Computers und des Internets. Dadurch wurde z. B. die Büroarbeit völlig verändert und die Kommunikation zwischen den Menschen in aller Welt revolutioniert. Noch im Jahre 1990 waren z. B. SMS, E-Mail, Fernsehprogramme auf dem Smartphone, Skype und Twitter noch völlig unbekannt. Die digitale Fotografie wurde in kurzer Zeit zum preiswerten Massenprodukt. Schnelle Internetverbindungen machten den weltweiten Handel mit Geld und Aktien 24 Stunden rund um die Uhr möglich. Dadurch wurde das Bankwesen grundlegend umgestaltet. Große Firmen konstruieren und produzieren ihre Waren mithilfe schneller Datenleitungen an unterschiedlichen Standorten in der ganzen Welt.

❶ Beschreibt mit der Grafik 1 den Prozess der Industrialisierung und erläutert seine verschiedenen Phasen.

❷ Bearbeitet die Karte 3 mithilfe der Methode auf S. 320 im Anhang.

❸ Der weltweite Industrialisierungsprozess wird auch kritisiert. Stellt mithilfe des Internets häufig genannte Kritikpunkte zusammen.

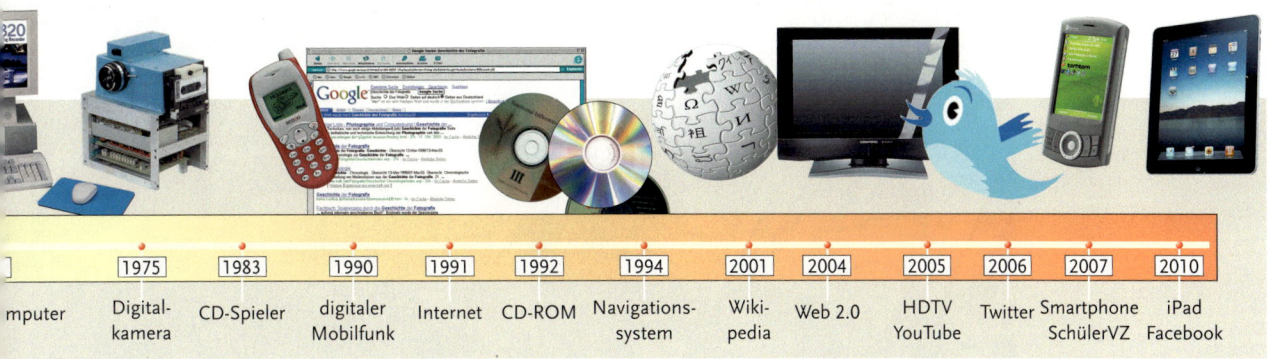

1975	1983	1990	1991	1992	1994	2001	2004	2005	2006	2007	2010
Digital-kamera	CD-Spieler	digitaler Mobilfunk	Internet	CD-ROM	Navigations-system	Wiki-pedia	Web 2.0	HDTV YouTube	Twitter	Smartphone SchülerVZ	iPad Facebook

mputer

3 – Bedeutende Industrieregionen in den verschiedenen Teilen der Erde um 1914.

bedeutende Industrieregion
1830 ungefährer Beginn der Industrialisierung der Region

wichtige Eisenbahnlinie
----- erstes Transatlantikkabel, Verlegung 1865

Staatsgrenzen von 1914

B = Belgien
D = Deutschland
F = Frankreich

Erfindungen – Motor der Industrialisierung

1800: Dampfmaschine, Webstuhl
1850: Eisenbahn, Stahl, Telegrafie, Fotografie, Maschinenbau
1900: Erdölchemie, Auto, Elektrifizierung
1950: Kunststoffe, Fernsehen, Elektronik, Kernkraft
1990: Computer, Internet, Mikroelektronik, Gentechnologie

entdecken und verstehen

Ⓐ Verfasst mithilfe dieser Doppelseite einen Bericht zu aktuellen Entwicklungen der Industrialisierung. Inwiefern kann von einem fortlaufenden Industrialisierungsprozess gesprochen werden?

Ⓑ Notiert in einer Liste Erfindungen der letzten 100 Jahre, die ihr für euer Leben wichtig findet.

Ⓒ Stellt euch vor, ihr könnt euch einen Betrieb/ein Büro für ein Praktikum oder eine Ausbildung aussuchen, wo eines der Produkte aus der Zeittafel (oder ein anders modernes) hergestellt oder damit gearbeitet wird. Worauf fällt eure Wahl und warum?

Die Welt der Fabrik

Wie sahen die Arbeitsbedingungen aus?

1 – Französische Karikatur über die Industriearbeit, um 1910.

Der Fabrikant als Herr im Haus

Q1   August Borsig (1804–1854) hatte ein Großunternehmen zum Bau von Dampflokomotiven aufgebaut. Der „Berliner Volkskalender" schrieb 1855 nach seinem Tod:

… Er übte ein Regiment unerbittlicher Strenge aus, wo es sich um Redlichkeit und Pflichterfüllung handelte. Pünktlichkeit, Fleiß und Redlichkeit waren die einzigen Fürsprecher bei ihm. Das Gegenteil hatte die augenblickliche Entlassung ohne Ansehen der Person zur Folge. …

So wie Borsig forderten fast alle Fabrikanten von den Arbeiterinnen und Arbeitern, dass sie sich unter eine strenge Fabrikordnung unterordneten. Anders als z. B. in den kleinen Handwerksbetrieben bestimmten jetzt die Maschinen den Arbeitsablauf. Sobald sie frühmorgens angestellt wurden, mussten alle Arbeiter an ihrem Arbeitsplatz sein. Bei Strafe verboten waren „unnötiges Herumlaufen" in den Werkstätten, Rauchen und Alkoholkonsum. Ein Widerspruch gegen Anordnungen des Meisters konnte die sofortige Entlassung nach sich ziehen.

Q2   Der Industrielle Alfred Krupp (1812–1877) schrieb 1877 an seine Arbeiter:

… Jeder Arbeiter muss durch seinen Fleiß beweisen, dass er die Absicht hat, zum Nutzen der Fabrik zu arbeiten. Wer dies befolgt, hat zu erwarten, dass sein Lohn dem Wert seiner Arbeit nach bemessen wird.
Wer trotzen will oder weniger seine Pflicht tut, wird entlassen. Frechheit wird augenblicklich bestraft. … Jeder Faule, jeder Widerspenstige … wird entlassen. …

Die Arbeit war oft sehr eintönig. Früher hatte ein Handwerker sein Produkt meist selbstständig hergestellt; jetzt musste er als Fabrikarbeiter oft nur wenige oder sogar nur einen einzigen Handgriff ausführen. Die monotone Fließbandarbeit und die ❉Akkordarbeit entstanden.

❶ Untersucht die Karikatur (Bild 1). Nehmt dazu die Methode auf S. 156/157 zu Hilfe.

❷ Beschreibt anhand von Q1, Q2 und dem Text das Verhältnis zwischen den Fabrikanten und den Arbeitern.

❸ Vermutet, welche Einstellung die Arbeiter zu den Fabrikanten hatten.

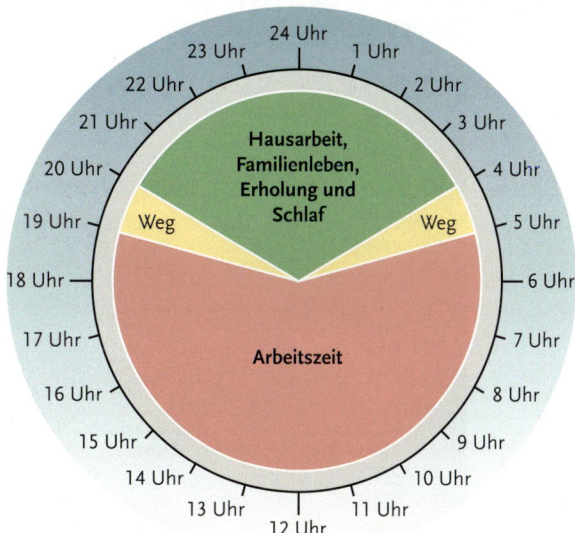

2 – Produktionshalle der Firma Stollwerck in Köln. Frauen beim Verpacken von Schokoladenhasen. Foto, um 1920.

3 – Tagesablauf von Arbeiterinnen/Arbeitern in der Industrie um 1860.

Arbeiten ohne Ende

Q3 Ernst Abbe (1840–1905), Mitinhaber der Zeiss-Werke in Jena, erzählte von seinem Vater, der um 1850 als Vorarbeiter in einer Spinnerei arbeitete:

... Die Arbeitszeit währte 14–16 Stunden. Mittagspause gab es nicht. An eine Maschine gelehnt oder auf eine Kiste gekauert, verzehrte mein Vater sein Mittagessen aus dem Henkeltopf mit aller Hast, um mir dann den Topf geleert zurückzugeben und sofort wieder an die Arbeit zu gehen. Mein Vater war eine Hünengestalt von unerschöpflicher Robustheit, aber mit 48 Jahren in Haltung und Aussehen ein Greis, seine weniger starken Kollegen waren aber mit 38 Jahren Greise. ...

Arbeiterinnen doppelt belastet

Nur wenige Frauen von Arbeitern konnten sich ausschließlich dem Haushalt und ihren Kindern widmen. Sie waren zur Mitarbeit gezwungen, weil die Männer nur ein geringes Einkommen hatten. Frauen wurden als Arbeitskräfte von den Unternehmern geschätzt, denn sie erhielten oft nur die Hälfte des Arbeitslohnes ihrer männlichen Kollegen.

Q4 In dem Bericht einer *Gewerbeaufsicht aus dem Jahre 1899 heißt es:

... Es gibt viele Arbeiterinnen, die täglich zehn bis zwölf Kilometer zu Fuß zur Fabrik zurücklegen müssen. Ist die Entfernung zur Fabrik nicht so weit, eilt sie in der Mittagspause im Schnellschritt heim, macht Feuer ..., wärmt das vorher fertiggestellte Essen auf und isst mit den Angehörigen. Abends dasselbe: Abendessen, Schularbeiten der Kinder, Flicken und Waschen der Kleider und Wäsche, Vorbereitung des Essens für den anderen Tag. Vor neun Uhr abends endet der Arbeitstag nie ..., oft erst nach 23 Uhr. ...

* Gewerbeaufsicht
Behörde, die die Arbeitsbedingungen in Betrieben überwacht.

4 Überlegt, was Unternehmer oder Arbeiter zu der langen Arbeitszeit gesagt haben könnten.

entdecken und verstehen

A Entwickelt Gespräche zwischen Arbeiter/-innen oder zwischen Fabrikanten über die Arbeits- und Lebensbedingungen der Arbeiter/-innen. Tragt die Gespräche vor. Vergleicht eure Ergebnisse.

B Teilt euch auf: Eine Gruppe recherchiert, wie heute Unternehmen untersucht und bewertet werden; findet Beispiele für Lob wie für Kritik. Die zweite Gruppe sucht Organisationen, die sich für bessere Arbeitsbedingungen einsetzen. Welche sind das und welche Ziele verfolgen sie?

Welche Folgen hatte die Kinderarbeit?

1 –So genannte „Breaker boys" beim Aussortieren von nicht verwertbarem (taubem) Gestein. Die Kohle wurde über eine Rutsche zu Förderbändern transportiert, die zwischen den Kindern, zum Teil achtjährige, entlangliefen. Die Kinder arbeiteten auf Holzbrettern sitzend in großen zugigen Hallen oder im Freien oft 10–11 Stunden an 6 Tagen pro Woche. Foto, USA 1908.

---

* Kreisphysiker
Amtsärzte.

Kinder – billige Arbeitskräfte

Q1 Der Historiker Günter K. Anton berichtete 1891 in seiner Darstellung der Fabrikgesetzgebung Preußens über eine Untersuchung der Düsseldorfer Regierung aus dem Jahre 1823:

… Nach diesem Bericht waren es zwei Spinnereien jenes Fabrikanten, in denen sowohl zu Tages- als zu Nachtarbeit Kinder vom sechsten Jahre an aufgenommen wurden. In der einen arbeiteten am Tage 96, bei Nacht 65 Kinder, in der anderen bei Tage 95, bei Nacht 80 Kinder. Die Arbeitszeit währte im Sommer von 7 Uhr früh bis 8 Uhr abends, im Winter von 8 Uhr früh bis 9 Uhr abends. Die Nachtarbeit begann mit dem Schlusse der Tagesarbeit und dauerte bis zu deren Wiederbeginn. …

❶ Berichtet über die Kinderarbeit in einer Spinnerei um 1823 (Q1).

❷ Beschreibt mit dem Bild die Kinderarbeit um 1908 und vergleicht sie mit den Möglichkeiten von Kindern heute, etwas zu verdienen.

Umstrittener Kinderschutz

Q2 Im Juli 1837 kam es zur ersten Kinderschutzdebatte im Rheinischen Provinziallandtag. Aus dem Protokoll der Sitzung:

… Der Herr Abgeordnete Schuchard (Barmen) bemerkte: dass gewissenhafte *Kreisphysiker versicherten, wenn die Kinder auch nur um 10 Stunden in die Höhlen des Jammers eingesperrt würden und stets sich auf den Beinen befinden, um zu arbeiten, so erhielten besonders die Mädchen Geschwülste und Auswüchse, die Beine schwänden und die Kinder welkten elendiglich dahin. Er müsse indessen das Zeugnis ablegen, dass die Spinnerei von Oberempt in Barmen insoweit eine Musteranstalt genannt werden könne, indem derselbe um

11 Uhr morgens seine Maschinen stillstehen lasse, um seinen 200 Spinnkindern eine bis 1 und 1/4 Stunde Unterricht erteilen und sie dann eine Stunde freie Luft genießen zu lassen. ...

Der Herr Abgeordnete vom Baur (Ronsdorf) sagte: ... Die von Ihnen scharf beurteilten Fabrikanlagen, welche Kinder beschäftigen, rufen den von Ihnen mit so viel Härte geschilderten Jammer nicht hervor, sondern mildern den bereits vorhandenen. Eine Überbevölkerung, die der Ackerstand nicht mehr zu beschäftigen weiß, strömt den Anstalten zu, wo Arbeit, wo Brot zu erwerben ist. ... Ich pflichte Ihnen, meine Herren, vollkommen bei, dass die armen Kinder, deren Kräfte ausnahmsweise mitunter zu sehr in Anspruch genommen sein mögen, unter den Schutz milder Gesetze gestellt werden, jedoch dürften diese keine so großen Beschränkungen erhalten, ... dass dadurch der Bestand unserer Industrieanlagen wegen der Konkurrenz des Auslandes unmöglich gemacht wird. ...

In der Abstimmung sprachen sich die Abgeordneten mit 60 Ja- und 9 Nein-Stimmen dafür aus, dass die Kinderarbeit auf 10 Stunden pro Tag beschränkt wird.

❸ Untersucht Q2 und schreibt wichtige Aussagen der beiden Abgeordneten in einer Tabelle nebeneinander auf.

❹ Nennt die unterschiedlichen Interessen und Motive der Redner und bewertet sie aus damaliger und heutiger Sicht.

❺ Beurteilt, ob der 1 1/4-stündige Unterricht in der Spinnerei Oberempt für die Kinder damals sinnvoll war.

Anfänge von Kinderschutz

Seit 1839 durften Kinder in Preußen erst ab dem 10. Lebensjahr in Fabriken, Berg- und Hüttenwerken beschäftigt werden. Außerdem mussten sie eine dreijährige Schulzeit sowie Grundkenntnisse im Lesen und Schreiben nachweisen. Diese Vorschriften wurden aber nicht streng kontrolliert. 1853 wurde die Altersgrenze für die Kinderarbeit auf 12 Jahre hochgesetzt. Ab 1891 war sie erst ab 14 Jahren erlaubt. Diese Vorschriften galten aber nur für Kinderarbeit in Fabriken. Erst ab 1903 waren sie auch für die Heimarbeit von Kindern gültig.

Wünsche mit 10 Jahren

Q3 **Über ihr Leben als 10-Jährige in Wien im Jahre 1879 berichtete Adelheid Popp in ihren Erinnerungen 1909:**

... Ich wurde in einer Werkstätte aufgenommen, wo ich Tücher häkeln lernte; bei zwölfstündiger fleißiger Arbeit verdiente ich 20 bis 25 Kreuzer im Tage. Wenn ich noch Arbeit für die Nacht nach Hause mitnahm, so wurden es einige Kreuzer mehr. Wenn ich frühmorgens um 6 Uhr in die Arbeit laufen musste, dann schliefen andere Kinder meines Alters noch. Und wenn ich um 8 Uhr abends nach Hause eilte, dann gingen die anderen gut genährt und gepflegt zu Bette. ... (N)ur ein heißer Wunsch überkam mich immer wieder: mich nur einmal ausschlafen zu können. Schlafen wollt ich, bis ich selbst erwachte, das stellte ich mir als das Herrlichste und Schönste vor. ...

❻ Stellt fest, welche Gründe für die Kinderarbeit genannt werden und welche Folgen sich daraus ergaben.

entdecken und verstehen

Ⓐ Erstellt eine Wandzeitung zum Thema „Kinderarbeit früher und heute".

Ⓑ Spielt mithilfe eurer Tabelle aus Aufgabe 3 die Debatte im Provinziallandtag nach.

Die Gesellschaft ändert sich

Warum entstanden neue Gesellschaftsschichten?

1 – Die Villa Hügel: ehemaliges Wohnhaus der Familie Krupp in Essen-Bredeney. Postkarte, um 1900.

Fabrikbesitzer – die neuen „Fürsten"

In der Zeit vor der Industrialisierung nahm der Adel eine führende Stellung ein, weil er über Eigentum an Grund und Boden verfügte. In der Industriegesellschaft zählte zunehmend auch das Geldvermögen, über das man verfügte. So entstand eine neue gesellschaftliche Schicht: das Wirtschaftsbürgertum.

Erfolgreiche Unternehmer nahmen in dieser Gesellschaft eine herausragende Rolle ein. Sie herrschten oft über mehrere Tausend Menschen, die in ihren Fabriken arbeiteten. Man bezeichnete sie daher auch als „Industriefürsten".

Zu diesen Fürsten zählte auch Alfred Krupp (1812–1887). Von seinem Vater hatte er eine kleine Gussstahlfabrik geerbt. Innerhalb weniger Jahrzehnte gelang es ihm, daraus einen Weltkonzern zu errichten.

Q1 **Im Jahre 1877 ließ Alfred Krupp an seine Arbeiter und Arbeiterinnen eine Schrift verteilen mit dem Titel „Ein Wort an meine Angehörigen". Darin steht:**
... Ihr wisst, was ihr an eurem Herrn habt, und wenn derselbe sich mit warnenden und mahnenden Worten an euch wendet, dann fühlt ihr alle, dass nicht ein stolzer Besitzer zu euch spricht. Wie ein Vater zu seinen Kindern, so klingen euch meine Worte, und weil sie von Herzen kommen, finden sie bei euch offene Ohren. ...

❶ Erklärt mithilfe von Bild 1 und dem Text die Bezeichnung „Industriefürsten".

❷ Nennt Argumente für die Aussage: „Im 19. Jahrhundert gab es neben dem Geburtsadel jetzt auch den Geldadel".

❸ Erläutert, wie Krupp in Q1 die Arbeiterinnen und Arbeiter anredet und wie er sich selbst sieht. Stellt Vermutungen an, warum er dies tut.

Die Arbeiter – eine neue Klasse?

Die großen Fabriken brauchten sehr viele Arbeitskräfte. Zu Hunderttausenden zogen Landarbeiter und Bauern, die nicht genügend Land besaßen, aus den Dörfern in die Städte, um hier Arbeit zu finden.

Die Arbeiterinnen und Arbeiter bildeten nach ihrer Herkunft und Ausbildung aber keine einheitliche Gruppe. Da gab es zunächst einmal die gelernten Arbeiter. Sie

2 – Arbeiterinnen und Arbeiter der *AEG, um 1900. Foto.   3 – Angestellte der Firma AEG. Foto, um 1906.

hatten entweder ein Handwerk bei einem Handwerksmeister oder in der Fabrik einen Beruf wie Schlosser, Dreher oder Stahlkocher gelernt.

Demgegenüber besaßen die ungelernten Arbeiter keine Berufsausbildung. Sie hatten oft vorher als Gelegenheitsarbeiter (Tagelöhner) in der Landwirtschaft gearbeitet.

Fast alle Industriearbeiter mussten die gleichen Erfahrungen machen: Sie waren vom Unternehmer völlig abhängig. Sie bekamen geringe Löhne. Ihre Wohnverhältnisse waren schlecht. Sie verbrachten ihr Leben in Armut, obwohl sie jahrzehntelang hart arbeiteten.

Durch diese gemeinsamen Erfahrungen entwickelte sich allmählich bei ihnen ein Gefühl der Zusammengehörigkeit. Sie bildeten gemeinsam die „Arbeiterklasse", die mit der Zeit immer erfolgreicher ihre Interessen gegenüber den Unternehmern vertrat.

Angestellte

Schreibkräfte und Buchhalter wurden für die Verwaltungsarbeit in den Büros eingestellt. Für die Produktion brauchte man neben den Arbeitern auch Ingenieure, Werkmeister und Zeichner. Sie alle wurden „Angestellte" genannt. Ihre hervorgehobene Stellung konnte man schon an ihrer Kleidung – Anzug und weißes Hemd – ablesen.

Sie hatten gegenüber den Arbeitern viele Vorteile wie kürzere Arbeitszeiten, bezahlten Urlaub, bessere Arbeitsbedingungen und ansteigende Gehälter.

*AEG
(Allgemeine Elektricitäts-Gesellschaft).
Das 1883 in Berlin gegründete Unternehmen war um 1910 bereits weltweit in allen Bereichen der Starkstromtechnik tätig, von elektrischer Beleuchtung bis hin zu elektrischen Maschinen und Kraftwerken.

❹ Erklärt mithilfe der Bilder 2 und 3, woran man die unterschiedliche Stellung von Arbeitern und Angestellten erkennen kann.

❺ Auf dieser Doppelseite gibt es unterschiedliche Formen der Überlieferung. Stellt fest, welche Aussagen man ihnen entnehmen kann.

entdecken und verstehen

Ⓐ Legt eine Tabelle an mit dem Titel „Das Leben in der Industriegesellschaft" und mit den drei Spalten: Arbeiter – Angestellte – Fabrikbesitzer. Tragt in die Spalten ein, was ihr bisher in diesem Kapitel dazu erfahren habt.

Ⓑ Verfasst mithilfe des Internets einen kurzen Lebenslauf von Alfred Krupp und seiner Ehefrau Berta Krupp.

Methode

Fotos analysieren

Fotos sind aus unserem täglichen Leben nicht wegzudenken. Seit es Fotografien gibt (etwa seit 1840), gelten sie als wertvolle Quellen.

Fotografien können nicht die die objektive „Wahrheit" über Ereignisse oder Menschen wiedergeben, aber uns eine Momentaufnahme liefern. Wie durch ein „Guckloch" bekommen wir Einblicke in die Vergangenheit, die durch weitere Informationen ergänzt werden müssen.

Folgende Schritte helfen euch, Fotografien zu untersuchen:

Schritt 1 **Der erste Eindruck**	Wie ist euer erster Eindruck? ■ Was seht ihr auf dem Foto? ■ Welche Gedanken, welche Gefühle habt ihr beim Betrachten des Fotos?
Schritt 2 **Die Bildbeschreibung**	Was ist alles zu sehen und zu entdecken? ■ Was genau wird dargestellt? ■ Wie ist die Darstellung: Welche Farben gibt es? Wie sind die Lichtverhältnisse? Gibt es eine auffällige Bildkomposition? Wie ist der Ausschnitt des Bildes gewählt (Nahaufnahme / Totale)? ■ Handelt es sich um eine Collage oder Montage (verschiedene Elemente werden kombiniert)? ■ Ist die Bildlegende informativ?
Schritt 3 **Die Analyse**	Wofür steht das Foto? ■ Welche Absichten verfolgt der Fotograf vermutlich? Wofür wurde das Foto gemacht (Nachricht, Werbung, privat)? ■ Ist das Foto gestellt oder handelt es sich um einen Schnappschuss? ■ Sehen wir das Foto heute mit anderen Augen als zu seiner Entstehung? ■ Wie kann man die Bildaussage zusammenfassen? ■ Hat das Foto eine Bedeutung über die konkrete Situation hinaus, ist es typisch für ein bestimmtes Ereignis, ein Problem ...? ■ Welche weiteren Fragen habt ihr? Welche Materialien benötigt ihr?

❶ Vervollständigt die Musterlösung zu Foto 1.

❷ Bearbeitet die Fotos 2 und 3 arbeitsteilig mithilfe der drei Schritte.

1 – Arbeiter der Lokomotivenfabrik in Esslingen mit einer fabrikneuen Lokomotive. Foto, 1864.

Musterlösung zu Foto 1:

Zum Schritt 2: Eine neue, saubere Lokomotive ... auf Schienen, sechs Räder ..., acht Arbeiter in sauberer Kleidung befinden sich ... alle lehnen an ihr oder berühren sie ... Körperhaltung zeigt Stolz an. ...

Zum Schritt 3: Vermutlich ist das Foto zu Werbezwecken aufgenommen worden. ... Es steht für die Produktivität und Qualität der Produkte des Esslinger Werkes. ...

2 – Junge als Grubenarbeiter in Brown (West-Virginia/USA). Foto, 1908.

3 – Frauen beim Wickeln von Spulen für Elektromotoren. Maschinensaal der AEG in Berlin. Foto, um 1890.

Alltagsprobleme von Arbeiterinnen und Arbeitern

1 – Maschinensaal einer Spinnerei – Arbeiterinnen bei der Herstellung von Garn. Holzstich, um 1860.

2 – Wohnunterkünfte in einem Arbeiterviertel in Hamburg. Foto, 1. 3. 1900.

Arbeitsbedingungen in einer Spinnerei

M1 Der Historiker Karl Emsbach schrieb 1982 über die Arbeitsbedingungen in einer Baumwollspinnerei um das Jahr 1830:

... Auch der Geräuschpegel in den frühindustriellen Spinnereien war sehr hoch. ... In den Dämmerungs- und Nachtstunden machte sich die unzureichende Beleuchtung nachteilig bemerkbar. Wegen der großen Brandgefahr wurden Öllampen, die ohnehin ein mattes Licht abgaben, in möglichst geringer Zahl aufgestellt. ... Die sanitären und hygienischen Verhältnisse spotteten jeder Beschreibung. An die Errichtung von Umkleide-, Wasch- oder Speiseräumen wurde kein Gedanke, erst recht kein Ziegelstein verwendet. ... Bei diesen Arbeitsbedingungen nimmt es nicht wunder, dass man die Baumwollspinnerei ... zu den gesundheitsgefährdendsten Berufen überhaupt zählte. Schwindsucht, Tuberkulose, Katarrhe der Augen, Nase, des Kehlkopfes und der Lunge, sowie Geschwüre an den Beinen waren häufige und typische Berufskrankheiten. Hauptursache waren die starke Staubentwicklung, die schwüle Atmosphäre in den Sälen und die ständig stehende Arbeitsverrichtung. ...

Wohnverhältnisse

Q1 Aus einem Bericht eines Arztes von 1908 über Wohnungen von Industriearbeitern:

... Fast 40–50 Prozent aller Arbeiterwohnungen bestehen aus 2 Zimmern, werden bewohnt von Familien, die 6–10 Köpfe stark sind und ... noch 2–3 Kostgänger beherbergen. In gesundheitlicher Beziehung jeder Beschreibung spottend, wie den elenden, krankhaft aussehenden Insassen unschwer anzusehen ist. ... In einem Schlafraum mit zwei Bettgestellen ausgestattet, der nie gelüftet, noch seltener gereinigt wird und dessen Bettzeug daher einem Haufen stinkender Lumpen ähnlich ist, kampieren oft bis 10 Personen, vier Kinder in einem Bette, zwei am Kopf und zwei am Fußende, ohne Rücksicht auf Alter und Geschlecht. Wie viele Schlafräume gibt es außerdem, wo es sogar an dem notwendigsten Hausrat völlig mangelt. Man schläft dann auf Dielen, auf ausgebreiteten Strohsäcken, die größtenteils durch allzu reichliche Benutzung und seltene Erneuerung, durch Ungeziefer weit eher einem Misthaufen ähneln denn einer Lagerstätte für Menschen. ...

ent tdecken

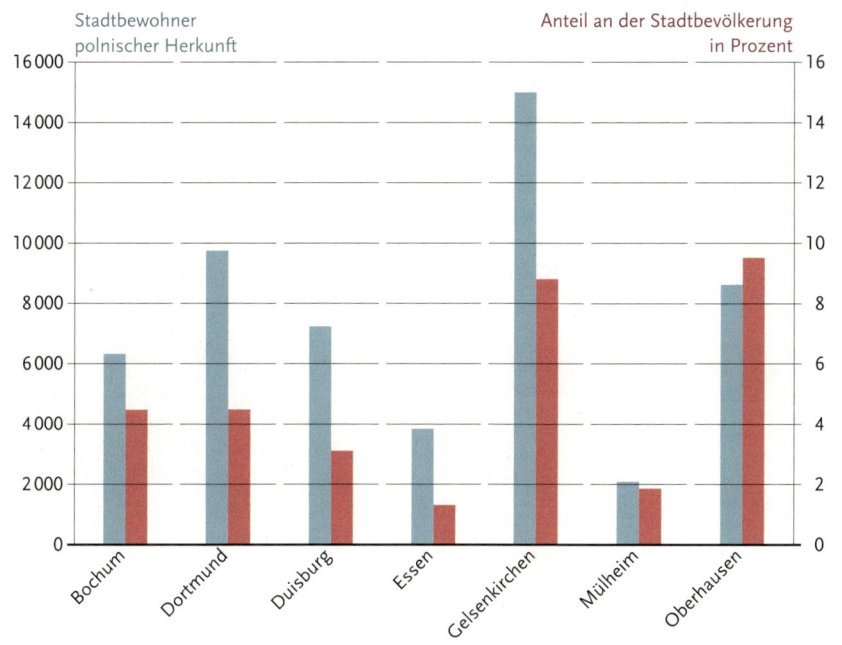

3 – Anteile von Einwohnern polnischer Herkunft in ausgewählten Städten des Ruhrgebietes um 1890.

Teilt euch in Gruppen auf und bearbeitet jeweils eines der drei Themen mithilfe der Fragen:

Wohnverhältnisse

❶ Verfasst einen Zeitungsartikel, in dem mithilfe von Bild 2 und Q1 über die Wohnverhältnisse der Arbeiter berichtet wird.

Arbeitsbedingungen

❷ Notiert euch Stichpunkte zu Bild 1 und M1: Wie waren die Arbeitsbedingungen eines Fabrikarbeiters in einer Baumwollspinnerei? Vergleicht diese mit denen eines Arbeiters in unserer Zeit.

Zuwanderung

❸ Beschreibt mit dem Schaubild 3 den Anteil der Einwohner polnischer Herkunft in den Städten des Ruhrgebietes.

❹ Untersucht Q2 und stellt fest, welche Einstellung der Oberpräsident der Provinz Westfalen zu den polnischen Zuwanderern hatte.

Zuwanderung in das Ruhrgebiet

Q2 Der Oberpräsident der preußischen Provinz Westfalen äußerte sich 1896 in einem vertraulichen Schreiben:

... Die Anhäufung großer Arbeitermassen slawischer Abkunft im rheinisch-westfälischen Industriegebiete bringt, da es sich um Elemente handelt, welche dem Deutschtume feindlich gegenüberstehen, ... in ruhigen Zeiten mannigfache Schwierigkeiten mit sich; in Zeiten innerer oder äußerer Unruhe und Verwicklungen bedeutet sie eine ernste Gefahr.
Es entspricht dem wichtigsten Lebensinteresse des Staates, wenn diese Elemente möglichst rasch verschmolzen werden. ... Scharfe Überwachung der Agitation (feindselige Propaganda) und Vereinstätigkeit ... , Beschränkung des Gebrauches der polnischen Sprache in öffentlichen Versammlungen, ausschließlich deutsche Schulbildung. ...

M2 Der Historiker Ulrich Herbert schrieb 1986:

... Viele preußisch-polnische Zuwanderer verstanden ihren Aufenthalt im Westen zunächst als Zwischenstadium, um danach mit dem hier verdienten Geld in ihre Heimatgebiete zurückzukehren und dort ein besseres Leben führen zu können ...; je länger sie jedoch im Ruhrgebiet blieben, desto stärker lockerte sich die Bindung an zu Hause und der Rückkehrwunsch verblasste allmählich: aus Wanderarbeitern wurden Einwanderer. ... Mit längerer Anwesenheitsdauer ... lehnten sich die ruhrpolnischen Bergleute stärker an die Haltung der deutschen Kollegen an. ...

Geschichte vor Ort

Zeugnisse der Industrialisierung

1 – Deutsches Bergbaumuseum in Bochum. Foto, 2011.

Industriedenkmäler

Mit Denkmälern sollen Erinnerungen wach gehalten und Respekt vor den Leistungen unserer Vorfahren bezeugt werden. Diese Ziele wollen auch die über fünfzig Denkmäler auf der „Route der Industriekultur" im Ruhrgebiet erfüllen.

M1 In der Informationsbroschüre „Metropole Ruhr 2011" heißt es:

... Die bewegte und bewegende Geschichte des Ruhrgebiets wird nirgends so lebendig und im wahrsten Sinne des Wortes „erfahrbar" wie auf der Route der Industriekultur. ... Der ca. 400 km lange, ausgeschilderte Straßenkurs führt die Besucher zu den Highlights und verborgenen Schätzen der Industriehistorie an Emscher und Lippe, Rhein und Ruhr. ...
Wie auf einer Perlenschnur sind die ehemaligen Industriemonumente entlang der Route aufgereiht: ehemalige Hüttenwerke und Gasometer, Zechen und Kokereien, Halden ... und denkmalgeschützte Arbeitersiedlungen. ... So wird die Reise durchs Revier zu einem außergewöhnlichen und abwechslungsreichen Erlebnis.

Wer die „Route der Industriekultur" per Rad erfahren möchte, den führt ein ca. 700 km langes, ausgeschildertes Radwegenetz über Kanaluferwege oder ehemalige Bahntrassen ebenfalls ans Ziel. Ein idealer Startpunkt ist das Besucherzentrum Ruhr im Welterbe Zollverein in Essen. ...

❶ Bildet Arbeitsgruppen und sucht euch auf der Karte 2 ein Industriedenkmal aus.
– Informiert euch mithilfe des Internets oder von Informationsbroschüren über dieses Denkmal und stellt es in einer kurzen Präsentation der Klasse vor.
❷ Ordnet die Bilder 1 und 3 dieser Doppelseite der Karte 2 zu.
❸ Erkundigt euch genauer nach interessanten Zeugnissen der „Route der Industriekultur", die sich in eurer Nähe befinden. Organisiert eine Erkundung dorthin, am besten per Fahrrad.
❹ Überlegt, was aus heutiger Zeit in hundert und mehr Jahren eine wichtige Sachquelle für die heutige Arbeitswelt sein könnte.

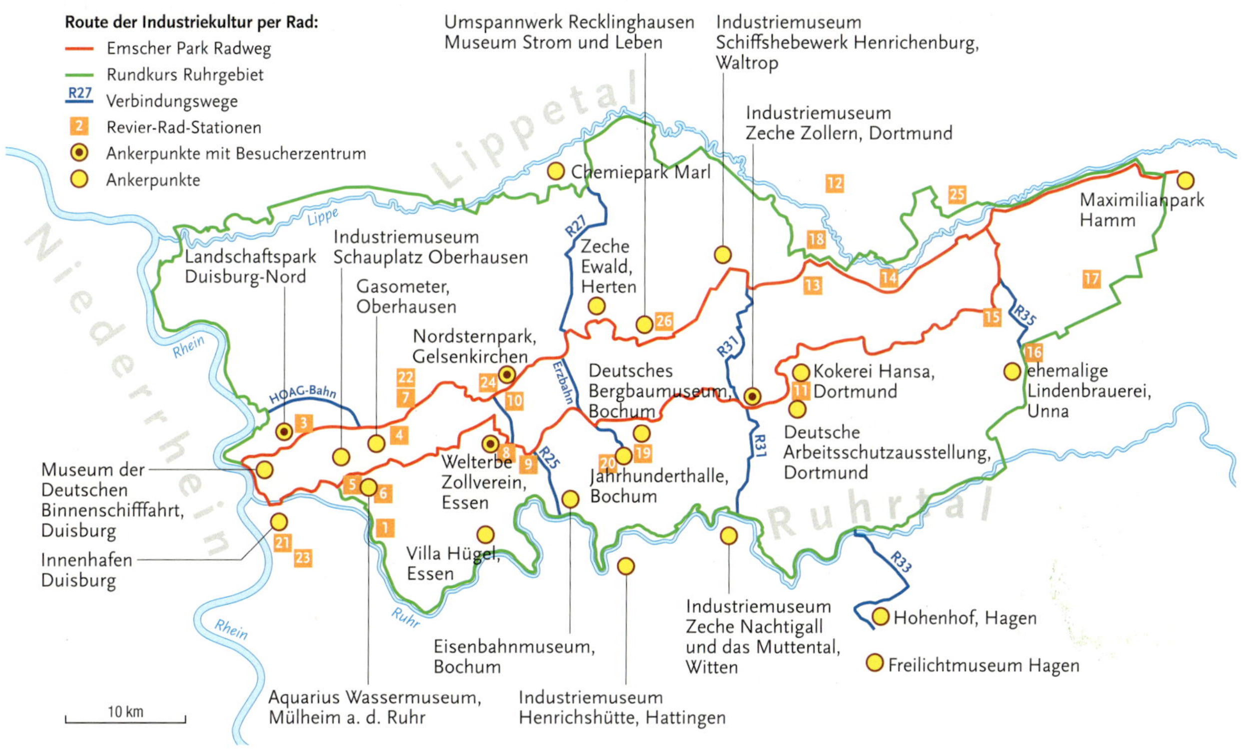

Route der Industriekultur per Rad:
— Emscher Park Radweg
— Rundkurs Ruhrgebiet
R27 Verbindungswege
2 Revier-Rad-Stationen
⊙ Ankerpunkte mit Besucherzentrum
○ Ankerpunkte

Umspannwerk Recklinghausen
Museum Strom und Leben

Industriemuseum
Schiffshebewerk Henrichenburg,
Waltrop

Industriemuseum
Zeche Zollern, Dortmund

Chemiepark Marl

Maximilianpark
Hamm

Lippetal

Lippe

Niederrhein

Landschaftspark
Duisburg-Nord

Industriemuseum
Schauplatz Oberhausen

Gasometer,
Oberhausen

Nordsternpark,
Gelsenkirchen

Zeche
Ewald,
Herten

Rhein

HOAG-Bahn

Deutsches
Bergbaumuseum,
Bochum

Kokerei Hansa,
Dortmund

ehemalige
Lindenbrauerei,
Unna

Deutsche
Arbeitsschutzausstellung,
Dortmund

Museum der
Deutschen
Binnenschifffahrt,
Duisburg

Innenhafen
Duisburg

Welterbe
Zollverein,
Essen

Jahrhunderthalle,
Bochum

Erzbahn

Ruhrtal

Villa Hügel,
Essen

Ruhr

Industriemuseum
Zeche Nachtigall
und das Muttental,
Witten

Hohenhof, Hagen

Freilichtmuseum Hagen

Rhein

10 km

Eisenbahnmuseum,
Bochum

Aquarius Wassermuseum,
Mülheim a. d. Ruhr

Industriemuseum
Henrichshütte, Hattingen

2 – Die „Route der Industriekultur".

3 – Im Industriemuseum Kohlenzeche Nachtigall in Witten, Muttental. Foto, 2009.

4 – Hinweisschild zur „Industrie-Kultur-Landschaft Ruhrgebiet" an der A43. Foto, 2009.

Methode

Besuch eines Industriemuseums

Der Besuch eines Industriemuseums in eurer Umgebung bietet eine gute Möglichkeit, eure Kenntnisse über die Industrialisierung und ihre Auswirkungen vor Ort zu vertiefen. Ihr könnt dazu am besten verschiedene Arbeitsgruppen bilden.

Folgende Schritte helfen euch, den Besuch eines Industriemuseums durchzuführen:

Schritt 1 **Vorbereitung des Museumsbesuches**	Eine Arbeitsgruppe kümmert sich um die Organisation. ■ Schreibt an das Industriemuseum und bittet um Informationsmaterial oder ruft die Webseite des Industriemuseums auf. ■ Wie kommt ihr zu dem Industriemuseum? ■ Wann hat das Museum geöffnet? ■ Wie viel kostet der Eintritt für Schulklassen? ■ Gibt es einen Museumsplan? ■ Welche Themen werden im Museum behandelt? ■ Gibt es Führungen oder Vorführungen?
Schritt 2 **Themen auswählen**	Da ihr in einem großen Industriemuseum nicht alles besichtigen könnt, solltet ihr euch zunächst gemeinsam für bestimmte „Themen" entscheiden: Themen können sein: ■ Was wurde hergestellt und wie wurde produziert? ■ Welche Arbeitsbedingungen gab es im Betrieb (Belegschaft, Arbeitszeit, Löhne, Schutzvorrichtungen)? ■ Wie veränderte sich das Umfeld (Wohnbedingungen, Verkehr, Umwelt)?
Schritt 3 **Im Museum**	Zunächst verschafft ihr euch einen groben Überblick über das, was es zu sehen gibt. ■ Wo könnt ihr euch orientieren (Plan in der Eingangshalle, Infobereich)? ■ Wo befindet sich der Museumsteil zum vorher gewählten Themenbereich? ■ Besichtigung mit Erkundungsbogen oder eigenen Notizblättern, Fotoapparat (Fotografier-Erlaubnis erfragen).
Schritt 4 **Auswertung des Museumsbesuches**	Zurück in der Schule solltet ihr zunächst eure Ergebnisse zusammentragen: ■ Was hat euch im Industriemuseum überrascht? ■ Hat sich der Weg in das Industriemuseum eurer Meinung nach gelohnt? ■ War die Vorbereitung ausreichend? ■ Was würdet ihr beim nächsten Mal anders machen?

❶ Bereitet mithilfe der vier Schritte auf dieser Seite einen Besuch in einem Industriemuseum vor.

❷ Erkundigt euch während des Besuches, warum das Museum eingerichtet wurde.

1 – Museum Glashütte Gernheim. Foto, 2008.

2 – Schauvorführung in der Glashütte Gernheim. Foto, 2009.

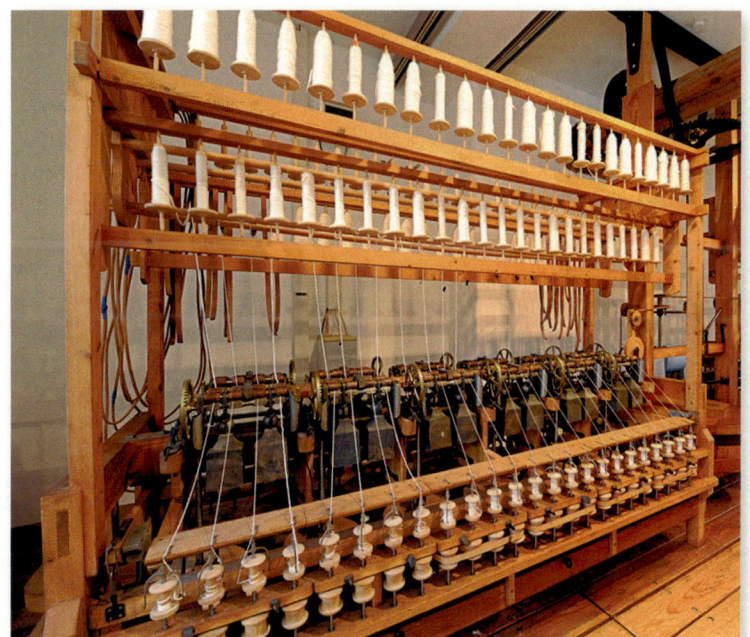

3 – Die Spinnmaschine im Industriemuseum in Ratingen wurde durch Wasserkraft angetrieben. Foto, 2008.

4 – Schüler beim Besuch im Sächsischen Industriemuseum in Chemnitz. Foto, 2010.

❸ Prüft während eures Besuches, inwieweit der Umweltschutz damals eine Rolle spielte.

Die soziale Frage

Welche Lösungsversuche gab es?

1 – Werkstatt des „Rauhen Hauses", das 1833 gegründet wurde. Darstellung von 1845.

Die Kirche greift ein

Angesichts des Elends, in dem die Arbeiter, ihre Frauen und Kinder leben mussten, stellte sich immer dringender die Frage: Was muss geschehen, um die Lebensverhältnisse der Arbeiter zu bessern? Diese Frage bezeichnete man als „Arbeiterfrage" oder „soziale Frage". Darauf gab es verschiedene Antworten.

Q1 Auf dem ersten „Deutschen Evangelischen Kirchentag" 1848 sagte der evangelische Theologe Wichern:

... Ihr Männer der Kirche, denkt auch an die Not der Menschen außerhalb der Kirchenmauern! Überall, wo die Armen vor Not keine Kraft mehr haben, die Botschaft Christi zu hören, da müsst ihr eingreifen. Alles Predigen wird nichts helfen, wenn nicht zugleich für das leibliche Wohl unserer Brüder gesorgt wird. ...

❶ Stellt fest, welche Voraussetzungen nach Wichern (Q1) vorhanden sein müssen, um den christlichen Glauben glaubhaft verkünden zu können.

Schon in der ersten Hälfte des 19. Jahrhunderts setzten sich einige evangelische und katholische Geistliche mit diesem Problem auseinander. So gründete Johann Heinrich Wichern (1808–1881) 1833 in Hamburg das „Rauhe" Haus, in dem er verwaiste und obdachlose Kinder aufnahm.

Q2 In einem Rundschreiben von Papst Leo XIII. (1810–1903) im Jahre 1891 heißt es:

... Unehrenhaft und unmenschlich ist es, Menschen wie eine Ware nur zum eigenen Gewinn auszubeuten. ... Zu den wichtigsten Pflichten der Arbeitsherren gehört es, Jedem das Seine zu geben. ... Dem Arbeiter den verdienten Lohn vorzuenthalten ist ein großes Verbrechen, das um Rache zum Himmel ruft. ...

❷ Vermutet, wie Unternehmer oder Arbeiter und Arbeiterinnen auf die Forderung „Jedem das Seine" reagiert haben könnten.

2 – Bergarbeitersiedlung der Zeche „Nordstern" in Gelsenkirchen. Die ersten Gebäude wurden hier um 1870 erbaut. Foto, um 1959.

Der Gründer der katholischen Gesellenvereine, Adolph Kolping, war besonders erfolgreich. Ihm gelang es in wenigen Jahren, überall in Deutschland „Kolpinghäuser" zu gründen. In ihnen erhielten wandernde Handwerksgesellen günstige Unterkunft und Verpflegung.

Fürsorge von Unternehmern
Einzelne Unternehmer wie etwa August Borsig in Berlin, Ernst Abbe in Jena, Robert Bosch in Stuttgart oder Krupp in Essen versuchten in ihren Betrieben, das Elend der Arbeiter zu mildern.
Arbeiter, die erkrankt waren oder einen Unfall hatten, wurden z. B. im Krupp-Krankenhaus behandelt. Für alle Arbeiter gab es eine betriebliche Krankenkasse. So waren sie erstmals bei Krankheit abgesichert.

Q3 In der Zeitung „Social-Demokrat" stand 1865 in einem Artikel über die Sozialfürsorge der Unternehmer:
... Humanität einzelner Fabrikanten gegen ihre Arbeiter ist ohne Zweifel eine höchst nennenswerte Sache, aber mit der sozialen Frage haben diese Dinge nichts zu tun. Hierfür ist es ganz gleichgültig, ob es edle Fabrikanten gibt oder nicht, denn es handelt sich nicht darum, im Kleinen, sondern im Großen andere Zustände herzustellen, und nicht darum, die Gnade oder den guten Willen einzelner Fabrikanten in Anspruch zu nehmen, sondern die Rechte – man verstehe wohl! – die Rechte der Arbeiter zu erkämpfen. ...

❸ Listet auf, welche Ziele Unternehmer wie Krupp mit ihren sozialen Einrichtungen verfolgten.

❹ Untersucht Q3 und nennt die Interessen und die Motive des Autors.

entdecken und verstehen

Ⓐ Entwerft ein Interview zwischen dem Verfasser des Zeitungsartikels (Q3) und einem Unternehmer, der damals versuchte, die Lage seiner Arbeiterinnen und Arbeiter zu verbessern.

Ⓑ Verfasst mithilfe von Q1, Q2 und Q3 einen Zeitungsartikel für das Jahr 1900, in dem ihr begründet, warum die Arbeiter ein Recht auf einen angemessenen Lohn haben.

Ⓒ Arbeitslosigkeit und Armut sind auch heute wichtige Themen. Bildet verschiedene Arbeitsgruppen, die in den nächsten 14 Tagen Zeitungsberichte sammeln zu den Themen: Arbeitslosigkeit – Armut – ... Lösungsvorschläge (z. B. von Gewerkschaften, politischen Parteien ...) – Unterstützung (z. B. Kirchen, Hilfswerke, Vereine ...). Erstellt gemeinsam eine Wandzeitung und diskutiert über die Ergebnisse.

Warum und wie organisierten sich die Arbeiter?

1 – Arbeiter beim Fabrikanten. Ölgemälde von Stanislaw Lenz, 1895.

❶ Beschreibt die Bilder 1 und 2. Achtet dabei auch auf Kleidung, Haltung und Gesichtsausdruck der Personen.

❷ Vermutet, was die Arbeiter und der Fabrikant jeweils gesagt haben könnten.

❸ Spielt folgende Situation: Einige Arbeiter beraten, welche Möglichkeiten es für sie gibt, ihre Forderungen durchzusetzen.

Streiks und Proteste

Die Maßnahmen von Kirchen und einzelnen Unternehmern reichten jedoch nicht aus, um die Notlage der Arbeiter entscheidend zu verbessern. Viele Unternehmer lehnten Bitten und Forderungen der Arbeiter um bessere Bedingungen auch einfach ab (Bild 1). Deshalb begannen die Arbeiter in einzelnen Betrieben zu streiken. Die Unternehmer antworteten damit, dass sie die Arbeiter *aussperrten und entließen. Diese Maßnahmen der Unternehmer zeigten den Arbeitern, dass sie ihre Forderungen nur durchsetzen konnten, wenn sie alle gemeinsam handelten. Sie brauchten eine Organisation, die alle Arbeiter vertrat und direkt mit den Fabrikanten verhandelte.

* Aussperrung: Druckmittel der Arbeitgeber im Arbeitskampf. Die Arbeitnehmer werden am Betreten des Betriebes gehindert und erhalten auch keinen Lohn. Sie sollen dadurch zur Wiederaufnahme ihrer Arbeit und zum Streikende gebracht werden.

Gewerkschaften

Die Unternehmer sahen es als eine Bedrohung an, dass die Arbeiter sich in Vereinen und Gewerkschaften zusammenschließen wollten. Deshalb sorgten sie dafür, dass den Arbeitern derartige Zusammenschlüsse gesetzlich verboten wurden. Erst nach langen Auseinandersetzungen erhielten die Arbeiter dieses Recht. Die ersten Gewerkschaften in Deutschland entstanden im Jahre 1848; in ganz Deutschland wurden sie erst 1872 zugelassen. In den Gewerkschaftsversammlungen konnten die Arbeiter ihre Erfahrungen austauschen und gemeinsame Aktionen vorbereiten. Sie forderten vor allem:

– höhere Löhne,

– Beschränkung der Arbeitszeit auf täglich zehn Stunden, bei Schwerarbeit auf acht Stunden,

– Schutz und Unterstützung bei Krankheit, Unfällen und Arbeitslosigkeit.

Außerdem richteten die Gewerkschaften Streikkassen ein, aus denen Arbeiter und ihre Familien bei längerfristigen Streiks unterstützt wurden.

❹ Erstellt ein Plakat mit Forderungen der Gewerkschaften damals.

2 – **Ein Streik bricht aus.** Gemälde von Robert Köhler, 1886.

Die Entstehung der SPD

Die Gewerkschaften kämpften für höhere Löhne und kürzere Arbeitszeiten. Das war Ferdinand Lassalle (1825–1864) zu wenig, er war ein Journalist. Die Lage der Arbeiter würde sich seiner Meinung nach nur grundlegend verändern, wenn sie ihre Interessen selber im Parlament vertreten könnten. Er hoffte, dass die Arbeiterschaft als politische Partei mithilfe von Gesetzen die soziale Frage selber lösen würde.
Um dieses Ziel zu erreichen, gründete Lasalle 1863 den „Allgemeinen Deutschen Arbeiter-Verein".

Q1 **Zur Gründung dieses Arbeitervereins verfasste der Dichter Georg Herwegh (1817–1875) im Jahre 1863 das „Bundeslied". Darin heißt es:**
... Mann der Arbeit, aufgewacht!
Und erkenne deine Macht!
Alle Räder stehen still,
Wenn dein starker Arm es will.
Deiner Dränger Schar erblasst,
Wenn du, müde deiner Last
In die Ecke stellst den Pflug.
Wenn du rufst: Es ist genug! ...

Der Drechslermeister August Bebel (1840–1913) und der Zeitungsredakteur Wilhelm Liebknecht (1826–1900) gründeten 1869 in Eisenach eine zweite Arbeiterpartei. Beide Parteien schlossen sich im Jahre 1875 zur „Sozialistischen Arbeiterpartei Deutschlands" zusammen, die seit 1890 „Sozialdemokratische Partei Deutschlands" (SPD) heißt.
Das Parteiprogramm der SPD enthielt unter anderem folgende Ziele:
– allgemeines Wahlrecht für alle Staatsangehörigen vom 20. Lebensjahr an,
– Abschaffung der sozialen Ungleichheit,
– Verbot der Kinderarbeit.

5 Beurteilt die Forderungen der SPD aus der Sicht eines damaligen Unternehmers.

entdecken und verstehen

A Informiert euch, welche Gewerkschaften es heute gibt und wofür sie sich einsetzen.
B Streiks gibt es auch heute. – Ist eurer Meinung nach ein Streik ein geeignetes Mittel zur Durchsetzung von Forderungen? Begründet eure Antwort.

Warum schuf die Reichsregierung Sozialgesetze?

1 – Die deutsche Sozialversicherung. Plakat der Reichsregierung, 1913.

✱ Sozialistengesetz
Das „Gesetz gegen die gemeingefährlichen Bestrebungen der Sozialdemokratie" von 1878. Das Sozialistengesetz galt bis 1890. Das Gesetz verbot sozialistische und sozialdemokratische Organisationen und deren Aktivitäten im Deutschen Reich. Es kam damit einem Parteiverbot gleich.

Staatliche Sozialpolitik

Die Arbeiterinnen und Arbeiter hatten eine sehr hohe Arbeitsbelastung. Diese führte immer häufiger zu Unfällen in den Fabriken, zu Erkrankungen und zu früher Arbeitsunfähigkeit. Deshalb fühlten sich die Arbeiterinnen und Arbeiter vom Staat im Stich gelassen. Große Teile der Arbeiterschaft sahen daher ihre Interessen vor allem von den Sozialdemokraten vertreten. Jedoch ließ die Reichsregierung die Sozialdemokraten durch das ✱Sozialistengesetz verfolgen und in ihrer politischen Arbeit stark behindern. Dennoch verdreifachte sich die Zahl ihrer Wähler von 1877 bis 1890 auf 1,42 Millionen.

Reichskanzler Otto von Bismarck sah in den sozialen Gegensätzen und dem Anwachsen der Arbeiterpartei auch eine Bedrohung der politischen Verhältnisse. Von 1883 bis 1889 wurden verschiedene Sozialversicherungsgesetze verabschiedet. Zur Durchführung dieser Gesetze wurden Ortskrankenkassen gegründet. Diese Sozialgesetze sollten der Arbeiterbewegung den Nährboden entziehen und die Arbeiterschaft beruhigen.

Der Beginn des Sozialstaates

Diese neue Form staatlicher Sozialpolitik sah man im Ausland als bedeutende Neuerung und ahmte sie nach. Auch Unternehmer unterstützten die Sozialpolitik. Die Sozialdemokraten dagegen kritisierten, dass die Leistungen zu stark beschränkt wurden und nur wenig Betroffene einen Anspruch hatten. Ein Rentenanspruch bestand erst ab dem 70. Lebensjahr und die geringe Höhe der Sozialleistungen bedeutete keine wirkliche finanzielle Absicherung. Eine Arbeiterpension betrug höchstens 40 Prozent des letzten Einkommens.

Bei aller Kritik an den damaligen geringen Leistungen der Sozialversicherungsgesetze ist aber festzuhalten, dass mit ihnen der stetige Ausbau der sozialen Leistungen begann. Diese Gesetze begründeten den heutigen Sozialstaat.

	Gesetz	Wer zahlte die Beiträge?		Welche Leistungen wurden gewährt?
		Arbeitnehmer	Arbeitgeber	
1883	Kranken-versicherung	2/3	1/3	ärztliche Behandlung, Heilmittel, Krankengeld, Krankenhaus, Wöch-nerinnengeld (alles für 13 Wochen)
1884	Unfallversicherung	–	1/1	Heilbehandlung, Unfallrente, Hinter-bliebenenrente
1889	Alters- und Invali-denversicherung	1/2	1/2	Invalidenrente bei Erwerbsunfähigkeit, Altersrente vom 70. Lebensjahr an

2 – Gesetze zur Sozialversicherung im Deutschen Reich.

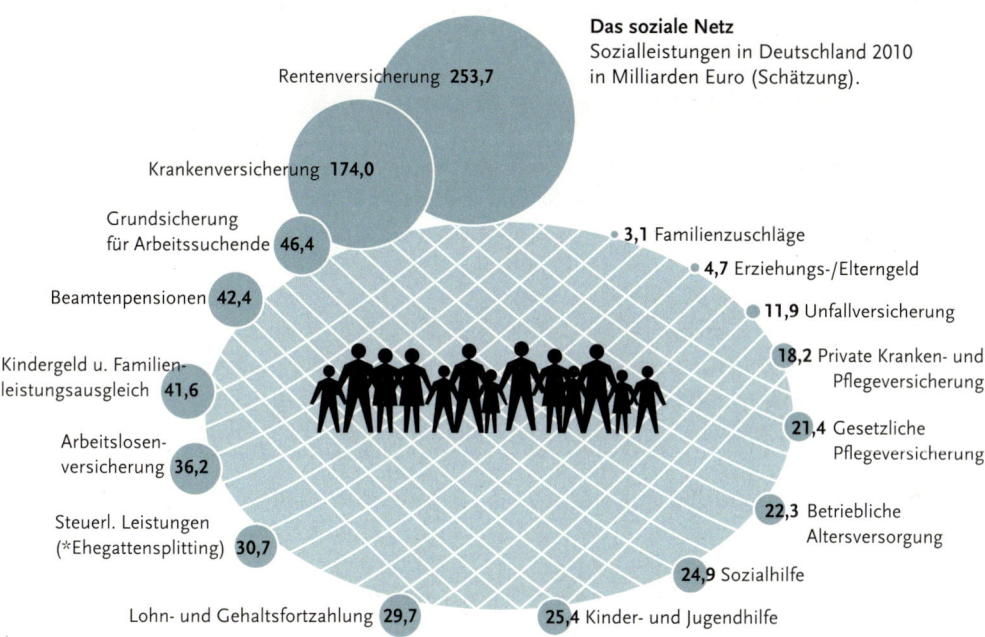

Das soziale Netz
Sozialleistungen in Deutschland 2010
in Milliarden Euro (Schätzung).

Rentenversicherung 253,7

Krankenversicherung 174,0

Grundsicherung für Arbeitsuchende 46,4

Beamtenpensionen 42,4

Kindergeld u. Familien-leistungsausgleich 41,6

Arbeitslosen-versicherung 36,2

Steuerl. Leistungen (*Ehegattensplitting) 30,7

Lohn- und Gehaltsfortzahlung 29,7

3,1 Familienzuschläge
4,7 Erziehungs-/Elterngeld
11,9 Unfallversicherung
18,2 Private Kranken- und Pflegeversicherung
21,4 Gesetzliche Pflegeversicherung
22,3 Betriebliche Altersversorgung
24,9 Sozialhilfe
25,4 Kinder- und Jugendhilfe

3 – Das soziale Netz heute.

❶ Nennt die Beweggründe des Reichskanz-lers Bismarck, eine Sozialversicherung (Übersicht 2) für die Arbeiterschaft ein-zuführen.

❷ Informiert euch, a) wer heute sozialver-sichert ("pflichtversichert") ist, b) wer heute die Beiträge aufbringen muss und c) für welche Dauer in der Kranken-versicherung Leistungen gewährt werden. Auskünfte könnt ihr bei einer Kranken-kasse bekommen.

❸ Erläutert den Ausdruck "soziales Netz" und die verschiedenen sozialen Leistun-gen (Bild 3). Schlagt unbekannte Begriffe im Lexikon nach.

❹ Vergleicht das "soziale Netz" in der Bundesrepublik (Bild 3) mit den Sozial-leistungen in Deutschland zu Beginn des 20. Jahrhunderts (Bild 1, M1).

❺ Beurteilt Bismarks Motive, eine Sozial-versicherung für die Arbeiterschaft einzu-führen aus damaliger und heutiger Sicht.

✻ **Ehegattensplitting**
Begünstigung von Ehe-paaren mit unterschiedlich hohem Einkommen bei der Steuerzahlung.

entdecken und verstehen

Ⓐ Spielt das Gespräch zweier Unternehmer im Jahr 1884, in dem sie sich zur Einführung einer Krankenversicherung und einer Unfallversicherung äußern (vgl. Übersicht 2).

Ⓑ In Schweden und Finnland ist das Mittagessen für Schülerinnen und Schüler kostenlos. Sammelt Argumente, die für oder gegen die Übernahme dieser Regelung in Deutschland sprechen.

Warum entstanden Frauenbewegungen?

1 – Bei einer Arbeiterinnenversammlung treffen sich sozialdemokratische Frauen, um über ihre Interessen zu diskutieren. Holzstich von Carl Koch. Leipziger „Illustrierte Zeitung", 1890.

❶ Beschreibt Bild 1. Welche Forderungen könnte die Rednerin auf diesem Bild gestellt haben? Wie begründete sie diese?

Die proletarische Frauenbewegung

„Frau und Arbeiter haben gemein, Unterdrückte zu sein." Mit diesem Satz begann August Bebel sein Buch „Die Frau und der Sozialismus", das 1879 erschien. Bebel forderte, dass Arbeiterinnen und Arbeiterfrauen sich der Sozialdemokratie anschließen sollten, weil diese sich auch für das Frauenwahlrecht einsetze.

Q1 Die Fabrikarbeiterin Adelheid Popp (1869–1939), die der Partei 1885 beitrat, schrieb:

… Nie hörte oder las ich von Frauen in Versammlungen und auch alle Aufforderungen meiner Parteizeitung waren immer nur an die Arbeiter, an die Männer gerichtet. … Auch wurde in den Versammlungen nur für Männer gesprochen. Keiner der Redner wendete sich auch an die Frauen. Es schien alles nur Männerleid und Männerelend zu sein. …

Wie Adelheid Popp waren auch andere Frauen von der SPD enttäuscht. Die sozialdemokratische Frauenbewegung forderte neben dem Wahlrecht für Frauen auch kürzere Arbeitszeiten, höhere Löhne und gleiche Löhne für Männer und Frauen. In Berlin gab es 1896 den ersten großen Arbeitskampf mit über 20 000 Teilnehmern. Darunter befanden sich auch sehr viele Frauen.
Die Arbeiter und Arbeiterinnen erreichten eine Lohnerhöhung von bis zu 30 Prozent. Dadurch erlebte die Frauenbewegung einen gewaltigen Aufschwung.

❷ Entwerft ein Streitgespräch zwischen einem Arbeiter und einer Arbeiterin über die Forderung nach gleichem Lohn bei gleicher Arbeit für Männer und Frauen.

Die bürgerliche Frauenbewegung

Auch die Vertreterinnen des 1865 gegründeten bürgerlichen „Allgemeinen Deutschen Frauenvereins" forderten ähnlich wie die sozialdemokratische Frauenbewegung das Stimmrecht für alle Frauen.
Besonders die Schriftstellerin Hedwig Dohm (1831–1919) setzte sich dafür ein.

Q2 Hedwig Dohm schrieb 1893:

... Die Frauen fordern das Stimmrecht als ein ihnen natürlich zukommendes Recht. ... Der Mann bedarf, um das Stimmrecht zu üben, eines bestimmten Wohnsitzes, eines bestimmten Alters, eines Besitzes, warum braucht die Frau mehr?

Warum wird die Frau Idioten und Verbrechern gleichgestellt? Nein, nicht Verbrechern. Der Verbrecher wird nur zeitweilig seiner politischen Rechte beraubt. ...

Die Gesellschaft hat keine Befugnis, mich meines natürlichen politischen Rechts zu berauben. ...

Weitere Forderungen waren das Recht auf Arbeit und auf Bildung. Frauen durften ohne Zustimmung ihrer Ehemänner keinen Beruf ausüben. Bis zum Ende des 19. Jahrhunderts war es Mädchen und Frauen nicht erlaubt, eine weiterführende Schule zu besuchen und zu studieren.

❸ Bildet eine kleine Gruppe aus Mädchen (Befürworterinnen) und Jungen (Gegnern) und führt ein Streitgespräch zum Frauenwahlrecht um 1895.

Erfolge der Frauenbewegung

Die preußische Regierung schränkte die Möglichkeiten der Frauenbewegung, ihre Forderungen durchzusetzen, stark ein. Ein Gesetz von 1850 verbot den Frauen, sich in den Vereinen mit Politik zu beschäftigen. Doch die Frauen gründeten die von der Polizei verbotenen Vereine immer wieder neu. Allein der bürgerliche „Bund deutscher Frauenvereine" zählte um 1900 über 70 000 Mitglieder.

Im Jahre 1908 wurde dieses Verbot aufgehoben, das Frauenwahlrecht aber wurde aber erst im Jahre 1918 eingeführt.

Ab 1899 konnten auch Mädchen das Abitur ablegen, ab 1908 konnten sie in Preußen studieren. Im Wintersemester 1913/14 studierten an deutschen Universitäten 3649 Frauen, das waren 6,3 Prozent der Studentenschaft.

2 – Den Frauen ihr Recht. Plakat zum Frauenwahlrecht, 1913.

❹ Beschreibt die Erfolge der Frauenbewegung und bewertet diese aus damaliger und heutiger Sicht.

entdecken und verstehen

Ⓐ Verfolgt in den nächsten vierzehn Tagen in eurer Tageszeitung Berichte über die Benachteiligung oder Gleichstellung von Frauen. – Berichtet darüber in der Klasse.

Ⓑ Der berühmte Wissenschaftler Max Planck äußerte um 1900 die Behauptung: „Die Natur selbst hat der Frau ihren Beruf als Mutter und Hausfrau vorgeschrieben." Beurteilt diese Aussage aus damaliger und heutiger Sicht.

Industrialisierung und Umwelt

Welche Folgen gab es für Mensch und Natur?

1 – Die Krupp-Werke in Essen, vom Rathausturm aus gesehen. Foto, 1893.

❶ Beschreibt das Bild 1.

Aus tausend Schloten …

Q1 **Philipp Witkop (1880–1942) beschrieb in einem Gedicht „Meine Heimat" die Stadt Gelsenkirchen 1901:**
… Aus tausend Schloten steigt ein dicker Rauch,
Der wälzt sich langsam durch die Lüfte her,
Dann sinkt er nieder dicht und schwarz und schwer
Und brütet dumpf auf Haus und Baum und Strauch.
Es lauert rings ein großes, schwarzes Sterben,

Und alle Blätter sind so welk und grau,
Als funkelte hier nie ein Tropfen Tau.
Kein Frühling will die Straßen bunter färben. …

❷ Gebt den Inhalt von Q1 mit eigenen Worten wieder. Bezieht dabei das Bild 1 mit ein.

Q2 **Alfred Krupp schrieb in einem Brief zu der Präsentation seiner Firma auf der Pariser Weltausstellung im Jahre 1867:**
… Für die Pariser Ausstellung und für einzelne Geschenke … müssen wir neue Fotografien im Mai, wenn alles grünt, … ausführen. … Ich würde vorschlagen, dass man dazu Sonntage nehme. … Es ist nachteilig, wenn zu viel Dampf die Umgebung unklar macht, es wird aber sehr hübsch sein, wenn an möglichst vielen Stellen etwas weniger Dampf ausströmt. …

❸ Beschreibt das Foto 1 aus der Sicht Alfred Krupps (Q2). Erstellt einen Text für das mögliche Ende des Briefes von Krupp.

❹ Vergleicht die Einstellung zur Umwelt, die in Q1 und Q2 deutlich wird.

Schwarze Hauswände

Große Mengen an Ruß, Rauch und Abgasen stiegen Tag und Nacht aus den hohen Schornsteinen der Fabriken. Sie schwärzten die Hauswände und verdreckten die Fenster. Helle Wäsche konnte nicht mehr im Freien getrocknet werden, da sie sofort ver-

2 – Die Emscher bei Dortmund. Durch Bergsenkungen kam es oft zu Überschwemmungen. Foto, um 1900.

3 – Die Emscher und ihre Nebenflüsse wurden betoniert und begradigt. Foto, 1950.

schmutzte. Die Augen brannten, Lungenerkrankungen nahmen in hohem Ausmaß zu. Als Philipp Witkop sein Gedicht verfasste, war in Gelsenkirchen gerade eine Typhusepidemie ausgebrochen, weil die Gewässer verunreinigt waren. 3500 Menschen erkrankten, 500 Menschen starben.

Q3 Aus einem amtlichen Bericht über das Wasser der Ruhr im Jahre 1902:
... (Es ist) nie geruchlos, es enthält übermäßige Mengen von Ammoniak, Chlor, salpetriger und Salpetersäure, lebende Würmer und Parasiten; sein Geschmack ist schal, bei großer Hitze widerlich. ...

Die Emscher als Abwasserkanal
Die Industrialisierung des Ruhrgebietes erreichte ab etwa 1850 auch das Gebiet der Emscher. Die Abwässer der schnell wachsende Bevölkerung und der Zechen, Kokereien, Bergwerke, Stahlwerke, Brauereien und Betriebe der chemischen Industrie wurden in die Emscher geleitet. Eine Kanalisation – wie wir sie heute kennen – war nicht vorhanden. Die Abwässer aus Industrie und Haushalten waren zum Teil hochgiftig und mit Krankheitskeimen belastet. Auch das Grundwasser war stark verseucht. Der Einsturz alter Bergwerksschächte führte darüber hinaus zu großflächigen Absenkungen der Erdoberfläche (Bergsenkungen), die wiederum die Bildung größerer Seen und die Verlagerung des Flusslaufes

der Emscher verursachten. Nach stärkeren Regenfällen kam es zu Überschwemmungen, durch die die stinkenden und hochgiftigen Abwässer auch direkt in die Wohngebiete gelangten. Seuchen wie Cholera und Typhus waren die Folge, durch die Tausende von Menschen starben.

Die Emschergenossenschaft
1899 schlossen sich Städte im Bereich der Emscher zur Emschergenossenschaft zusammen. Ziel war der Aufbau einer geordneten Entwässerung und eine Reinigung der Abwässer. Die Verlegung von Abwasserrohren war infolge der ständigen Bergsenkungen nicht möglich, sodass man Abwasserkanäle errichtete. Die Emscher wurde zu einem betonierten Abwasserkanal mit Deichen gegen Überschwemmungen und Zäunen, die einen Zutritt verhinderten.

⑤ Beschreibt mit Q3 und Bild 1 die Lebensbedingungen der Menschen in vielen Gebieten des Ruhrgebietes um 1900.

⑥ Verdeutlicht die Eingriffe des Menschen in die Umwelt und deren Folgen am Beispiel der Emscher.

entdecken und verstehen
Ⓐ Erstellt eine Mindmap, wie der Mensch im Zuge der Industrialisierung die Umwelt veränderte.
Ⓑ „Wachstum der Wirtschaft um jeden Preis!" Diskutiert das Für und Wider dieser Behauptung.

Das Ruhrgebiet – eine Freizeitlandschaft?

1 – Etwa 90 Kilometer Flusslauf sind im Gebiet der Emscher bisher wiederhergestellt worden. Foto, 2005.

2 – Die Alte Emscher, ein Altarm der Emscher, ist weitgehend von Abwassereinleitungen befreit worden und soll wieder zur Erholung im Nahraum einladen. Foto, 2012.

Von der Kloake zur Freizeitlandschaft

M1 Dirk Asendorpf schrieb 2010 auf „Zeit Online":

... Bis 2020 soll aus der größten Kloake Europas, einer 80 Kilometer langen Abwasserrinne, wieder ein Fluss werden – die „blaue Emscher". 4,4 Milliarden Euro kostet das. Das Bächlein, das in Aplerbeck nach Dortmund hineinplätschert, verlässt die Stadt auf der anderen Seite als giftig-braune Brühe, eingezwängt in einen offenen Betontrog, begrenzt durch schnurgerade Deiche. ...

M2 Die Emschergenossenschaft, größter Abwasserentsorger Deutschlands, gab 2011 als Ziel dieser Maßnahmen an:

... In einigen Nebenläufen der Emscher fließt schon klares Wasser, in ein paar Jahren werden die offenen Schmutzwasserläufe der Vergangenheit generell der Vergangenheit angehören. Aus dem Hinterhof des Ruhrgebiets wird sein Vorgarten, an den Ufern der Gewässer entstehen wertvolle Biotope und Freizeitbereiche mit hoher Lebensqualität. Wohnen und Arbeiten am Wasser wird möglich. ...

❶ Beschreibt die Abbildungen.
❷ Recherchiert, welches (neue) Wissen notwendig ist und welche (neuen) Berufe benötigt werden, um die in M1 und M2 beschriebenen Maßnahmen umzusetzen.

Blauer Himmel über der Ruhr?

Das Bewusstsein, wie sehr der Mensch im Zuge der Industrialisierung der Umwelt und sich selbst schadete, entstand nur allmählich. Forderungen nach einem besseren Schutz der Umwelt blieben lange Zeit ungehört. Schließlich – so wurde gesagt – schaffe allein die Industrie die für die Menschen notwendigen Arbeitsplätze. Erst seit den 1970er-Jahren wurde das Thema „Umweltschutz" auch in der politischen Diskussion immer bedeutsamer.

Zusammenfassung

Die Industrielle Revolution

Technische Neuerungen

Die Industrialisierung begann im 18. Jahrhundert in England. Technische Erfindungen wie z. B. die Dampfmaschine führten zu einem tiefgreifenden Wandel in der Arbeitswelt. Die mit Dampfkraft angetriebene Spinnmaschine und die Erfindung der Eisenbahn waren zukunftsweisende Neuerungen. Große Mengen von Waren konnten nun preiswert produziert werden und mit den neuen Transportmöglichkeiten beinahe an jeden Ort befördert werden. In Deutschland fuhr die erste Eisenbahn 1835 von Nürnberg nach Fürth. 1834 hatten sich alle deutschen Länder zum „Deutschen Zollverein" zusammengeschlossen mit dem Ziel, einen ungehinderten Warenverkehr zu ermöglichen.

um 1770

Beginn der Industrialisierung in England.

Soziale Folgen der Industrialisierung

Die soziale Ordnung und die Machtverhältnisse änderten sich mit der Industrialisierung. Erfolgreiche Unternehmer, mit oft mehreren tausend Arbeitern in ihren Fabriken, nahmen einen vorrangigen Platz in der Gesellschaft ein. Eine hervorgehobene Stellung besaßen auch die Angestellten, also Ingenieure, Buchhalter usw. Die Arbeits- und Lebensbedingungen der Arbeiter waren häufig sehr schlecht: Verelendung aufgrund niedriger Löhne und hoher Arbeitslosigkeit, unzumutbare Arbeitsbedingungen und menschenunwürdige Wohnverhältnisse zählten zu den ungelösten Problemen.

1830

Die Lebensumstände der Arbeiterinnen und Arbeiter in den Industriebetrieben waren häufig schlecht.

Lösungsversuche der sozialen Frage

Kirchliche Gemeinden und verantwortungsbewusste Unternehmer versuchten die Lebens- und Arbeitsbedingungen der Arbeiterfamilien zu verbessern. Die Arbeiter konnten mit der Gründung von Gewerkschaften und durch Streiks ihre Situation schrittweise verbessern. Politischen Einfluss verschafften sich die Arbeiter mit der Gründung der Arbeiterparteien um 1870. Bei den Wahlen zum Reichstag gewannen sie regelmäßig Sitze hinzu.
Weil die Arbeiterbewegung anwuchs, versuchte die Reichsregierung, mit Sozialgesetzen den Einfluss der Arbeiterbewegung zurückzudrängen. Diese Gesetze waren der Beginn des heutigen Sozialstaates.
Sowohl die bürgerlichen Frauen als auch die Arbeiterfrauen kämpften für ihre soziale und politische Gleichstellung mit den Männern. Sie forderten das Recht auf Bildung und das Wahlrecht, das die Frauen 1918 erhielten.

ab 1840

Erste Lösungsversuche der sozialen Frage.

Folgen für Mensch und Umwelt

Die Folgen der Industrialisierung für die Umwelt wurden lange Zeit nicht genügend beachtet. Erst in den letzten Jahrzehnten kam es zu einem Umdenken. Vielfach wird heute versucht, Schäden zu begrenzen bzw. zu beheben.

ab 1830

Durch die Industrialisierung entstanden große Schäden für Menschen und Natur.

Das kann ich …

Die Industrielle Revolution

L. LEMAIRE
Machines WHEELOCK Perfectionnées

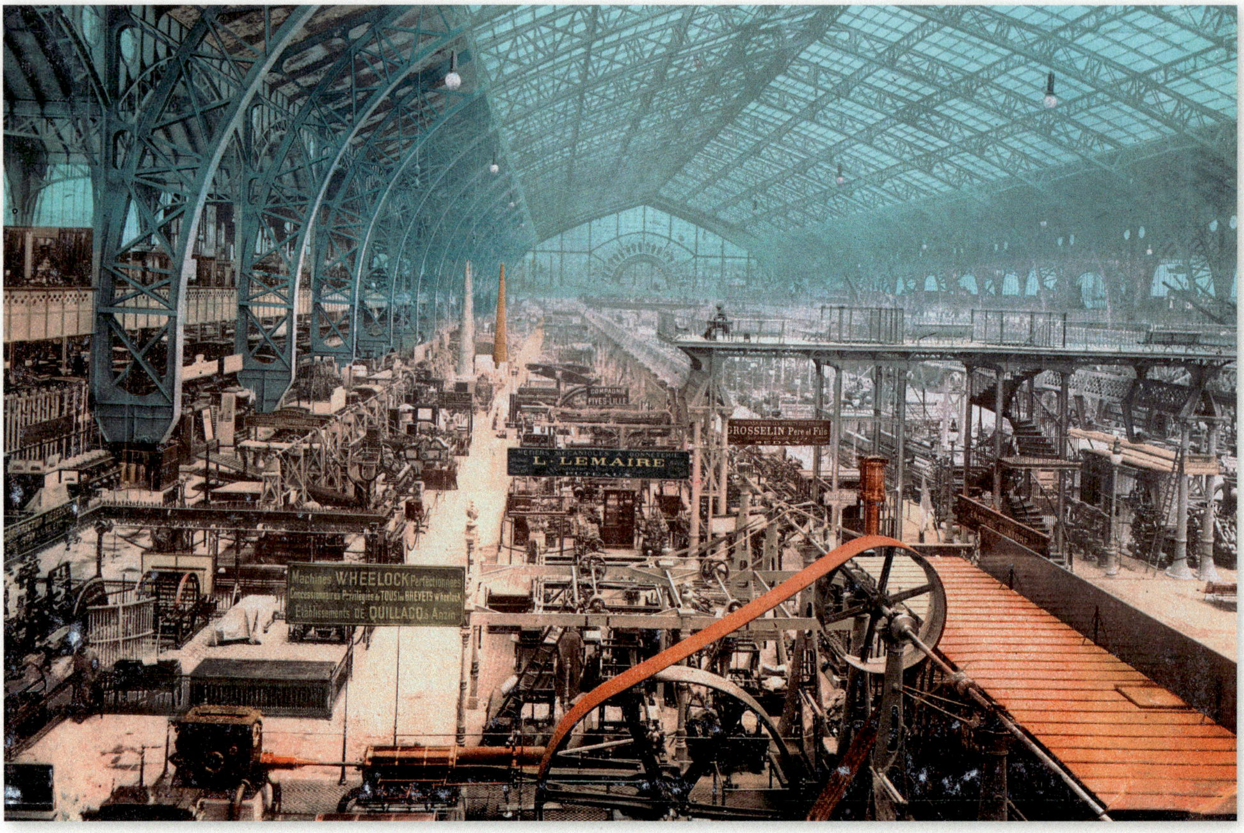

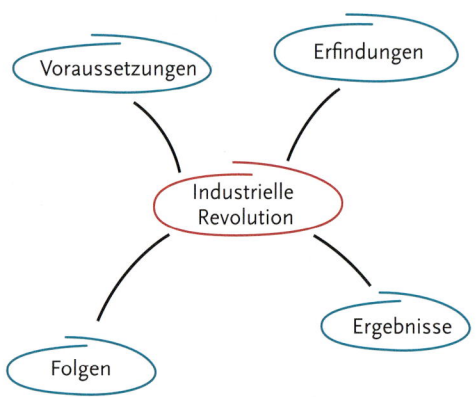

1 – Blick in die Maschinenhalle der Pariser Weltausstellung 1889. Foto.

Voraussetzungen
Erfindungen
Industrielle Revolution
Folgen
Ergebnisse

2 – Mindmap zur Industriellen Revolution.

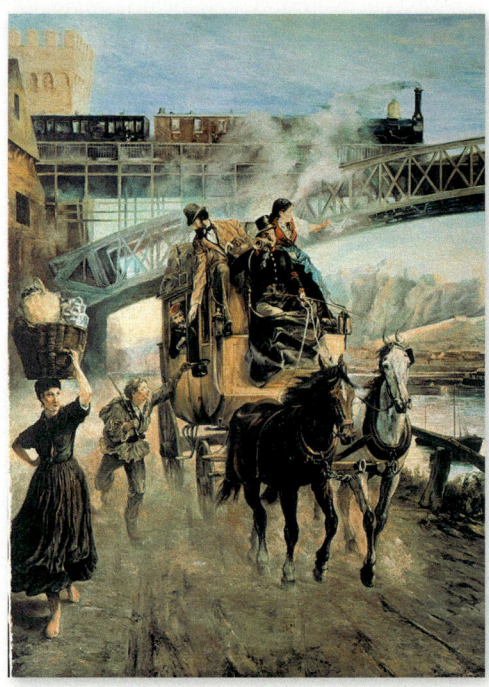

3 – Eisenbahnbrücke über den Rhein bei Ehrenbreitstein
Gemälde von P. Fr. Meyerheim, 1875.

Verstehen

4 – Blick in eine Fabrikhalle. Foto, 1890.

5 – Arbeiterfamilie in ihrer Berliner Wohnung, 1907. Der Vater und das älteste Mädchen (14 Jahre) fehlen bei dieser Aufnahme, die Großmutter ist anwesend. Foto.

Wichtige Begriffe

Industrielle Revolution

Ursachen der Industriellen Revolution

Soziale Frage

Kinderarbeit

Arbeiterparteien

Bürgerliche Frauenbewegung

Proletarische Frauenbewegung

Umweltprobleme

Wissen und erklären

1 Erklärt euch gegenseitig die wichtigen Begriffe (oben) und schreibt die Bedeutung der Begriffe in euer Geschichtsheft.

2 Erstellt eine Mindmap zu den Ursachen und Folgen der Industriellen Revolution. Bildet Unteräste zu gesellschaftlichen, wirtschaftlichen, umweltpolitischen und sozialen Ursachen und Folgen.

3 Erzählt mithilfe der Bilder eine Geschichte der Industriellen Revolution und deren Auswirkungen auf die Lebenswelt der Menschen.

4 Verdeutlicht mithilfe von Bild 3 den Wandel im Verkehrs- und Transportwesen.

Anwenden

5 Untersucht mithilfe der Methode auf S. 242/243 Bild 5 und formuliert euer Ergebnis schriftlich.

Beurteilen und handeln

6 Bewertet die Folgen der Industrialisierung für Mensch und Natur bis heute. Die Methode auf S. 320 hilft euch dabei.

7 Nehmt Stellung zu der Aussage: „Die Erfindung des Internets läutete eine neue Phase der Industriellen Revolution ein".

8 In den Quellen und Texten zur Industriellen Revolution seid ihr häufiger auf Bewertungen und Urteile über die tiefgehenden Veränderungen und ihre Auswirkungen getroffen. Stellt euch vor allem die Arbeitsergebnisse eurer Portfolios vor, in denen es um Urteile (auch eure eigenen!) geht.

Imperialismus
und
Erster Weltkrieg

Drei Personen und eine Weltkugel in einer amerikanischen Karikatur von 1885. Die Figuren stehen stellvertretend für Großbritannien, Russland und Deutschland. Die drei Länder und auch andere europäische Mächte sowie die USA versuchten damals, einen möglichst großen Anteil der Welt für sich in Besitz zu nehmen.

Imperialismus
und
Erster Weltkrieg

1857

Indien wird britisch

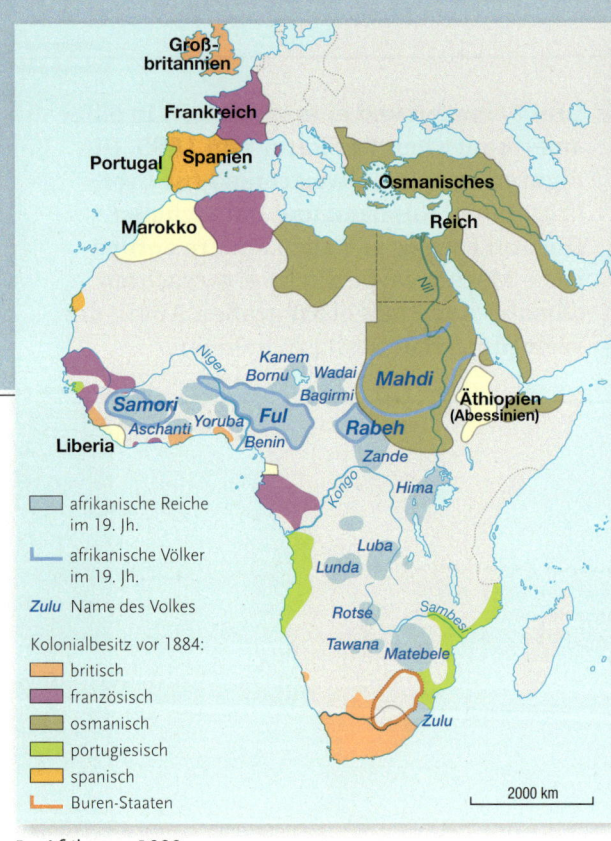

1 – Afrika um 1880.

Legende (Karte 1):
- afrikanische Reiche im 19. Jh.
- afrikanische Völker im 19. Jh.
- *Zulu* Name des Volkes

Kolonialbesitz vor 1884:
- britisch
- französisch
- osmanisch
- portugiesisch
- spanisch
- Buren-Staaten

2000 km

2 – Afrika um 1914.

F. = Franz.-Somaliland 1884
B. = Brit.-Somaliland 1884
I. = Ital.-Somaliland 1889

Kolonialbesitz:
- belgisch
- britisch
- deutsch
- französisch
- italienisch
- portugiesisch
- spanisch
- *1884* Jahr der Inbesitznahme
- *1911* antikoloniale Aufstände

2000 km

Seit der Entdeckung Amerikas durch Christoph Kolumbus, 1492, hatten europäische Mächte Kolonialreiche, besonders in Mittel- und Südamerika errichtet. Ab der Mitte des 19. Jahrhunderts versuchten sie ihren Einfluss auf Afrika und Asien auszuweiten, auch mit der Absicht, Absatzmärkte für ihre Industrieprodukte zu finden.

Bei der Arbeit mit diesem Kapitel könnt ihr euch mit folgenden Fragen beschäftigen:

- Welche politischen Ziele verfolgten die europäischen Kolonialmächte?
- Wie wirkte sich diese Politik für die Bevölkerung in Afrika und Asien aus?

- Warum führte die Konkurrenz der europäischen Staaten zum Ersten Weltkrieg?
- Ferner lernt ihr, am „Lernbüfett" selbstständig historische Sachverhalte zu erarbeiten.

❶ Zeigt mit den Karten, welche Gebiete in Afrika von europäischen Staaten nach 1880 in Besitz genommen wurden.

❷ Betrachtet die Bilder und sammelt Fragen, die ihr gerne beantwortet hättet.

❸ In den Medien wird immer wieder von bewaffneten Konflikten in Afrika und Asien berichtet. Stellt einige dieser Berichte in der Klasse vor.

1871	1884	1912/13	1914–1918
Gründung des Deutschen Reiches	Deutschland errichtet Kolonien in Afrika	Krise auf dem Balkan	Erster Weltkrieg

3 – Ein Deutscher in Togo lässt sich von einheimischen Trägern in einer Hängematte transportieren. Foto, um 1885.

4 – Touristen in Afrika. Foto, 2005.

5 – Englische Maschinengewehr-Schützen während der Schlacht bei Cambrai. Foto, 1917.

Methode

Lernen am Lernbüfett

Mit der Methode „Lernen am Lernbüfett" könnt ihr konzentriert geschichtliche Sachverhalte erarbeiten. Wie bei einem Büfett im Restaurant könnt ihr verschiedene Lernmenüs wählen. Ihr bestimmt selbst, wie ihr und in welcher Reihenfolge ihr lernt.

Wir haben ein Lernbüfett vorbereitet. Wählt aus den verschiedenen Lernmenüs aus. Berichtet am Ende der Arbeit in der Klasse, was euch „geschmeckt" hat, also was ihr gelernt habt.

Folgende Schritte helfen euch beim Lernen am Lernbüfett.

Schritt 1 **Vorbereitungen für das Lernen am Lernbüfett**	■ Orientiert euch über das Gesamtthema des Lernbüfetts und seine Lernmenüs. ■ Baut für jedes Lernmenü einen Tisch auf. Jedes Lernmenü sollte zweimal vorhanden sein. ■ Schreibt die Nummer des Lernmenüs groß auf ein Blatt und legt es auf den Tisch oder befestigt es an der Wand. ■ Legt auf jeden Tisch zwei Bücher von „Entdecken und Verstehen" aus und schlagt die Seiten mit dem entsprechenden Lernmenü auf. ■ Ordnet zusätzliche Materialien auf dem Tisch an, die eure Lehrerin oder euer Lehrer euch gibt.
Schritt 2 **Lernen am Lernbüfett – Arbeitsphase**	■ Verdeutlicht euch gegenseitig, was die Lehrkraft zum Ziel der Arbeit gesagt hat und wie die Regeln für das Arbeiten am Lernbüfett lauten. ■ Geht allein oder in kleinen Gruppen an das Lernbüfett und wählt eure Lernmenüs aus. ■ Bestimmt die Reihenfolge der Lernmenüs und beginnt mit eurer Arbeit. ■ Arbeitet sorgfältig und dokumentiert eure Ergebnisse von jedem Lernmenü. Hinterlasst den Tisch mit dem Lernmenü so, wie ihr ihn vorgefunden habt.
Schritt 3 **Auswertung der Arbeit am Lernbüfett**	■ Für die Auswertung und Präsentation eurer Arbeit gibt es zwei Möglichkeiten: a) Jede Gruppe übernimmt die „Patenschaft" für ein Lernmenü und stellt ihre Ergebnisse im Klassengespräch vor. Am Ende der Vorstellungen aller Lernmenüs wird das Gesamtergebnis formuliert. b) Ihr erstellt mithilfe der Methodenhinweise „Arbeitsergebnisse präsentieren" (S. 280/281) eine Präsentation zum Gesamtthema, in der die Ergebnisse der einzelnen Lernmenüs einfließen. ■ Bewertet abschließend diese Art des Lernens mit ihren Vor- und Nachteilen aus eurer Sicht.

❶ Lest die Menükarte auf Seite 269 und wählt aus den Lernmenüs aus. Beginnt dann mit der Arbeit.

Lernbüfett – Menükarte: „Ursachen und Folgen des Imperialismus"

Zu den Menüs:

Menü 1 erklärt den Begriff Imperialismus und führt in die Ursachen des Imperialismus ein.

Menü 2 zeigt die Vielfalt der alten afrikanischen Kulturen.

Menü 3 gibt die Begründungen wieder, mit denen die imperialistische Politik gerechtfertigt wurde.

Menü 4 zeigt an dem Beispiel der deutschen Kolonialherrschaft in Kamerun die Auswirkungen des Imperialismus für die Menschen in Afrika.

Menü 5 macht es möglich zu untersuchen, warum es in der deutschen Kolonie „Deutsch-Südwestafrika" zu einem Völkermord kam.

Lernmenü 1

Warum teilten die Industriestaaten die Welt auf?

Kolonialbesitz:

- ☐ belgisch
- ☐ britisch
- ☐ dänisch
- ☐ deutsch
- ☐ französisch
- ☐ italienisch
- ☐ japanisch
- ☐ niederländisch
- ☐ portugiesisch
- ☐ russisch
- ☐ spanisch
- ☐ Besitz der USA

Einflussgebiete der
Kolonialmächte sind
schraffiert dargestellt.

Abkürzungen:
- **B.** = Belgien
- **Dk.** = Dänemark
- **N.** = Niederlande

1 – Die koloniale Aufteilung der Welt 1914.

* Imperialismus
Bezeichnung für eine angestrebte Weltherrschaft, abgeleitet von dem lateini-
schen Wort imperium:
Weltreich.

* Kolonie
Überseeische Besitzungen
europäischer Staaten.

Europäischer *Imperialismus

In allen europäischen Industriestaaten
gab es koloniale Bewegungen. Die Europäer
waren durch die industrielle Entwicklung
stolz und selbstbewusst geworden. Sie waren der Überzeugung, dass das jeweils eigene Volk bedeutender sei als die Völker in
den Kolonien. Diese Überheblichkeit führte
zu der Ansicht, dass das eigene Land auch
auf Kosten anderer Länder zu einer Welt-
macht werden müsse. Daher nahmen viele
europäische Staaten ohne Weiteres Gebiete
in Besitz, die ihnen als Rohstofflieferanten
oder Absatzmärkte wichtig erschienen. Als
Vorbild diente Großbritannien mit seinem
riesigen Kolonialbesitz. Auch Frankreich,
Deutschland und Russland wollten nun
Weltreiche bilden. Man bezeichnet dieses
Vorgehen der europäischen Staaten als Imperialismus.

Koloniale Herrschaftsformen

Nach 1880 stritten sich die europäischen
Mächte verstärkt um die angeblich noch
„freien" Gebiete in der Welt. Dies betraf besonders Afrika. Viele europäische Staaten

gründeten dort *Kolonien durch Verträge
mit der einheimischen Bevölkerung oder
indem sie deren Gebiete militärisch besetzten.
Ihre Herrschaft übten die Europäer unterschiedlich aus:
– durch direkte Herrschaft, bei der das
Militär der Europäer die gesamte Verwaltung einer Kolonie ausübte und die
einheimische Bevölkerung zur Arbeit für
die Kolonialverwaltung zwang,
– durch indirekte Herrschaft, bei der die
einheimischen Fürsten oder Regierungen im Amt blieben. Sie wurden, notfalls
mit Waffengewalt, gezwungen, den je-
weiligen Kolonialmächten große Ein-
flussmöglichkeiten auf die Politik und
die Wirtschaft ihres Landes zu sichern.

❶ Beschreibt mit euren Worten, was man
unter „Imperialismus" versteht.

❷ Erklärt die Begriffe „direkte Herrschaft"
und „indirekte Herrschaft".

2 – Der britische Kolonialist Cecil Rhodes als „Koloss von Afrika". Karikatur, 1892.

3 – Die Aufteilung Chinas (von links nach rechts: Victoria, britische Königin; Wilhelm II., deutscher Kaiser; Nikolaus II., russischer Zar; Marianne, Figur für Frankreich; Mutsuhito, japanischer Kaiser; stehend ein hoher chinesischer Beamter). Französische Karikatur, 1898.

Europäische Ansichten

Q1 In der Zeitung „Usambara Post", die für deutsche Siedler in Ostafrika erschien, war im April 1909 z. B. zu lesen:
(Der Afrikaner) … müsse zu dem Weißen Herrn aufsehen mit Achtung und Vertrauen als zu einem Höherstehenden …; er soll und darf den Europäer jedoch nicht betrachten, als sei er seinesgleichen. Denn das ist er nicht! Und daran ändert auch keine Mission etwas! …

❸ Untersucht Q1 und setzt die Aussagen mit den Karikaturen 2 und 3 in Beziehung.

Kritik an deutscher Kolonialpolitik

Q2 Der SPD-Abgeordnete August Bebel sagte am 17. Februar 1894 in einer Debatte zur Kolonialpolitik im Deutschen Reichstag:
… Meine Herren, … was bedeutet in Wahrheit diese ganze sogenannte christliche Zivilisation in Afrika? Äußerlich Christentum, innerlich und in Wahrheit Prügel-strafe, Weibermisshandlung, Schnapspest, Niedermetzelung mit Feuer und Schwert, mit Säbel und Flinte. Das ist Ihre Kultur. Es handelt sich um ganz gemeine materielle Interessen, ums Geschäftemachen und um nichts weiter! … Das ist mit einem Worte gesagt, um was es sich handelt. … Es handelt sich einfach um Ausbeutung und Ausraubung der Negerbevölkerung zugunsten christlicher Kapitalisten. (Große Unruhe rechts und in der Mitte. Lebhafte Zustimmung bei den Sozialdemokraten.) …

❹ Lest Q2 und gebt mit euren Worten die Meinung Bebels zur deutschen Kolonialpolitik wieder.

Vorschläge zur Dokumentation

■ Schlagt im Atlas eine Afrikakarte auf und schreibt mithilfe der Karte 2, siehe S. 266, die Namen der Staaten heraus, die früher deutsche Kolonien waren.

■ Dokumentiert die wichtigsten Gründe für die imperialistische Politik der europäischen Staaten auf einem Plakat.

Lernmenü 2 (Wahl)

Welche alten Kulturen gab es in Afrika?

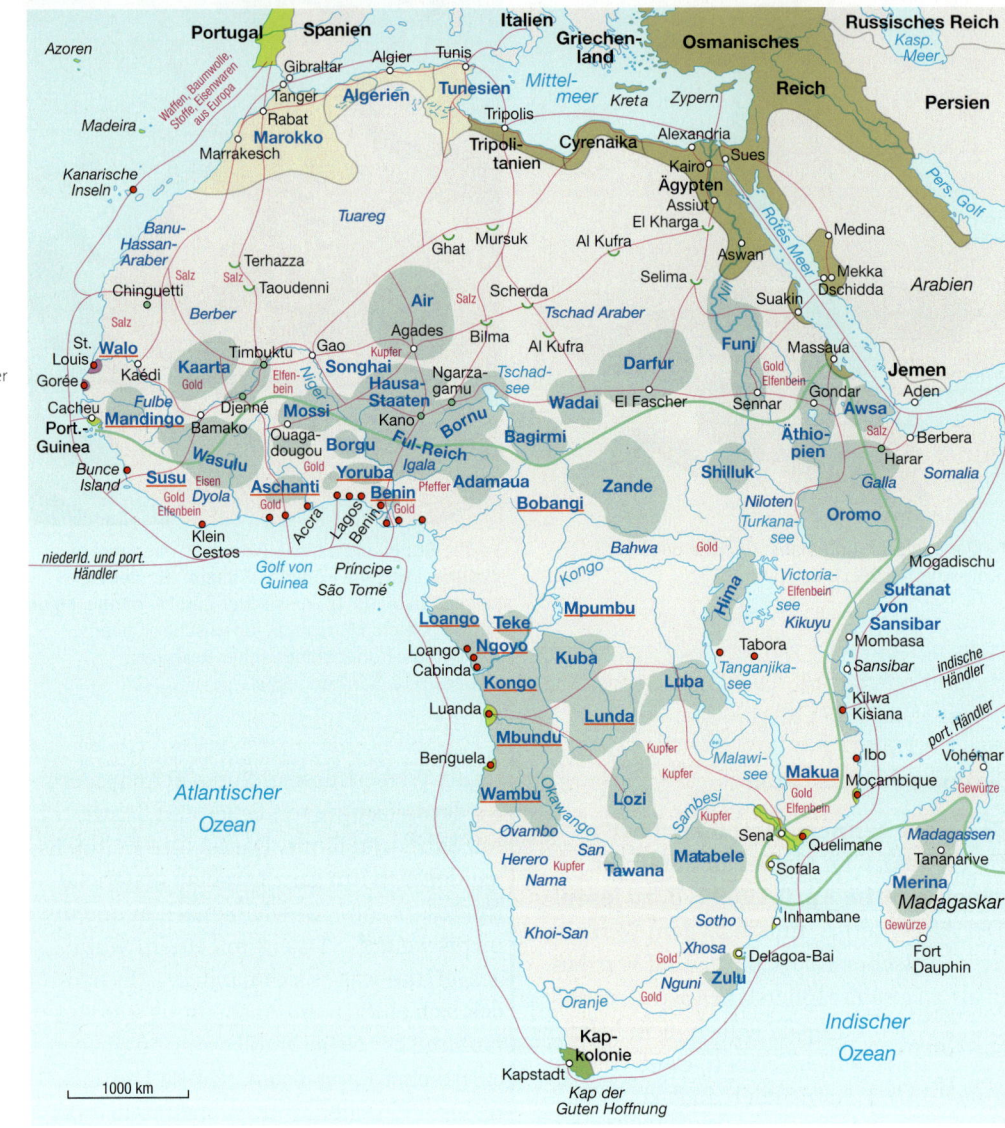

1 – Afrikanische Reiche und Gebiete europäischer Staaten in Afrika 1500–1800.

Afrika – ein herrenloses Land?

In Afrika lebten seit Jahrtausenden Völker mit einer eigenen Kultur. Die einheimische Bevölkerung Afrikas arbeitete als Bauern, Fischer, Hirten, Handwerker, Jäger und Sammler. Einige Völker lebten vom Karawanenhandel. Andere wussten seit 1200 v. Chr., wie man Eisen aus Erz gewinnt und Werkzeuge und Waffen schmiedet. Alte Lieder und alte Erzählungen, Masken, Puppen und Figuren sind eindrucksvolle Belege der alten afrikanischen Kultur.

Die afrikanischen Reiche waren nicht mit europäischen zu vergleichen. Denn viele hatten keine festen Grenzen, keine Hauptstadt, keine Verwaltung. Einige Reiche hatten ein Oberhaupt oder einen Sultan. Andere Völker lebten auch ohne Herrscher zusammen. Staaten im europäischen Sinn waren die arabisch-islamischen Staaten an der Mittelmeerküste und das christliche Äthiopien. Viele Europäer sahen damals Afrika als ein „herrenloses Land" an.

2 – Weibliche Ahnenfigur mit Halskette aus Kupfer. Holzskulptur, Entstehungszeitraum unklar.

3 – Felszeichnungen im lybischen Tadrart Acacus-Gebirge. Um 4000 v. Chr.

Q1 Der Niederländer Olfert Dapper berichtete 1668 über das Königreich Benin im heutigen Nigeria:

... Das Schloss des Königs ist viereckig. ... Es ist wohl so groß wie die Stadt Harlem (Niederlande) und rund herum mit einer Mauer umgeben. Es ist in viele prächtige Wohnungen eingeteilt und hat schöne lange viereckige Gänge, die ungefähr so groß sind wie die Börse zu Amsterdam. ... Das Dach derselben steht auf hölzernen Säulen, welche von unten bis nach oben mit Messing überzogen sind. Darauf sind die Taten und Schlachten ihrer Kriege abgebildet. Alles wird sehr reinlich unterhalten. ...

Die Kunstschätze der afrikanischen Völker wurden von vielen Europäern im 19. und 20. Jahrhundert, als *primitiv abgetan.

❶ Untersucht die Karte 1 und benennt und verortet einige afrikanische Reiche.
❷ Erläutert, warum die Europäer behaupten konnten, Afrika sei ein herrenloser Kontinent.
❸ Erläutert, was die Bilder 2–4 über die Kultur Afrikas vor der Besetzung durch die Kolonialmächte aussagen.

4 – Die Stadt Timbuktu im heutigen Mali. Zeichnung, 1827.

* primitiv
einfach, häufig herabsetzend gemeint.

Vorschläge zur Dokumentation
■ Zeichnet in euer Geschichtsheft eine Skizze von Afrika und tragt größere afrikanische Reiche (Bild 1) ein.
■ Entwerft ein Plakat mit dem Titel „Afrika – alte Kulturen".

Lernmenü 3

Wie wurde der Imperialismus gerechtfertigt?

1 – Frankreich wird Marokko Kultur, Wohlstand und Frieden bringen können. Titelseite der französischen Zeitschrift Le petit Journal vom 19. 11. 1911.

* **Zivilisation**
  Hier benutzt als Begriff für die amerikanische Lebensweise.

* **Kapkolonie**
  Vorläuferstaat des heutigen Südafrika.

Handel und Imperialismus

Q1 Der amerikanische Politiker Albert J. Beveridge (1899–1911 US-Senator) sprach im April 1889 bei einer politischen Veranstaltung in Boston über die Zukunft der USA:

… Amerikanische Fabriken stellen mehr her, als für die Versorgung des amerikanischen Volkes notwendig ist. Die amerikanische Erde erzeugt mehr, als es verzehren kann. Das Schicksal hat uns unsere Politik vorgeschrieben: Der Handel der Welt muss und wird unser sein. Und wir werden ihn bekommen, da unser Mutterland England uns den Weg dazu gewiesen hat. Wir werden in der ganzen Welt Handelsniederlassungen als Umschlagplätze für amerikanische Waren gründen. Unsere Handelsflotte wird bald über den ganzen Ozean fahren. Wir werden eine Kriegsmarine aufbauen, die unserer Größe entspricht. Aus unseren Handelsniederlassungen werden Kolonien erwachsen, die sich selbst regieren, unsere Flagge führen und mit uns Handel treiben. … Und das amerikanische Recht, die ameri-

kanische Ordnung, die amerikanische *Zivilisation und die amerikanische Flagge werden an bis dahin blutigen und unkultivierten Ufern Fuß fassen, Ufern, die … von nun an schöner und zivilisierter werden. … Im Pazifik liegt das eigentliche Feld unserer nächsten Aufgaben. …

„Rassen" und Imperialismus

Q2 Der britische Politiker Cecil Rhodes, der 1890 Premierminister der *Kapkolonie wurde, schrieb 1877, was viele Weiße, nicht nur in Großbritannien, zur Rechtfertigung des Imperialismus dachten:

… Ich behaupte, dass wir die erste Rasse in der Welt sind und dass es für die Menschheit umso besser ist, je größere Teile der Welt wir bewohnen. Ich behaupte, dass jedes Stück Land, das unserem Gebiet hinzugefügt wird, die Geburt von mehr Angehörigen der englischen Rasse bedeutet, die sonst nicht ins Dasein gerufen worden wären. Darüber hinaus bedeutet es einfach das Ende aller Kriege, wenn der größere Teil der Welt in unserer Herrschaft aufgeht. … Da Gott sich die Englisch sprechende Rasse offensichtlich zu seinem auserwählten Werkzeug geformt hat, … muss es auch seinem Wunsch entsprechen, dass ich alles in meiner Macht Stehende tue, um jener Rasse so viel Spielraum und Macht wie möglich zu verschaffen. …

„Platz an der Sonne"

Q3 Der Staatssekretär im Auswärtigen Amt, Bernhard von Bülow, sagte 1897 im Deutschen Reichstag:

… (A)llerdings sind wir der Ansicht, dass es sich nicht empfiehlt, Deutschland in zukunftsreichen Ländern von vornherein auszuschließen vom Mitbewerb anderer Völker. (Zuruf der Abgeordneten: Bravo!) Die Zeiten, wo der Deutsche dem einen seiner Nachbarn die Erde überließ, dem anderen das Meer und sich selbst den Himmel reserviert ..., diese Zeiten sind vorüber. ... Wir müssen verlangen, dass der deutsche Missionar und der deutsche Unternehmer, die deutschen Waren, die deutsche Flagge und das deutsche Schiff in China geradeso geachtet werden wie diejenigen anderer Mächte. (Lebhaftes Bravo!) ... Mit einem Worte: Wir wollen niemand in den Schatten stellen, aber wir verlangen auch unseren Platz an der Sonne. (Bravo!!) ...

① Erarbeitet aus Q1–Q3 die Rechtfertigungen für die jeweilige imperialistische Politik.

② Beurteilt die Interessen und Motive, die in Q1 und Q2 deutlich werden, am Maßstab der 1789 verkündeten Menschenrechte.

③ Untersucht die Karikaturen 2–4 und formuliert, was sie kritisieren.

Mission

Die Bekehrung der Ureinwohner zum christlichen Glauben war ein weiteres wichtiges Motiv für die imperialistische Politik – wie bei den kolonialen Eroberungen um 1500 in Mittel- und Südamerika. Die Missionare beider Konfessionen arbeiteten eng mit den Kolonialverwaltungen zusammen.

Q4 Der Gouverneur der Kolonie „Deutsch-Südwestafrika" schrieb 1906:
... Ein entschiedenes Verdienst hat sich ... die Mission in Südwestafrika um die Aufrichtung der deutschen Schutzherrschaft erworben. ... Als die Frage, ob englische oder deutsche Schutzherrschaft, an die Eingeborenen herantrat, waren es im wesentlichen die Missionare, die durch ihr Eingreifen die Entscheidung für Deutschland herbeigeführt haben. ...

Vorschläge zur Dokumentation

■ Entwerft eine kurze Rede zu den Aussagen von Cecil Rhodes (Q2), in der ihr auf seine Aussagen eingeht.

■ Skizziert Bild 1 in euer Geschichtsheft und fügt den Personen Sprechblasen hinzu.

2 – Französische Karikatur aus dem Jahr 1899 zu englischen Kolonialansprüchen. Übersetzung des Schriftbandes: „Ein Schuft, der dabei Böses denkt."

3 – „Der Schutzmann der Welt." Amerikanische Karikatur von 1905 zur Politik des amerikanischen Präsidenten Theodor Roosevelt.

4 – Die Großmächte vierteilen Marokko. Französische Karikatur, 1903.

Lernmenü 4 (Wahl)

Schuften für Deutschland in Kamerun?

* **Plantagen**
Landwirtschaftliche Groß-
betriebe in den Tropen, die
für den Export wirtschaften.
In der Kolonialzeit wurden
Lohn- oder Zwangsarbeiter
auf den Plantagen einge-
setzt.

* **Balundu**
Volksgruppe in Kamerun.

Deutsche Kolonie Kamerun

Kamerun wurde 1884 eine deutsche Kolonie, indem man mit militärischer Gewalt
drohte. So wurde es unter „deutsche
Schutzherrschaft" gestellt. Treibende Kraft
waren Bremer Kaufleute. Die Grenzen der
neuen deutschen Kolonie Kamerun wurden
auf einer Konferenz der europäischen
Mächte im gleichen Jahr in Berlin und in
Verhandlungen mit Großbritannien und
Frankreich festgelegt. Kamerun war etwa so
groß wie das Deutsche Reich. Damals lebten in Kamerun zahlreiche verschiedene
afrikanische Völker mit unterschiedlichen
Sprachen. Große Volksgruppen waren die
Bantu und die Duala.

❶ Notiert anhand der Texte Stichworte
zur Geschichte der deutschen Kolonie
Kamerun.

Kakaoanbau auf Plantagen

Deutsche Kaufleute und Bankiers legten
wenige Jahre nach der deutschen Besitz-
ergreifung an den sehr fruchtbaren Hängen
des Kamerunberges *Plantagen an. Sie
bauten vor allem Kakao an. Für den Anbau
gründeten sie Gesellschaften unter deutscher Leitung. Die benötigten Anbaugebiete
erwarben sie billig von der Kolonialverwaltung oder von den einheimischen Bewohnern. Die Kolonialverwaltung gelangte
dadurch an einen Teil des Bodens.

Militärischer Arbeitszwang

Für die Plantagen mussten genügend Arbeiter bereitgestellt werden. Dazu verpflich-
tete sich die deutsche Kolonialverwaltung in
einem Abkommen mit den Plantagenbesit-
zern und der Kolonialverwaltung. Die Kolonialverwaltung erhielt dafür pro Arbeiter
eine damals hohe Gebühr von 10 Mark.
Aber nur wenige Einheimische ließen sich
freiwillig anwerben. Deshalb griff die Kolonialverwaltung zu Zwangsmitteln. Bei Straf-
expeditionen gegen aufständische Einwohner wurden die dabei gemachten
Gefangenen regelmäßig zur Arbeit in den
Plantagen gezwungen und aus ihrer Hei-

mat vertrieben. Für die schwere und lang
dauernde Arbeit auf der Plantage wurden
die einheimischen Arbeiter in der Regel mit
Nahrungsmitteln entlohnt. Manche erhielten auch einen geringen Geldlohn. Die
Sterblichkeit unter den Zwangsarbeitern
war hoch.

❷ Beschreibt, wie die Kolonialverwaltung
und die Plantagenbesitzer zusammen-
arbeiteten.

Arbeitsbedingungen auf den Plantagen

**Q1 Bericht der „Deutschen Reichs-Post"
vom 15. 8. 1900:**
… Empörend ist es, dass man sich nicht
scheute, … in Ermangelung von Erwach-
nen selbst eine Menge Kinder, darunter sogar Mädchen, gewaltsam fortzuführen und
in die Plantage zu bringen. Die *Balundu-
leute beklagten sich oft bitter über die ihnen
widerfahrende Behandlung und erzählten,
dass man alle jungen Männer geholt habe
und die Alten allein nicht imstande seien,
neue Hütten zu bauen. … In den Pflanzun-
gen … müssen sich die an ihre Landesspeise
gewöhnten Arbeiter auf einmal an Reis und
getrockneten Fisch gewöhnen; die Leute
vertragen in den ersten Monaten diese Kost
sehr schlecht und werden massenhaft krank
…, nur wenige von ihnen finden Gelegen-
heit, bei benachbarten Eingeborenen Reis
gegen Früchte umzutauschen. …
Besonders schlimm dran sind die Arbeiter
in der Regenzeit, wo sie … beim strömends-
ten Regen ununterbrochen im Freien arbeiten müssen. Die Leute frieren dabei sehr
und werden massenhaft krank. … Als Wär-
me- und Universalmittel erhalten sie ge-
wöhnlich Rum, der auch als Belohnung für
besonders anstrengende Arbeit ausgeteilt
wird, nicht nur bei den Arbeitern der Pflan-
zer und Kaufleute, sondern auch bei denen
der Regierung. So werden also auch die
Neger, die bisher den Schnaps noch nicht
kannten, förmlich gezwungen, dieses für
sie so verderbliche Getränk liebzugewin-
nen, und all das im Namen der Zivilisation.
…

2 – Geöffnete Kakaofrucht mit Kakaobohnen. Foto, 2010.

1 – Aufbrechen von Kakaofrüchten auf einer Kakaoplantage in Kamerun 1907. Foto.

---

❸ Untersucht Q1 und beschreibt die Lebens- und Arbeitsbedingungen der Einheimischen.

Kamerun heute

Nachdem Deutschland den Ersten Weltkrieg verloren hatte, teilten sich die Siegermächte Frankreich und Großbritannien Kamerun auf. 1960 erlangte Kamerun die Unabhängigkeit; ein Teil des britisch verwalteten Gebietes schloss sich Nigeria an. 2011 hatte Kamerun 19 Millionen Einwohner. Es gibt dort etwa 200 verschiedene Volks- und Sprachgruppen. Mehr als 50 Prozent der Einwohner sind Christen, je zur Hälfte Katholiken und Protestanten. 20 Prozent der Einwohner sind Muslime. Die Spuren der deutschen, britischen und französischen Kolonialverwaltungen sind heute noch überall in Kamerun zu finden. 80 Prozent der Bevölkerung sprechen französisch, 20 Prozent haben Englisch als ihre Muttersprache.

Kamerun wird seit fast dreißig Jahren von demselben Präsidenten regiert; er wurde 2011 wiedergewählt. Die Macht liegt faktisch bei einer Staatspartei. Ein großes Problem Kameruns ist die *Korruption. Die Bürgerinnen und Bürger müssen in der Regel für eine Dienstleistung, Genehmigung, sogar für ein Bett im Krankenhaus Bestechungsgelder zahlen. Viele Gelder, die für die Entwicklungshilfe Kameruns bestimmt sind, kommen nicht bei den einfachen Menschen an.

* Korruption
Missbrauch von Macht zum eigenen Vorteil durch die Annahme von Bestechungsgeldern.

Vorschläge zur Dokumentation

- Entwerft einen Steckbrief über das heutige Kamerun mithilfe von Lexika und dem Atlas.
- Betrachtet Bild 1 genau. Stellt mögliche Forderungen zusammen, die die Arbeiter an den deutschen Aufseher gestellt haben könnten.

Lernmenü 5

Wie kam es zum Völkermord in „Deutsch-Südwest"?

Deutsch-
Südwest-
afrika

Grenze von
Deutsch-Südwestafrika

extensive Rinder- und
Schafweide
(Dornstrauchsavanne)

Cu Kupfervorkommen

Pb Bleivorkommen

Eisenbahn

Salzpfanne, Salzsee

Wasserloch der Herero

Fluss

Fluss, nur zeitweilig
wasserführend

1 – Die Siedlungsgebiete der Herero und Nama.

❋ Enteignung
Staatliche Maßnahme, bei
der das Eigentumsrecht
eines Einzelnen zugunsten
der Belange der Allgemeinheit aufgehoben wird.
Zum Beispiel: Enteignungs-
verfahren bezüglich einer
Ackerfläche, die für den
Bau einer Straße genutzt
werden soll.

Deutsch-Südwestafrika
Der Bremer Tabak- und Waffenhändler
Adolf Lüderitz erwarb 1883 Gebiete des
späteren Deutsch-Südwestafrika durch be-
trügerische Verträge mit Oberhäuptern der
einheimischen Bevölkerung. Auf seinen
Antrag übernahm 1884 das Deutsche Reich
den Schutz dieser Kolonie. In diesem Gebiet gehörten die Herero mit etwa 80 000
und die Nama mit etwa 20 000 Angehörigen
zu den größeren Volksgruppen. Es waren
freiheitsliebende Völker, deren Friedfertig-
keit deutsche Missionare beschrieben. Herero und Nama lebten von der Viehzucht.
Ihr Leben veränderte sich durch die deutsche Kolonialherrschaft sehr:
– Händler betrogen sie um Land und Vieh,
– für kleinste Vergehen gab es die ernie-
  drigende Prügelstrafe mit der Peitsche,
– wenn Soldaten der deutschen „Schutz-
  truppen" Verbrechen an Angehörigen
  der Herero oder Nama begingen, wurden
  sie nur selten bestraft.
Der Bau einer Bahnlinie, die den Hafen
Swakopmund mit Kupfererzminen im
Norden verband, bedrohte die Existenz der
Herero und Nama. Ihr Lebensraum wurde

weiter eingeengt, weil es in ihren Gebieten
zu großflächigen ❋Enteignungen kam.

❶ Stellt anhand der Karte 1 fest, warum die
Streckenführung der Eisenbahnlinie die
Lebensgrundlage der Herero bedrohte.

Herero und Nama wehren sich
In dieser verzweifelten Lage erklärten die
Herero und später auch die Nama den
Deutschen im Jahr 1904 den Krieg. „Wem
gehört Hereroland? Uns gehört Hereroland!", riefen die Frauen der Herero, um
ihre Männer im Kampf zu unterstützen.

**Q1 Über die Kriegsführung berichtete
1906 der Herero Daniel Kariko:**
… Auf unseren geheimen Zusammenkünf-
ten beschlossen unsere Oberhäupter, das
Leben aller deutschen Frauen und Kinder
zu schonen. Auch die Missionare sollten
geschont werden. … Nur deutsche Männer
wurden als unsere Feinde betrachtet. …

Die deutsche Reichsregierung beauftragte
den preußischen General Lothar von Trotha
1904 die Herero zu bekämpfen.

Q2 Über die Kriegsführung von Trothas heißt es in einem zeitgenössischen Bericht:

... Ich war dabei, als die Herero bei Hamakiri, in der Nähe des Waterberges, in einer Schlacht besiegt wurden. Nach der Schlacht wurden alle Männer, Frauen und Kinder ohne Gnade getötet, die den Deutschen in die Hände fielen. Dann verfolgten die Deutschen die übrigen Herero, und alle Nachzügler am Wegesrand und im Sandfeld wurden niedergeschossen oder mit dem Bajonett niedergemacht. Die große Masse der Hereromänner war unbewaffnet und konnte sich nicht wehren. Sie versuchten nur, mit ihrem Vieh davonzukommen. ...

Die deutschen Truppen konnten den Kampf schon nach wenigen Monaten siegreich beenden. Denn sie erhielten aus dem Deutschen Reich zahlreiche Verstärkungen. In der Schlacht am Waterberg 1904 (siehe Karte) wurden die Herero *eingekesselt. Dort brachen sie aus und flohen in Richtung der angrenzenden Halbwüste Omaheke. Von Trotha ließ die Herero verfolgen und riegelte die Halbwüste ab. Die Brunnen in diesem Gebiet wurden besetzt, so dass die Herero keinen Zugang zu Wasser hatten. Tausende verhungerten und verdursteten hier.

Q3 Die deutsche Heeresleitung veröffentlichte 1906 in Berlin einen Bericht zum Krieg gegen die Herero:

... Diese kühne Unternehmung zeigt die rücksichtslose Energie der deutschen Führung bei der Verfolgung des geschlagenen Feindes in glänzendem Licht. Keine Mühen, keine Entbehrungen wurden gescheut, um dem Feinde den letzten Rest seiner Widerstandsfähigkeit zu rauben: Wie ein halb zu Tode gehetztes Wild war er von Wasserstelle zu Wasserstelle gescheucht, bis er schließlich willenlos ein Opfer der Natur seines eigenen Landes wurde. ...

Von den etwa 80 000 Herero lebten 1905 noch etwa 16 000. Die Überlebenden wurden in Reservate verbracht, wo sie unter erbärmlichen Bedingungen leben mussten.

2 – Herero, die vor den deutschen Truppen geflüchtet sind. Foto, 1907.

Erster Vernichtungskrieg

Die deutschen Truppen setzten im Kampf gegen die Herero Maschinengewehre und erstmals Giftgas ein. Diesen Einsatz des Kampfgases wertete die Heeresleitung als einen „geeigneten Test für spätere Ernstfälle". Der Krieg gegen die Herero war ein „Vernichtungskrieg", in dem die Gegner nicht mehr besiegt und gefangen, sondern getötet werden sollten.

❷ Lest Q2 sorgfältig und vergleicht mit Q1.

❸ Untersucht die Sprache von Q3 und notiert, welchen Eindruck die deutsche Heeresleitung beim damaligen Leser hervorrufen will.

❹ Beschreibt Bild 2. Erläutert, was unter einem „Vernichtungskrieg" zu verstehen ist.

Vorschläge zur Dokumentation

- Sucht in Lexika und im Atlas Informationen zum heutigen Namibia, dem früheren Deutsch-Südwestafrika. Berichtet der Klasse.
- 2011 forderten Politiker Namibias eine Entschuldigung Deutschlands für das Vorgehen der deutschen Truppen 1906. Die Bundesregierung verweigerte dies. Stellt Argumente für eine Entschuldigung Deutschlands zusammen.

Methode

Arbeitsergebnisse präsentieren

Sicher wurden bei euch im Unterricht schon Referate und Ergebnisse von Gruppenarbeiten vorgetragen. Wenn der Inhalt des Vortrags, der Arbeitsergebnisse mit Bildern, Tabellen oder Grafiken anschaulich präsentiert wird, fällt das Verstehen leichter.

Mögliche Medien sind: Computer mit Beamer, aber auch Tafel, Plakat oder Overheadprojektor. Ein Vortrag, der sich solcher Hilfsmittel bedient, wird Präsentation genannt.

Folgende Schritte helfen euch, Arbeitsergebnisse zu präsentieren:

Schritt 1 **Material sammeln und Arbeitsergebnisse formulieren**	■ Welche inhaltlichen Punkte wollt ihr vorstellen und wo liegt der Schwerpunkt eures Themas? ■ Wie findet ihr Bücher, Aufsätze oder weitere Informationen zu eurem Thema? ■ Welche Bilder, Karten oder Grafiken könnt ihr zur Veranschaulichung des Themas verwenden?
Schritt 2 **Gliederung der Präsentation**	■ Wie führt ihr in das Thema ein, und wie erlangt ihr die Aufmerksamkeit eurer Zuhörerinnen und Zuhörer (Einleitung)? ■ Wie wollt ihr den Hauptteil eurer Präsentation vorstellen? ■ Ist es sinnvoll, eine Powerpoint-Präsentation zu erstellen? ■ Wie könnt ihr am Ende die wesentlichen Aussagen nochmals herausstellen?
Schritt 3 **Gliederung und Hauptaussage veranschaulichen**	■ Welche Punkte formuliert ihr an der Tafel? ■ Welches Material unterstützt die zentrale Aussage? ■ Falls ihr euch für eine Powerpoint-Präsentation entschieden habt: Was soll auf den Folien stehen (Gliederung, Bilder, Karten)?
Schritt 4 **Präsentation vortragen**	■ Frei vor der Klasse zu sprechen ist nicht einfach. Deswegen solltet ihr den Vortrag im Rahmen der Präsentation innerhalb eurer Gruppe üben. ■ Welche Notizen benötigt ihr, um bei eurer Präsentation nichts zu vergessen? ■ Welche Punkte stellt ihr auf einem Handout für eure Zuhörer zusammen? ■ Wie wollt ihr zur Diskussion auffordern?

❶ Vollzieht die Musterlösung mit den einzelnen Schritten am Beispiel des Lernmenüs 1 (siehe S. 268 f.) nach.

❷ Erarbeitet eine Präsentation zu einem Arbeitsergebnis aus dem Bereich der Lernmenüs 2–5 (siehe S. 272 ff.) mithilfe der vier Schritte.

1 – Eine Arbeitsgruppe präsentiert ihre Ergebnisse. Foto, 2011.

2 – Zusatzmaterial der Schülerinnen und Schüler: Einheimische arbeiten unter Aufsicht von Weißen in einer Sisalfabrik in Deutsch-Ostafrika. Foto, 1910.

3 – Arbeiten an einer Eisenbahnlinie in Deutsch-Ostafrika unter deutscher Aufsicht. Foto, 1910.

Musterlösung

Zu Schritt 1:

Die Methodenseite „Ein Referat erarbeiten und halten" auf S. 320 enthält wichtige Hinweise für eure Arbeit.

Zu Schritt 2:

Angenommen, ihr wolltet die Arbeitsergebnisse der Gruppe, die das Lernmenü 1 bearbeitet hat, vorstellen, dann würde sich ein Einstieg mit der Karikatur Bild 3 S. 271 anbieten. Ein Kartenvergleich anhand von Overhead-Folien (z. B. Karten S. 266) könnte sich anschließen.

Zu Schritt 3:

Bei diesem Thema lohnt es sich, eine Powerpoint-Präsentation aus wenigen Folien zu erstellen (Gliederung, Karikatur, Karten, Schema).

Zu Schritt 4:

Das freie Sprechen vor der Klasse müsst ihr anhand weniger Stichworte üben.
Für ein Handout könnt ihr das vereinfachte Schema und eine Erklärung des Begriffs „Imperialismus" auswählen.

Der Weg in den Ersten Weltkrieg

Warum rüstete Deutschland auf?

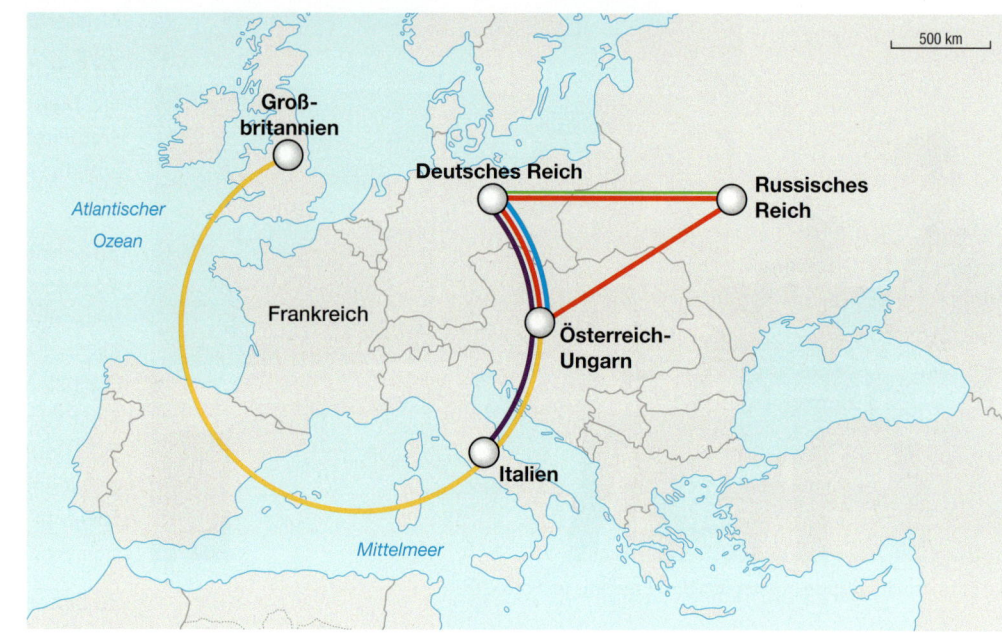

Dreikaiserbündnis 1872
Zweibund 1879
Dreibund 1882
Mittelmeerabkommen 1887
Rückversicherungsvertrag 1887

—— Grenzen um 1887

1 – Das europäische Bündnissystem um 1887.

Bismarcks Außenpolitik

Reichskanzler Otto von Bismarck erklärte 1871 nach der Gründung des Deutschen Reiches gegenüber den Staaten Europas, dass Deutschland nun keine weiteren Gebietsansprüche habe und eine Politik des Friedens in Europa verfolgen wolle. Die nationale Einigung Deutschlands sei mit dem Krieg gegen Frankreich von 1871 abgeschlossen (siehe S. 208).
Bismarck wollte den Frieden in Europa durch Bündnisverträge sichern und erhalten. Es war Bismarcks Ziel, etwaige Bündnispartner Frankreichs an Deutschland zu binden. Er wollte mögliche Konflikte durch Verhandlungen lösen. Seine Politik hatte bis etwa 1890 Erfolg.

❶ Beschreibt mithilfe der Abbildung 1, mit welchen Staaten Deutschland Bündnisverträge hatte. Stellt eine Liste dieser Verträge zusammen.

❷ Stellt Vermutungen an, mit welchen Staaten Frankreich gern Bündnisse eingegangen wäre. Schreibt eure Vermutungen auf.

Eine neue Politik unter Wilhelm II.

1888 wurde der dreißigjährige Wilhelm II. deutscher Kaiser. Bald unterschieden sich seine Vorstellungen zur Innen- und Außenpolitik grundlegend von denen Bismarcks. Deshalb entließ der Kaiser 1890 seinen Kanzler, um verstärkt selbst den politischen Kurs Deutschlands zu bestimmen. Wilhelm II. forderte mit provozierenden Reden für Deutschland ein stärkeres Mitspracherecht in der Weltpolitik. Auch das Deutsche Reich sollte wie England und Frankreich Weltmachtpolitik betreiben.

Flottenbau und Aufrüstung

Seit 1871 war das Deutsche Reich bereits die stärkste Landmacht in Europa. Jetzt sollte auch noch eine mächtige Kriegsflotte gebaut werden. Bei einem Festessen rief Kaiser Wilhelm II. aus, dass ohne Deutschland und ohne den deutschen Kaiser keine große Entscheidung mehr in der Welt fallen dürfe.

2 – „Das erste Kaiserwort im neuen Jahrhundert". Postkarte zum Flottenbau-programm, 1900.

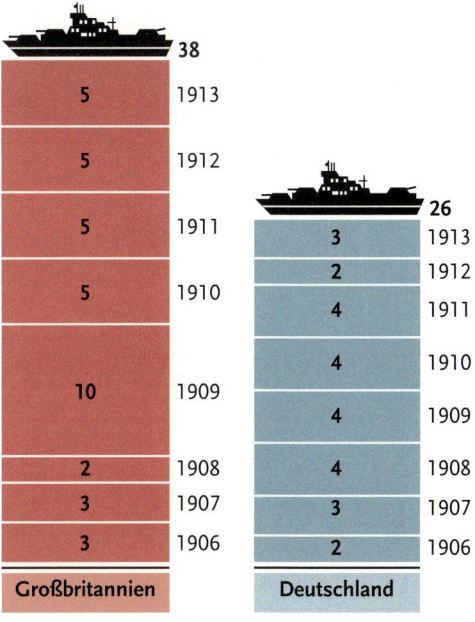

3 – Bau von Kampfschiffen durch Großbritannien und Deutschland 1906 bis 1913.

Q1 In seiner Ansprache zum neuen Jahr 1900 sagte der Kaiser Wilhelm II.:

... Und wie mein Großvater für Sein Land-heer, so werde ich für Meine Marine unbe-irrt in gleicher Weise das Werk der *Reorga-nisation fort- und durchführen, damit auch sie gleichberechtigt an der Seite Meiner Streitkräfte zu Lande stehen möge und durch sie das Deutsche Reich auch im Aus-lande in der Lage sei, den noch nicht er-reichten Platz zu erringen. ...

Q2 Der Chef des Marineamtes, Admiral von Tirpitz, begründete den verstärkten Flottenbau im Jahre 1900:

... Unter den gegebenen Umständen gibt es nur ein Mittel, um Deutschlands Handel und Kolonien zu schützen: Deutschland muss eine Flotte von solcher Stärke haben, dass selbst für die größte Flotte ein Krieg mit ihm ein solches Risiko in sich schließen würde, dass ihre eigene Überlegenheit ge-fährdet wäre. ...

Vor allem Großbritannien fühlte sich durch die Flottenpolitik des Deutschen Reiches bedroht. Großbritannien hatte das Ziel, eine Kriegsflotte zu besitzen, die so groß war wie die beiden größten Flotten zusammen. Des-wegen begann ein kostspieliges Wettrüsten mit Deutschland, indem immer größere Kriegsschiffe gebaut wurden.
Nachdem der Flottenbau durch Deutsch-land ausgelöst worden war, bauten beide Länder nun ihre Flotte aus. Dadurch stei-gerte sich die Kriegsgefahr.

❸ Beschreibt die Motive der Politik von Kaiser Wilhelm II. und Admiral v. Tirpitz (Q1, Q2) und beurteilt die beabsichtigten und nicht beabsichtigten Folgen dieser Politik.

* Reorganisation
Hier als Neuordnung verwandt.

entdecken und verstehen

Ⓐ Zeichnet eine Umrisskarte von Europa in euer Arbeitsheft. Markiert Deutschlands Bündnisse um 1887 farbig und formuliert einen Merksatz zum Bündnissystem von 1887.

Ⓑ Schreibt als Brite einen Brief an Admiral von Tirpitz, in dem ihr auf die Gefahren der deutschen Flottenpolitik hinweist.

War der Friede noch zu retten?

1 – Friedenskundgebung der SPD. Foto, 1911.

2 – Bertha von Suttner. Foto, 1886.

Frieden ist möglich

Q1 Im Jahr 1909 hielt die österreichi-sche Baronin Bertha von Suttner einen viel beachteten Vortrag mit dem Thema: „Rüstung und Überrüstung":

... Welches sind die Faktoren, die die Rüs-tungsschraube in Bewegung setzen? Sind es die Völker, die danach verlangen? Mit-nichten! Der Anstoß, die Forderung, kommt immer aus dem Kriegsministerium mit der bekannten Begründung, dass ande-re Kriegsministerien vorangegangen sind, und der zweiten Begründung, dass man von Gefahr und Feinden umgeben ist. Das schafft eine Atmosphäre von Angst, aus der heraus die Bewilligungen erwachsen sollen. Und wer ist tätig, diese Angst zu verbreiten? Wieder die militärischen Kreise. Die haben immer einen „unvermeidlichen" Krieg auf Lager, besonders einen solchen, „der im nächsten Frühjahr losgehen wird". Kriegs-parteien gibt es in jedem Lande; was diese äußern, wird von den Kriegsparteien der anderen Länder als die Willensmeinung der ganzen betreffenden Nation ausgegeben. Und die gegenseitigen Furcht- und Hassge-fühle treiben die gemeinsame Schraube. ...

❶ Schreibt auf, worin Bertha von Suttner die Ursachen für das Wettrüsten sah.

❷ Erkundigt euch, wie heute die Erhöhun-gen von Rüstungsausgaben begründet werden.

❸ Recherchiert in den Medien (Internet, Lexika oder Zeitschriften) nach den Zielen von Friedensbewegungen in unserer Zeit und berichtet der Klasse.

Bertha von Suttner

Schon 1889 hatte Bertha von Suttner (1843–1914) ihren Roman „Die Waffen nieder" veröffentlicht. In ihrem Buch rief sie in ein-dringlicher Weise die Menschen auf, nicht weiter zu rüsten. Der Roman wurde in viele Sprachen übersetzt. Bertha von Suttner for-derte unermüdlich, dass der Frieden in Eu-ropa erhalten bleiben müsse. Ihr Roman „Die Waffen nieder" und ihre Vorträge wa-ren der Anlass, sich der damals neuen Friedensbewegung anzuschließen. 1891 hatte Bertha von Suttner die österreichische Friedensgesellschaft gegründet. Nach ihrem Vorbild wurde 1892 auch in Berlin eine Friedensgesellschaft ins Leben gerufen. 1905 erhielt Bertha von Suttner für ihr Buch und ihre Tätigkeit den Friedensnobelpreis.

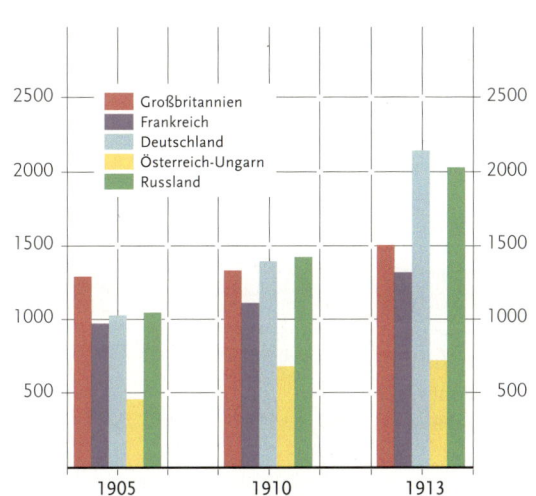

3 – Rüstungsausgaben zwischen 1905 und 1913 (in Mio. Mark).

4 – „Wie sollen wir uns da die Hand geben?"
Karikatur aus dem Simplicissimus von 1912.

Gefahr eines Krieges

Q2 1911 erklärte der Vorsitzende der SPD, August Bebel, im Reichstag:

... So wird man eben von allen Seiten rüsten und wieder rüsten, man wird rüsten bis zu dem Punkte, dass der eine oder andere Teil eines Tages sagt: Lieber ein Ende mit Schrecken als ein Schrecken ohne Ende.
(Sehr richtig! bei den Sozialdemokraten)
... Eines Tages kann die eine Seite sagen: Das kann nicht so weitergehen. Sie kann auch sagen: Halt, wenn wir länger warten, dann geht es uns schlecht, dann sind wir der Schwächere statt der Stärkere. Dann kommt die Katastrophe. ... Was wird die Folge sein? Hinter diesem Krieg steht der Massenbankrott, steht das Massenelend, steht die Massenarbeitslosigkeit, die große Hungersnot. (Widerspruch rechts)
Das wollen Sie bestreiten?
(Zuruf rechts: Nach jedem Kriege wird es besser!) ...

Die Sozialdemokraten hofften angesichts eines drohenden Krieges in Europa, dass die Arbeiter und Arbeiterinnen aller europäischer Staaten sich weigern würden, in den Krieg zu ziehen. Mit großen Friedensdemonstrationen riefen sie dazu auf.

4 Beschreibt anhand von Schaubild 3 die Entwicklung der Rüstungsausgaben der fünf europäischen Großmächte zwischen 1905 und 1913. Notiert jeweils für die drei angegebenen Jahre, welches Land das meiste Geld für Rüstung ausgab.

5 Setzt das Schaubild 3 in Beziehung zu Q1 und Q2 und notiert euer Ergebnis.

6 Erarbeitet aus der Karikatur 4, was der Zeichner 1912 seinen Lesern in Deutschland zum Rüstungswettlauf mitteilen will.

entdecken und verstehen

A Gestaltet ein Plakat zum Thema „Abrüsten ist besser als Aufrüsten".

B Entwerft eine Antwort auf den Zuruf „Nach jedem Kriege wird es besser!" (Q2).

Warum konnte der Krieg nicht verhindert werden?

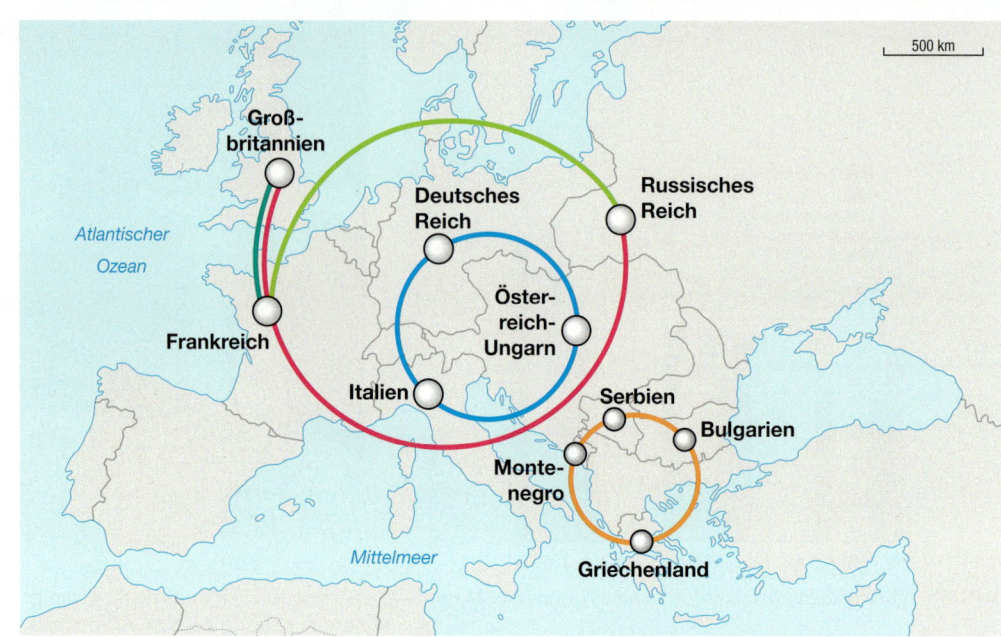

Dreibund 1882, erneuert 1912

Französisch-Russische Allianz 1892

*Entente cordiale 1904

*Triple Entente 1907

Balkanbund 1912

Grenzen von 1912

1 – Das europäische Bündnissystem um 1914. Der Dreibund zerbrach 1915 mit dem Kriegseintritt Italiens auf der Seite von Großbritannien, Russland und Frankreich.

*Entente cordiale
(wörtlich: herzliches Einverständnis).
Vertrag zwischen Frankreich und Großbritannien; er regelt im gegenseitigen Einverständnis die Einflussbereiche beider Länder in Afrika.

*Triple Entente
(triple = drei).
Erweiterung der Entente cordiale mit Russland als Dreierbündnis gegen Deutschland.

*Mobilmachung/
Mobilisierung
(frz.: mobile = beweglich, marschbereit).
Maßnahmen, durch die die Streitkräfte eines Landes für den Kriegseinsatz bereitgestellt werden, z. B. durch die Einberufung aller Wehrpflichtigen.

*Neutralität
Wörtlich: Nichtbeteiligtsein, hier Unabhängigkeit eines Staates.

Auf der Suche nach Verbündeten

Viele Menschen in Großbritannien sahen mit Sorge, dass das Deutsche Reich eine Großmachtpolitik betrieb. Englische Politiker versuchten mehrmals mit Deutschland zu einer Verständigung zu kommen. Jedoch widersetzten sich der Kaiser und seine Berater allen Bemühungen, da sie für Deutschland eine führende Rolle beanspruchten. Daraufhin näherte sich Großbritannien Frankreich an. Die beiden Mächte verständigten sich im Jahre 1904 über ihre Interessengebiete in Afrika. Sie beschlossen nur drei Jahre später auch mit Russland einen Beistandsvertrag für den Fall eines Konfliktes. Damit war in Europa ein neues Bündnissystem entstanden. Deutschland hatte jetzt nur noch Bündnisverträge mit Österreich-Ungarn und Italien. Allerdings hatte Italien 1902 einen geheimen Nichtangriffspakt mit Frankreich geschlossen.

❶ Erläutert die Lage Deutschlands 1914 mithilfe der Karte 1. Notiert, wie sich das Bündnissystem gegenüber 1887 verändert hat (siehe Karte 1 S. 282).

Dauerkrise auf dem Balkan

Im Laufe des 19. Jahrhunderts hatten sich die Völker des Balkans von der türkischen Herrschaft befreit. Griechenland, Serbien und Bulgarien waren selbstständige Staaten geworden. Diesen Staaten gelang es, in einem Krieg 1912/13 die europäischen Besitzungen der Türkei zu erobern. Griechenland, Serbien und Bulgarien stritten sich darum, wie man die eroberten Gebiete verteilen soll. Deshalb blieb der Balkan ein Unruheherd.
Auch Russland und Österreich-Ungarn zeigten Interesse am Balkan. Der Vielvölkerstaat Österreich-Ungarn hatte bereits 1908 Bosnien besetzt. Hier wohnten hauptsächlich Slawen. Auch Serbien hatte zuvor Ansprüche auf dieses Gebiet erhoben. Ein Krieg zwischen Österreich-Ungarn und Serbien konnte nur mit Mühe vermieden werden. Serbien wurde von Russland bestärkt, das sich als Führungsmacht aller Slawen verstand. Deutschland unterstützte seinen Verbündeten Österreich-Ungarn.

② Beschreibt mithilfe der Karte 2 und des Textes die Veränderungen auf dem Balkan. Notiert die Interessen der Großmächte.

Vom Attentat zum Krieg 1914

Die Heeresleitung in Deutschland rechnete in der politisch angespannten Lage mit einem Zweifrontenkrieg gegen Frankreich und Russland. Sie erklärte bereits 1912: „Je eher, desto besser". Viele Menschen in Europa teilten diese Meinung und sahen in einem kommenden Krieg ein „reinigendes Gewitter".

Alle großen Staaten Europas waren im Frühjahr 1914 zum Krieg bereit. Es fehlte nur noch ein Anlass. Man fand ihn darin, dass serbische Nationalisten im Juni 1914 den österreichischen Thronfolger Franz Ferdinand und seine Frau Sophie in Sarajevo ermordeten. Serbien weigerte sich, österreichische Beamte an dem Ermittlungsverfahren gegen die Attentäter zu beteiligen. Darauf erklärte Österreich-Ungarn am 28. Juli 1914 Serbien den Krieg. Deutschland unterstützte seinen Bündnispartner Österreich-Ungarn bedingungslos. Noch am gleichen Tag erfolgte in Russland die *Teilmobilmachung. Am 1. August 1914 erklärte Deutschland Russland den Krieg und am 3. August Frankreich. Als am 3. August deutsche Truppen die *Neutralität Belgiens missachteten und durch Belgien nach Frankreich marschierten, war dies für England der Anlass, Deutschland den Krieg zu erklären.

Aus dem begrenzten Konflikt war ein europäischer Krieg geworden.

③ Erklärt mit euren Worten, warum es zum Krieg im August 1914 kam. Unterscheidet dabei zwischen Anlass und Ursachen des Krieges.

④ Legt ein Portfolio mit dem Thema „Ursachen von Kriegen des 20. Jahrhunderts" und erstellt erste Beiträge zum Ersten Weltkrieg. Ergänzt das Portfolio, wenn ihr euch mit weiteren Kriegen und ihren Ursachen beschäftigt..

2 – Staaten auf dem Balkan 1913.

Grenze des Osmanischen Reiches 1815
Grenze des Osmanischen Reiches 1912
Osmanisches Reich 1914

Gebietserwerbungen der Balkanstaaten nach 1912 sind in helleren Farbtönen dargestellt

entdecken und verstehen

Ⓐ Zeichnet in eure Umrisskarte von Europa (siehe Aufgabe A S. 283) Deutschlands Bündnisse vor dem Ersten Weltkrieg zusätzlich ein und vergleicht.

Ⓑ Erstellt eine Skizze von drei oder vier Personen in euer Geschichtsheft. Zeichnet zu jeder Person Sprechblasen mit Argumenten, die erklären, warum es zum Krieg kam.

Ⓒ Versetzt euch in einen Deutschen, der im August 1914 gegen den Krieg ist. Sammelt für ihn Argumente, mit denen er seine Mitbürger überzeugen könnte.

Der Erste Weltkrieg

Welche Ziele verfolgten die Kriegsgegner?

1 – Deutsche Kriegsfreiwillige bei der Abfahrt zur Westfront. Foto, 1914.

2 – Britische Kriegsfreiwillige nach ihrer Einkleidung. Foto, 1914.

---

* **Kriegskredite**
  Kredite zur Führung eines Krieges. Diese mussten vom Reichstag genehmigt werden.

* **ehern**
  Eisern.

* **Invasion**
  Angriff, Besetzung.

Hoffnung auf einen kurzen Krieg

Die Nachricht von der Mobilmachung der Streitkräfte erfüllte die Menschen in Europa mit gemischten Gefühlen. Manche freuten sich, andere erwarteten nichts Gutes von einem Krieg. Kaum einer in Berlin, Paris oder London konnte sich vorstellen, dass es einen langen Krieg geben würde. Junge Männer in ganz Europa meldeten sich freiwillig, um in den Krieg zu ziehen.

❶ Vergleicht die Abbildungen 1 und 2. Notiert eure Vermutungen über die Gefühle der Soldaten in beiden Ländern.

Reichstag billigt Kriegskredite

Q1 Kaiser Wilhelm II. erklärte am 4. 8. 1914 vor dem Deutschen Reichstag:

… Die gegenwärtige Lage ging nicht aus vorübergehenden Interessenkonflikten … hervor, sie ist das Ergebnis eines seit langen Jahren tätigen Übelwollens gegen Macht und Gedeihen des Deutschen Reichs. Uns treibt nicht Eroberungslust, uns beseelt der unbeugsame Wille, den Platz zu bewahren, auf den Gott uns gestellt hat, für uns und alle kommenden Geschlechter. … In aufgedrungener Notwehr mit reinem Gewissen und reiner Hand ergreifen wir das Schwert. … Hier wiederhole ich: Ich kenne keine Partei mehr, ich kenne nur Deutsche. …

❷ Gebt mit euren Worten wieder, was der Kaiser zum Kriegsausbruch sagte (Q1).

❸ Beurteilt seine Rede auf dem Hintergrund der Informationen von S. 282/283.

Alle Parteien stimmten geschlossen im Deutschen Reichstag für die vom Kaiser geforderten *Kriegskredite. Die SPD stimmte allerdings erst nach heftigen innerparteilichen Kämpfen zu.

Q2 Für die SPD erklärte der Abgeordnete Hugo Haase am 4. August 1914 im Reichstag:

… Jetzt stehen wir vor der *ehernen Tatsache des Krieges. Uns drohen die Schrecknisse feindlicher *Invasionen. Nicht für oder gegen den Krieg haben wir heute zu entscheiden, sondern über die Frage der für die Verteidigung des Landes erforderlichen Mittel. … Da machen wir wahr, was wir immer betont haben: Wir lassen in der Stunde der Gefahr das eigene Vaterland nicht im Stich. … Wir fordern, … sobald das Ziel der Sicherung erreicht ist, … einen Frieden, der die Freundschaft mit den Nachbarvölkern ermöglicht. …

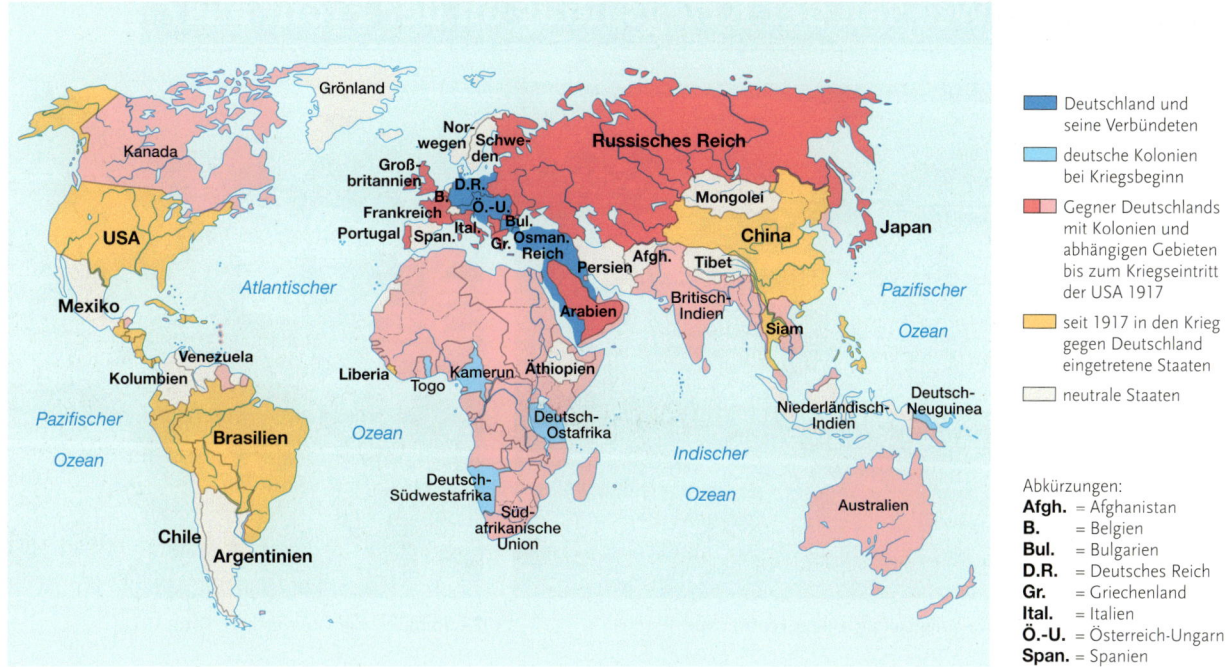

Abkürzungen:
Afgh. = Afghanistan
B. = Belgien
Bul. = Bulgarien
D.R. = Deutsches Reich
Gr. = Griechenland
Ital. = Italien
Ö.-U. = Österreich-Ungarn
Span. = Spanien

Legende:
- Deutschland und seine Verbündeten
- deutsche Kolonien bei Kriegsbeginn
- Gegner Deutschlands mit Kolonien und abhängigen Gebieten bis zum Kriegseintritt der USA 1917
- seit 1917 in den Krieg gegen Deutschland eingetretene Staaten
- neutrale Staaten

3 – Die Kriegsgegner im Ersten Weltkrieg.

④ Erläutert die Haltung der SPD zum Krieg und ihre Billigung der Kriegskredite (Q2).

Deutsche Kriegsziele

Man erwartete in Deutschland einen schnellen Sieg über Frankreich. Reichskanzler von Bethman-Hollweg benannte bereits im September 1914 die deutschen Kriegsziele:

– Frankreich darf als Großmacht nie wieder entstehen. Daher werden die nordfranzösischen Industriegebiete dem Deutschen Reich angegliedert. Zusätzlich soll Frankreich hohe Geldsummen an Deutschland zahlen.

– Die belgischen Industriegebiete sollen an das Deutsche Reich angegliedert werden. Unter deutscher Oberhoheit soll es einen Zollverband von Frankreich bis Polen und von Norwegen bis Italien geben.

– Die russische Herrschaft über fremde Völker auf seinem Staatsgebiet wird beendet.

– Deutschland wird einen größeren Anteil an den Kolonien auf Kosten der anderen Mächte haben.

Kriegsziele anderer Länder

Auch die anderen Länder entwickelten Kriegszielprogramme:

– Frankreichs Ziel bestand darin, die Macht des Deutschen Reiches zu brechen und Elsass-Lothringen zurückzugewinnen.

– England forderte die Abschaffung der deutschen Kriegsflotte und die Aufteilung der deutschen Kolonien.

– Russland schließlich strebte die Herrschaft über Istanbul und die Meerengen der Dardanellen an.

Jedes Land bezeichnete seine Kriegsziele als „Friedensprogramme", da nur so der Frieden dauerhaft gesichert werden könne.

⑤ Vergleicht die Worte des deutschen Kaisers (Q1) mit den im Text genannten deutschen Kriegszielen.

⑥ Nennt Gründe dafür, dass Kriegsziele „Friedensprogramme" genannt wurden.

entdecken und verstehen

Ⓐ Tragt in die Skizze einer Europakarte die deutschen Kriegsziele ein.

Ⓑ Schreibt einen Zeitungsbericht für eine belgische Zeitung über den Kriegsausbruch und die Kriegsziele der beteiligten Staaten.

Wie sah der Kriegsalltag an der Front aus?

1 – Kriegsalltag an der Front. Foto, 1916.

2 – Soldaten mit Gasmasken. Foto, 1916.

Vom Bewegungs- zum Stellungskrieg

Deutschland führte den Krieg an zwei Fronten: gegen Frankreich im Westen und gegen Russland im Osten Deutschlands. Schon am 4. August 1914 fielen die deutschen Truppen frühmorgens in das neutrale Belgien ein. In einem Sturmlauf stießen sie durch Belgien, Nord- und Ostfrankreich in Richtung Paris vor. Doch an der Marne, wo das französische Militär eine starke Verteidigungslinie aufgebaut hatte, blieb der Angriff stecken. Damit war der deutsche Feldzugsplan gescheitert.

Industrialisierter Krieg

Nachdem die Deutschen am Anfang erfolgreich kämpften, erstarrte der Krieg besonders an der Westfront im erbarmungslosen ✳Stellungskrieg. Eine noch nie gesehene Materialschlacht setzte mit neuen Waffen (Maschinengewehren, Hand- und Giftgasgranaten, Flammenwerfern, Minen, Panzern und Flugzeugen) ein. Man hoffte, den Gegner durch den Einsatz von Giftgas und durch Dauerfeuer zu zermürben. Die Gewalt der Explosionen zerfetzte in Minuten ganze Wälder, stampfte Betonbunker zusammen und zerriss Hunderttausende von Menschen.

Millionen Soldaten verloren in diesem Krieg ihr Leben, ohne dass eine der beiden Seiten einen klaren Sieg errang.

Verdun

Verdun wurde schon während des Krieges zum schrecklichen Symbol für sinnloses Massensterben. In der zehnmonatigen Schlacht starben 700 000 Soldaten. Immer wieder wurden bereits zerstörte Dörfer, Unterstände und Schützengräben erobert und dann doch wieder verloren. Weder Deutschland noch Frankreich hatten einen nennenswerten Geländegewinn oder einen entscheidenden Sieg erreicht, als Deutschland am 11. Juli 1916 die Schlacht abbrach. In Deutschland begann man aber bald nach dem Krieg, gerade diese Schlacht als Zeichen für bedingungslosen Heldenmut zu verherrlichen.

❶ Erklärt, mit welchen Mitteln dieser Krieg geführt wurde und wodurch er sich von vorangegangenen Kriegen unterschied.

❷ Erläutert mit der Karte 3 das Vordringen der deutschen Truppen und vergleicht mit den Planungen.

3 – Frontverlauf 1916.

Legende:
→ geplanter Vormarsch deutscher Truppen
- - - weitestes Vordringen deutscher Truppen 1914
▨ von deutschen Truppen besetzte Gebiete Ende 1914
— Frontverlauf Ende 1916
- - - Frontverlauf am 11.11.1918 (Waffenstillstand)

Ort der Schrecken

Q1 Ein zwanzigjähriger französischer Soldat schrieb im Februar 1915 seiner Mutter:

… Um drei Uhr wurde der Sturm entfesselt: Sprengungen von sieben Minengängen unter den Schützengräben des Feindes; es war wie ein fernes Donnern. Dann machten die fünfhundert Geschütze einen Höllenlärm, währenddessen wir losgestürmt sind. … Die Nacht brach an, als wir uns in den obersten Stellungen festsetzten. … Ich musste weite nächtliche Strecken zurücklegen, auf denen ich die Toten und Verwundeten beider Parteien antraf. Morgens wurden wir mit ernstlichen Verlusten bis zu unseren früheren Stellungen zurückgetrieben; aber am Abend … haben wir wieder alles zurückgewonnen, und auch hierbei habe ich meine Pflicht getan. … Du kannst dir nicht vorstellen, geliebte Mutter, was der Mensch dem Menschen anzutun vermag. … Endlich, nach fünf Tagen des Entsetzens, die uns zwölfhundert Opfer gekostet haben, sind wir aus diesem Ort der Gräuel zurückgezogen worden. …

Q2 Am 17. Juli 1916 schrieb ein deutscher Soldat nach Hause:

… Am vierten Tage, Freitag, ging's dann schon in der Frühe los mit der schweren Artillerie bis abends halb zehn Uhr. Was das heißt: zehn Stunden im Unterstand liegen unter Granatfeuer, zehn Stunden den Tod des Lebendig-begraben-Werdens vor Augen oder die Aussicht, in die Luft zu fliegen, falls eine Granate da einschlägt, wo der Sprengstoff liegt. …

❸ Untersucht Q1 und Q2 mithilfe der Methode auf S. 317 im Anhang. Erläutert, wie der französische und der deutsche Soldat den Krieg erlebten.

entdecken und verstehen

Ⓐ Schreibt mithilfe von Q1 und Q2 eine kurze Erzählung zum Thema „Der Kriegsalltag im Ersten Weltkrieg".

Ⓑ Entwerft eine Collage zum Thema „Schrecken des Krieges".

Weihnachten 1914 an der Front

THE ILLUSTRATED LONDON NEWS

REGISTERED AS A NEWSPAPER FOR TRANSMISSION IN THE UNITED KINGDOM, AND TO CANADA AND NEWFOUNDLAND BY MAGAZINE POST.

51. — VOL. CXLVI.   SATURDAY, JANUARY 9, 1915.   SIXPENCE.

The Copyright of all the Editorial Matter, both Engravings and Letterpress, is Strictly Reserved in Great Britain, the Colonies, Europe, and the United States of America.

LIGHT OF PEACE IN THE TRENCHES ON CHRISTMAS EVE: A GERMAN SOLDIER OPENS THE SPONTANEOUS TRUCE BY APPROACHING THE BRITISH LINES WITH A SMALL CHRISTMAS TREE.

ends with his drawing the following note : "On some sections of the battle-germans decorated their trenches with Christmas-trees and paper lanterns, and troops to stop shooting and come over to smoke and have a palaver. With a truce for the night was arranged, and the compliments of the season were passed with much enthusiasm between friend and foe. The cessation of hostilities continued all the next day. Both sides fraternised and spent a Happy Christmas." Elsewhere in this Number we give a double-page drawing illustrating this informal Anglo-German *rapprochement* during the festival of peace and goodwill.

DRAWN BY FREDERIC VILLIERS, OUR SPECIAL WAR ARTIST. — [COPYRIGHTED IN THE UNITED STATES AND CANADA.]

Waffenstillstand Weihnachten 1914

Am Weihnachtsabend 1914 stellten deutsche Truppen südlich von Ypern in Belgien ohne Befehl das Feuer ein und sangen Weihnachtslieder. Auch die Engländer, die ihnen gegenüberlagen, stellten das Feuer ein. Unbewaffnet trafen sich kleine Gruppen beider Seiten am Weihnachtsmorgen auf der Frontlinie. Sie tauschten Uniformknöpfe, Zigaretten und Essensrationen. Der weihnachtliche Waffenstillstand galt auch in anderen Frontabschnitten und hielt drei Tage. Dann begann wieder das mörderische Kämpfen. Während die britische Presse ausführlich über das Ereignis berichtete, wurde es in Deutschland totgeschwiegen. Die Generäle beider Seiten verboten für künftige Weihnachtstage ausdrücklich jede Wiederholung solcher Vorgänge.

❶ Schreibt eine Reportage über Weihnachten 1914 aus englischer Sicht an der Front in Belgien.

❷ Bildet verschiedenen Gruppen mit deutschen und englischen Soldaten. Spielt ein Gespräch über den Krieg, die gemeinsame Feier und wie es in kurzer Zeit weitergehen wird.

1 – Englische Soldaten und ein deutscher Soldat am Weihnachtstag 1914. Foto eines englischen Soldaten.

2 – Zeichnung der Begegnung auf dem Titelblatt der „Illustrated London News" am 9. 1. 1915.

Methode

Propagandapostkarten und -plakate untersuchen

In allen kriegführenden Staaten wurden Postkarten und Plakate mit Kriegsmotiven hergestellt. Durch die Analyse von Kriegspostkarten und -plakaten aus verschiedenen Ländern zu einem Thema kann man detailliert die Gemeinsamkeiten und die Unterschiede politischer Propaganda herausfinden.

Folgende Schritte helfen euch, Propagandapostkarten/-plakate zu untersuchen:

Schritt 1 **Bild beschreiben**	■ Um welche Art Bild handelt es sich (Plakat, Postkarte usw.)? ■ Was ist abgebildet (Bildbeschreibung)? ■ Wie ist es abgebildet (Foto, Zeichnung, Schrift)? ■ Wer soll beeinflusst werden? ■ Was verstehe ich nicht?
Schritt 2 **Absicht klären**	■ Von welcher kriegführenden Seite stammt die Postkarte/das Plakat? ■ Wozu soll der Leser oder Betrachter beeinflusst werden?
Schritt 3 **Art der Darstellung**	■ Mit welchen Mitteln arbeitet die Darstellung (Übertreibung, Lächerlichmachen, Angst einflößen, Gefühle wecken usw.)? ■ Wie werden Personen bzw. der Kriegsgegner dargestellt? ■ Welche Symbole und Farben werden verwendet und was bedeuten sie?
Schritt 4 **Beurteilung**	■ Ist die gewünschte Beeinflussung vermutlich erreicht worden? ■ Wie ist die Darstellung aus heutiger sachlicher Sicht zu beurteilen? ■ Wie findet ihr die Darstellung (verletzend, bösartig, irreführend usw.)?

❶ Bildet Gruppen und untersucht mithilfe der vier Schritte die Bilder 1, 3 und 4.
❷ Vergleicht eure Arbeitsergebnisse.

1 – Gemeinsamer Kampf gegen Deutschland. Amerikanisches Plakat, 1917.

2 – 2me Phase. Et maintenant que ... retournez chez vous (Zweite Phase. Und jetzt ... Geht zurück nach Hause). Französische Bildpostkarte, um 1914.

3 – NIKO-LAUS. Da habe ich mir ja eine nette Laus in den Pelz gesetzt! Postkarte, 1915.

4 – „Kosma, der Deutsche aufspießt". Russisches Plakat, 1918 von Dimitri Stachiewitsch Moor (1883–1946).

Beispiellösung zu Bild 2:

Zum Schritt 1: Es handelt sich bei Bild 2 um eine Bildpostkarte aus dem Jahre 1914. Sie zeigt unten links eine Gruppe Soldaten, die mit Bajonetten eine andere Gruppe Soldaten vertreibt. Die Laufenden bewegen sich auf einer Art Landkarte, wobei sie von rechts aus einem Fort und links von einem Schiff beschossen werden. Unten rechts auf der Karte steht der französische Schriftzug: 2me Phase. Et maintenant que ... retournez chez vous.

Zum Schritt 2: Die Postkarte stammt aus Frankreich und richtet sich demnach an die französische Bevölkerung. Die dargestellten weglaufenden deutschen Soldaten sollen deutlich machen, dass Frankreich diesen Krieg gewinnen wird und die Kriegswende bevorsteht.

Zum Schritt 3: Die Darstellung soll die deutschen Gegner, zu erkennen an den Pickelhauben, lächerlich machen und die militärische Übermacht der Franzosen durch die dargestellten Waffen, Kriegsschiffe und Soldaten verdeutlichen. Auf diese Weise sollte die Kriegsmoral der französischen Soldaten gehoben werden.

Zum Schritt 4: Aus heutiger Sicht ist die Gestaltung als sehr einfach anzusehen. Fraglich ist jedoch, ob die Soldaten an der Front tatsächlich dadurch Mut gefasst haben, vor allem angesichts des zermürbenden Stellungskriegs.

Wie war der Kriegsalltag in der Heimat?

Hungersnot

Die britische Blockade der Seewege schloss Deutschland von allen wichtigen Einfuhren ab. Das galt besonders für Lebensmittel. Missernten bei Kartoffeln und Getreide führten im Winter 1916/17 zu einer großen Hungersnot in Deutschland. Bereits seit Januar 1915 wurden die Lebensmittel nur noch auf Bezugskarten ausgegeben. Aber viele Lebensmittel gab es trotz der Karten nicht. Steckrüben (Kohlrüben), sonst ein Futtermittel für Tiere, wurden zu einem wichtigen Nahrungsmittel. Sie wurden dem Brot beigemischt und anstelle von Kartoffeln gegessen. In den Zeitungen gab es Rezepte für Gemüsegerichte und Salate aus Steckrüben.

Viele Menschen litten stark unter dem Hunger, besonders die Armen, Kranken und Gebrechlichen, da sie sich keine zusätzlichen Lebensmittel beschaffen konnten. Etwa 700 000 Menschen starben in Deutschland zwischen 1914 und 1918 an den Folgen der Unterernährung.

1 – Lebensmittelmarken für Eier. Lüdenscheid, 1917.

Q1 Im Herbst 1917 schrieb die 15-jährige Elfriede Kuhr in ihr Tagebuch:

... Wenn wir bloß ein bisschen mehr zu essen hätten! Aber Brot und Mehl sind so knapp, und mit den anderen Lebensmitteln steht es nicht besser. Augenblicklich haben wir pro Person in einer ganzen Woche ein halbes Pfund Kaffee-Ersatz und ein halbes Pfund Margarine; Butter für Erwachsene pro Woche 125 g. Manchmal gibt es Bezugsscheine für ein halbes Pfund Haferflocken, ein halbes Pfund Graupen und ein halbes Pfund Grieß. Aber wenn die Vorräte ausverkauft sind, hat man ganz umsonst stundenlang vor den Läden Schlange gestanden. ...

2 – Lebensmittelmarken.

3 – Unsere Armee braucht Metalle! Kriegsmetall-Einkauf". Plakat, Österreich, 1915

Frauenarbeit

Am Beispiel der Firma Bosch wird deutlich, wie der Anteil von Frauenarbeit in der Industrie angestiegen ist: Am 1. August 1914 beschäftigte Bosch z. B. im Werk in Stuttgart 678 Frauen (14 Prozent der Belegschaft). Im November 1918 waren es 5776 Frauen (61 Prozent). Die Frauen arbeiteten in drei Schichten zu acht Stunden. Daher hatten sie alle drei Wochen Nachtschicht. Frauen übernahmen nun auch Arbeiten, die zuvor nur Männern erlaubt waren.

Zahlreiche soziale Schutzbestimmungen in den Betrieben wurden aufgehoben, um die Mehrarbeit von Männern und Frauen in den Betrieben durchzusetzen. Zum Teil mussten selbst zwölfjährige Kinder beim Entladen von Eisenbahnwaggons helfen. Die Arbeit in der Rüstungsindustrie belastete besonders die Frauen, da sie auch für den Haushalt und die Versorgung der Kinder zuständig waren. Dennoch gewährten ihnen nur wenige Betriebe Zeit für Einkäufe und die Besorgung des Haushalts.

ent tdecken

4 – Frauen bei der Arbeit in einem deutschen Rüstungsbetrieb. Foto, um 1917.

Teilt euch in Gruppen auf und bearbeitet jeweils eines der drei Themen mithilfe der Fragen:

Hungersnot

1 Schildert mit dem Text, Q1 und den Bildern 1–3 die Auswirkungen der Hungersnot in Deutschland im Ersten Weltkrieg.

Frauenarbeit

2 Beschreibt die Auswirkung der Beschäftigung von Frauen in der Kriegsindustrie (Text und Bild 4).

3 Benennt, welche Folgen dies für den Alltag der Frauen hatte.

Streiks

4 Erläutert, warum Arbeiterinnen und Arbeiter trotz des Krieges ab 1916 streikten (M1).

5 Beschreibt, wie sich die Stimmung in Deutschland seit 1914 in Bezug auf den Krieg verändert hat.

Streiks

M1 Der Historiker Volker Ullrich schrieb 1994 in einem Aufsatz zum Kriegsalltag:

... Schon 1916 kam es zu den ersten wilden Streiks in der Rüstungsindustrie. In der Regel handelte es sich um spontane, auf wenige Stunden befristete Aktionen. Motive und Ziele waren überwiegend wirtschaftlicher Natur: Die Arbeiter verlangten Teuerungszulagen oder zusätzliche Lebensmittel und nahmen – sobald die Unternehmer Entgegenkommen zeigten – die Arbeit wieder auf. ...

Die Politisierung der Protestbewegung zeigte sich bereits im April 1917, als in Berlin, Leipzig und anderen Orten die Metallarbeiter die Arbeit niederlegten. Noch deutlicher wurde sie in der großen Streikwelle vom Januar 1918, die zur größten Massenaktion während der Kriegszeit wurde. ...

Allein in Berlin, dem Zentrum der Bewegung, streikten (im Januar 1918) über 400 000 Arbeiter; von hier aus sprang der Funke auf fast alle Industriestädte über. Karl Retzlaw hat in seinen Erinnerungen wiedergegeben, was er am Morgen des 28. Januar, am Tage des Streikbeginns, zur versammelten Belegschaft des Kabelwerks Cassirer in Berlin-Charlottenburg sprach:

„Auf einem Tisch in der Mitte der Versammelten stehend begann ich meine Rede: ‚Wir streiken nicht aus Kohlrübengründen, wir streiken, um den Krieg zu beenden' schrie ich mit der erheblichen Lautstärke, die mir gegeben war; ‚Wir wollen Frieden, wir wollen dem Kaiser und seinen Generälen keine Waffen mehr liefern! ... Wir wollen streiken, bis der Krieg beendet ist! ...'

Geschichte bilingual

Women in the Great War

1 – British soldiers in the trenches. Photo, circa 1916.

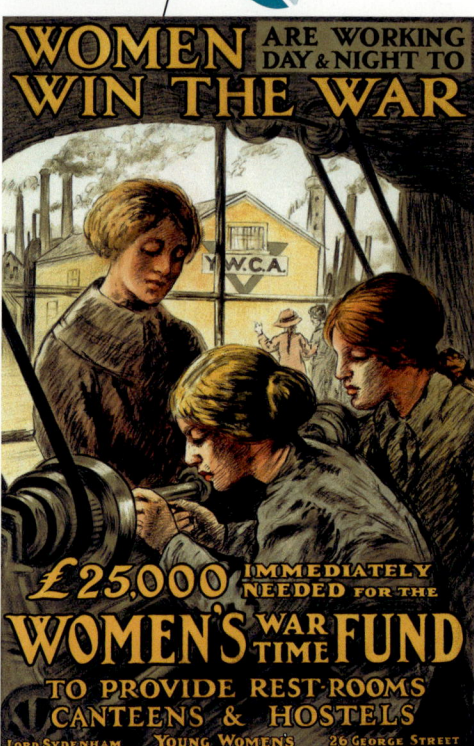

2 – „Women are working day and night to win the war". Poster of the Young Women's Christian Association, 1915.

Women in England during the First World War

Before the outbreak of the First World War, women throughout the nations of Europe had called for peace.

Once the war had started, however, these women supported their governments. Just like everywhere else in Europe, the women in England worked in the large field hospitals and helped the nurses to care for wounded soldiers. Wherever men were missing because they had been called to serve in the war, women now worked: in agricultural as well as in administrative positions. They drove buses and trains, lorries and tractors. But above all, they worked in the numerous munitions factories – by the end of the First World War there were roughly 950,000 women working to produce weapons and ammunition. They were known as "munitionettes".

These women produced almost 80 % of all the weapons and grenades used by the British army. Working conditions were very bad: there was no protective clothing, they worked with toxic substances, and many became ill. In July 1914, around 24 % of all jobs in England were occupied by women – by the end of the war this figure had risen to 37 %.

Recognition for wartime service

English women were widely recognised for their work during the war. Their country was proud of these women on whose help so many had relied (picture 3). The women themselves were relieved that they had finally earned the chance to do "typically male jobs" – in addition, they now were sometimes paid the same as men for the work they did.

3 – British volunteer nurses help wounded soldiers into a field hospital. Photo, 1915.

4 – British volunteer nurses recover dead and wounded soldiers from the battlefield. Photo, 1915/16.

The women hoped that they would be able to continue working in administrative positions or in the factories once the war was over. As was the case in many other countries, however, they had to give up their workplaces for the men who returned from the war. This meant that they once again had to take on badly paid menial jobs. If a husband or a father in a family had died during the war, this meant that the income the women were able to earn was often barely enough with which to support a family.

❶ Explain what consequences the war had for women – consider pictures 1 and 4 for your answer.

❷ Look at pictures 1 and 3–4 and role-play the following situation: women at work discuss what they did during the war, and talk about what they think life will be like once the war is over.

❸ Using the internet, research the lives of women in Germany during the First World War. Write a short article on the subject.

Vocabulary box

trenches	Gräben
Young Women's Christian Association	Christliche Vereinigung Junger Frauen
outbreak	Anfang, Ausbruch
field hospitals	Lazarett
(to) wound, wounds	Wunden zufügen
(to) serve	dienen
administration	Verwaltung
lorry, pl. lorries	LKW
munitions factories	Munitionsfabriken
ammunition	Munition
grenades	Granaten
working conditions	Arbeitsbedingungen
protective clothing	Schutzbekleidung
toxic substances	giftige Substanzen
(to) recognise sb. for sth., recognition	jemanden anerkennen, Anerkennung
(to) rely on sb. for sth.	sich auf jemanden verlassen
menial jobs	niedere Dienste

Wie ging der Erste Weltkrieg zu Ende?

1 – US-Truppen marschieren auf ihrem Weg zur Front durch Paris. Foto, 1917.

Deutscher U-Boot-Krieg

Auch für den Seekrieg wurden neue Waffen entwickelt, insbesondere die U-Boote. Die britische Marine verhängte eine Seeblockade, die Deutschland von allen Einfuhren abschnitt. Dies beantwortete Deutschland mit dem uneingeschränkten Einsatz von U-Booten. Ohne Warnung griffen diese Kriegsschiffe, Passagier- und Handelsschiffe an, um sie zu versenken.

Q1 Dazu äußerte sich der amerikanische Präsident Wilson am 2. April 1917:
… Der derzeitige deutsche U-Boot-Krieg gegen den Handelsverkehr ist ein Krieg gegen die Menschheit …, gegen alle Nationen. Es sind keine Unterschiede gemacht worden, die Herausforderung hat der ganzen Menschheit gegolten. …

Der uneingeschränkte U-Boot-Krieg war der letzte Anstoß dafür, dass im Jahre 1917 die USA gegen Deutschland in den Krieg eintraten. Fast alle Staaten Südamerikas schlossen sich diesem Schritt an.

❶   Beschreibt mit Q1, wie US-Präsident Wilson den U-Boot-Einsatz Deutschlands bewertet.

Wilsons 14 Punkte

Schon lange vor dem Kriegseintritt hatten die USA ihre ursprüngliche Neutralität aufgegeben und große Mengen Kriegsmaterial an Frankreich und Großbritannien geliefert.

Q2 Im Januar 1918 verkündete der amerikanische Präsident Wilson in 14 Punkten ein Friedensprogramm für Europa und die ganze Welt nach Kriegsende. Darin heißt es:
… Unser Programm ist also ein Programm des Weltfriedens. …
1. Alle Friedensverträge sind öffentlich und werden öffentlich geschlossen. …
4. Angemessene Beschränkungen der Rüstungen eines jeden Landes. …
5. Eine freie, weitherzige und unbedingt unparteiische Beilegung aller kolonialen Ansprüche … unter Beachtung der Interessen der betroffenen Völker. …
14. Eine allgemeine Gesellschaft der Nationen muss gebildet werden zur gegenseitigen Sicherheit, für die politische Unabhängigkeit der … Nationen. …

❷   Erläutert die einzelnen Punkte von Q2 und notiert Stichworte.

Entscheidung im Westen

Bis zum Oktober 1918 entsandten die USA 1,8 Millionen gut ausgerüstete Soldaten nach Europa in den Krieg. Die erschöpften deutschen Truppen konnten den alliierten Soldaten, die besser ausgerüstet waren, nicht mehr standhalten. Im August 1918 verloren die deutschen Soldaten in Frankreich eine große Schlacht; der Krieg war faktisch zu Ende.

Am 29. September 1918 erklärte die deutsche Heeresleitung, dass Deutschland den Krieg nicht mehr gewinnen könne. Sie forderte die Reichsregierung auf, sofort Waffenstillstandsverhandlungen aufzunehmen.

Waffenstillstandsverhandlungen

Am 4. Oktober 1918 ging das deutsche Friedensersuchen an den amerikanischen Präsidenten Wilson.

2 – Die geschlagene deutsche Armee auf dem Rückmarsch über die Rheinbrücke bei Koblenz. Foto, 1918.

3 – Die Delegation der Alliierten vor der Unterzeichnung des Waffenstillstandsvertrags bei Compiègne. Foto, 11. November 1918.

Die Verhandlungen zum Waffenstillstand fanden in einem Eisenbahnwaggon im Wald von Compiègne (Frankreich) statt. Die Alliierten stellten unter französischer Federführung unter anderem folgende Bedingungen: sofortige Räumung Frankreichs, Belgiens und Luxemburgs; Übergabe von Elsass-Lothringen an Frankreich, Räumung der linksrheinischen Gebiete, Besetzung dieser Gebiete durch alliierte Truppen binnen 25 Tagen.
Es fiel der deutschen Seite schwer, diese harten Bedingungen anzunehmen. Daher zogen sich die Verhandlungen noch einen Monat hin, obwohl der Waffenstillstand aus militärischer Sicht dringend notwendiger war.

Zusammenbruch des Regierungssystems
In dieser Zeit brach in Deutschland das bisherige Regierungssystem zusammen. Anfang November 1918 meuterten in Kiel Matrosen. Daraus entwickelte sich in ganz Deutschland eine revolutionäre Bewegung. Der Kaiser musste abdanken und floh nach Holland.
Am 9. November übernahm ein Arbeiter- und Soldatenrat die Macht und rief die Republik aus. Zwei Tage später, am 11. No-

vember 1918, musste der Waffenstillstand von der neuen Regierung unterzeichnet werden.
In dieser schwierigen Situation versuchten die Gegner der neuen gesellschaftlichen Ordnung bereits im November 1918, der revolutionären Bewegung die Schuld an der Niederlage Deutschlands zu geben.

3 Schreibt den zeitlichen Ablauf der Ereignisse seit dem September 1918 in eine Liste.

4 Prüft anhand der Liste, ob der Vorwurf der Gegner der neuen demokratischen Ordnung in Deutschland berechtigt war.

entdecken und verstehen

A Stellt mögliche Forderungen Frankreichs, Englands und der USA für die Friedensverhandlungen mit Deutschland zusammen. Benutzt dazu die Methodenseiten „Hypothesen überprüfen" (S. 168/169).

B Erstellt eine Wandzeitung mit dem Thema „Der Erste Weltkrieg".

C Besorgt euch den Film „Im Westen nichts Neues". Bearbeitet ihn anhand der Schritte der Methode „Dokumentarfilm und Spielfilm unterscheiden" (siehe Methodenanhang). Präsentiert eure Ergebnisse bei einer Vorführung für andere Klassen eures Jahrgangs.

Brachten die Friedensverträge von 1919 Frieden?

1 – Mittel- und Osteuropa 1914.

2 – Mittel- und Osteuropa 1920.

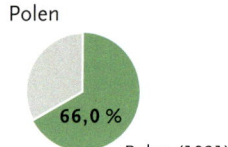

Polen

66,0 %

Polen (1921)

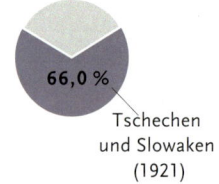

Tschechoslowakei

66,0 %

Tschechen
und Slowaken
(1921)

Polen und
Tschechoslowakei:
nationale Minderheiten
1918 bis 1939 (Anteil des
Staatsvolkes an der
Gesamtbevölkerung in
Prozent)

Die Auflösung der alten Ordnung

Die bisherigen Staaten Mittel- und Ost-
europas zerbrachen am Ende des Ersten
Weltkrieges. Aus dem zerfallenden Kaiserreich Österreich-Ungarn bildeten sich noch
vor dem offiziellen Waffenstillstand und
während der Friedensverhandlungen in
Paris neue Staaten. Russland musste zulas-
sen, dass sich an seinen Grenzen neue Staaten bildeten.

❶ Vergleicht die Karten 1 und 2. Listet die
neu entstandenen Staaten auf.

Verhandlungen der Sieger in Paris

Die Siegermächte tagten 1919 unter Führung der Großmächte USA, Großbritanni-
en und Frankreich monatelang in Paris. Ihr
Ziel war es, mit umfangreichen Vertrags-
werken die Staatenwelt in Europa neu zu
ordnen und damit den Frieden in Europa
zu sichern. Die Verlierer des Ersten Welt-

krieges waren zu den Verhandlungen nicht
zugelassen. Die Gründung und die Anerkennung der neuen Staaten in Mittel- und
Osteuropa ging zulasten der Verlierer.
Der Völkerbund wurde 1920 gegründet.
Diese neue internationale Organisation,
sollte die Kriege unmöglich machen und
den Weltfrieden dauerhaft sichern. Der
Völkerbund bestand bis 1946.

Der Vertrag von Versailles

In den Friedensverhandlungen mit
Deutschland in Versailles war Frankreich
besonders unerbittlich.

Q1 **Artikel 231 des Vertrages besagte:**
... Die *alliierten und assoziierten Regierungen erklären und Deutschland erkennt an,
dass Deutschland und seine Verbündeten
als Urheber (des Krieges) für alle Schäden
und Verluste verantwortlich sind, die die
alliierten und assoziierten Regierungen und

ihre Staatsangehörigen infolge des ihnen durch den Angriff Deutschlands und seiner Verbündeten aufgezwungenen Krieges erlitten haben. ...

Viele Deutsche hatten der deutschen Kriegspropaganda geglaubt und den Krieg seit 1914 als einen Verteidigungskrieg angesehen, der ihnen aufgezwungen worden war. Deshalb waren viele Menschen empört und wütend über Artikel 231.
Im Juni 1919 zwangen die Siegermächte Deutschland zur Unterschrift unter den Vertrag; Verhandlungen lehnten sie ab.

Die Bestimmungen des Versailler Vertrages

Der Vertrag regelte vor allem die Abtretungen der deutschen Gebiete, die Abrüstung der deutschen Armee und das Verbot der allgemeinen Wehrpflicht. Weitere Punkte waren die Wiedergutmachung der alliierten Kriegsschäden und mögliche Eingriffsrechte der Alliierten in Deutschland.
Wichtige Bedingungen des Versailler Vertrages besagten im Einzelnen: Deutschland musste alle Kolonien abtreten, für alle Kriegsschäden aufkommen und *Reparationen zahlen; die Höhe der Zahlungen sollte erst später festgelegt werden. Das deutsche Heer wurde auf 100 000, die Marine auf 15 000 Mann beschränkt. Schwere Waffen, Flugzeuge und U-Boote wurden verboten. Deutschland blieb vom Völkerbund vorläufig ausgeschlossen.
Gegner in Deutschland kämpften gegen die neue deutsche Demokratie. Dazu benutzten sie die im Versailler Vertrag festgeschriebene Alleinschuld Deutschlands am Ersten Weltkrieg (Artikel 231). Sie bekämpften die neue demokratische Regierung mit Hassparolen („Vaterlandsverräter").

❷ Erläutert die Bestimmungen des Versailler Vertrages und seine Folgen für Deutschland mit dem Text und Karte 3.

Deutsches Reich nach dem Versailler Vertrag
durch Abstimmung bei Deutschland geblieben
abgetrennte Gebiete
nach Abstimmung abgetreten
besetzte Gebiete (entmilitarisiert)
dem Völkerbund unterstellt
Deutsches Reich vor 1914
Staatsgrenzen von 1920

3 – Deutschlands Gebietsveränderungen in Europa durch den Versailler Vertrag.

Probleme von Minderheiten

Die neu gebildeten Staaten hatten keine einheitliche Bevölkerung. So waren nach der Volkszählung von 1921 in der neu gegründeten Tschechoslowakei 64 Prozent der Bevölkerung Tschechen und Slowaken. 23 Prozent waren Deutsche. Deswegen bestimmten Konflikte zwischen den verschiedenen Volksgruppen in den neuen Staaten immer wieder den politischen Alltag.

❸ Beschreibt mithilfe der Karten und Diagramme und dem Text die Entstehung der neuen Staaten.

❹ Prüft, ob die Friedensverträge von Paris Bestimmungen enthielten, die den künftigen Frieden in Europa gefährden konnten.

✻ Reparationen
Zahlungen Deutschlands an die Siegermächte, mit denen Deutschland für die durch seinen Angriff verursachten Zerstörungen und Kosten des Ersten Weltkrieges aufkommen sollte.

✻ alliierte und assoziierte Regierungen
Regierungen der Kriegsgegner Deutschlands, insgesamt 27 Staaten.

entdecken und verstehen

Ⓐ Vergleicht die Karte 2 mit einer politischen Europakarte von heute im Atlas. Notiert die Veränderungen.

Ⓑ Beurteilt den Versailler Vertrag aus der Sicht eines damaligen Franzosen und eines damaligen Deutschen.

Revolution in Russland

Warum kam es in Russland 1917 zur Revolution?

1 – Ausdehnung des Russischen Reiches.

Legende:

Russisches Reich bis 1854

russische Erwerbungen 1855–1914

Gebietsverluste bis 1914:

an Japan 1905

an China

Grenze des Russischen Reiches 1914

Konfliktherde

wichtige Eisenbahnlinien

✽ **Zar**

(lat.: caesar).
Bezeichnung für den russischen Kaiser.

Die Lage Russlands

Zu Beginn des 20. Jahrhunderts lebten über 100 verschiedene Völker in Russland. Nur 43 Prozent der Einwohner waren Russen. Von den ca. 125 Millionen Einwohnern lebten 107 Millionen auf dem Land und 14 Millionen in den Städten. Es bestand eine tiefe Kluft zwischen Reichen und Armen.

Seit dem 19. Jahrhundert lag Russland wirtschaftlich weit hinter den Staaten Westeuropas zurück. Denn Russland war ein großer Agrarstaat, der nur wenige industrielle Zentren hatte. Sie lagen in den großen Städten St. Petersburg und Moskau. Weitere Industriezentren waren das Donez-Becken und das Ölgebiet um Baku.

Der Bau der Eisenbahn und die Förderung von Kohle und Eisenerz trieben die Industrialisierung voran. Von 1860–1900 verdoppelte sich die Zahl der Industriearbeiter auf 1,6 Millionen.

Mehr als die Hälfte des Nationaleinkommens wurde von der Landwirtschaft erwirtschaftet. Die Lage der Bauern hatte sich nicht verbessert, auch wenn Mitte des 19. Jahrhunderts die Leibeigenschaft aufgehoben wurde. Die befreiten Bauern konnten zwar dem Gutsbesitzer nun ein Stück Land abkaufen, mussten sich dafür aber hoch verschulden. Sie erhielten für ihr Geld zu wenig und meist minderwertigen Boden. Zwei Drittel des Landes blieben in der Hand der Gutsbesitzer.

Unruhen

Die Lebensbedingungen von Bauern und Arbeitern waren sehr schlecht. Immer häufiger kam es zu Bauernunruhen. Auch die Arbeiter versuchten, durch Streiks eine Verbesserung ihrer Lage zu erreichen.

Wenn einzelne Völker oder Volksgruppen nach Unabhängigkeit strebten, duldete der alleinherrschende ✽Zar dies nicht und unterdrückte dies mithilfe des Militärs. Dadurch wollte der Zar die Auflösung des großen Reiches verhindern.

❶ Beschreibt mithilfe der Karte 1 die Ausdehnung Russlands um 1914.

❷ Kennzeichnet die politische und wirtschaftliche Situation Russlands um 1900 in Stichworten.

Forderungen und Reformen

Auch das Militär konnte die zunehmenden Unruhen nicht mehr unterdrücken. Der Ruf nach politischen Reformen wurde immer lauter, und radikale Kräfte wie die *Bolschewiki planten den Sturz des Zaren. Im Februar 1905 forderten Petersburger Arbeiter in einer Bittschrift an den Zaren mehr Freiheitsrechte, bessere Arbeitsbedingungen und eine Neuverteilung des Bodens. Jedoch richteten die Soldaten des Zaren ohne erkennbaren Grund unter den Demonstranten ein Blutbad mit tausenden Toten und zahlreichen Verletzten an. Die Folge dieses „Blutsonntags" waren weitere Aufstände und Streiks in Russland. Der Zar machte Zugeständnisse: Bildung eines Parlaments (Duma), Erarbeitung einer Verfassung mit Rede- und Pressefreiheit. In der Macht des Zaren lag es aber weiterhin, das Parlament aufzulösen, Minister zu ernennen und zu entlassen. Gesetze hatten erst mit seiner Zustimmung Gültigkeit.

❸ Nennt Ursachen und Ergebnisse der Revolution von 1905.

Russland im Ersten Weltkrieg

Der Ausbruch des Ersten Weltkriegs stürzte Russland in eine tiefe Krise. Das Land nahm auf Seiten Serbiens, Frankreichs und Großbritanniens am Krieg gegen Deutschland teil. Das russische Militär war auf einen solchen Krieg schlecht vorbereitet. Die russischen Armeen verloren schon im Herbst 1914 große Schlachten im deutschen Ostpreußen, obwohl sie zunächst erste Erfolge erzielt hatten. Die russischen Truppen mussten sich zurückziehen. Während des Krieges verschlechterte sich die Versorgungslage der russischen Bevölkerung. Es fehlte an Kohle und Lebensmit-

2 – Newski-Prospekt in Sankt Petersburg 4. 7. 1917. Demonstranten werden von Truppen der Provisorischen Regierung niedergeschossen. Foto, 1917.

teln. Die Preise stiegen immer schneller. Mit Streiks versuchten die Menschen, die Regierung auf ihre Lage aufmerksam zu machen.

Februarrevolution 1917

Im Februar 1917 demonstrierten Tausende in der russischen Hauptstadt St. Petersburg. Sie forderten anfänglich nur „Brot", später wurde daraus „Schluss mit dem Krieg" und „Nieder mit der Zarenherrschaft". Die Demonstrationen entwickelten sich zum Generalstreik. Die Armee stellte sich auf die Seite der Streikenden und verweigerte den Gehorsam. Daraufhin dankte Zar Nikolaus II. am 2. März 1917 ab.
Eine *Provisorische Regierung übernahm die Macht.

❹ Erläutert die Folgen des Krieges für Russland mit dem Text und Bild 2.

Hinweise zum Projekt

■ Die Seiten 302–311 bieten euch Materialien für ein Projekt zum Thema „Revolution in Russland" an. Entscheidet mit eurer Lehrerin, eurem Lehrer, ob ihr zu diesem Thema ein Projekt mithilfe der Methode auf S. 190 durchführt.

■ Informiert euch in Lexika und im Internet über die politische und wirtschaftliche Lage Russlands vor dem Ersten Weltkrieg.

* Bolschewiki
Am Anfang des 20. Jahrhunderts hatten sich in der Sozialdemokratischen Arbeiterpartei Russlands zwei Gruppen gebildet: eine gemäßigte Gruppe und eine radikale Gruppe um Lenin. Die radikale Gruppe nannte sich Bolschewiki und strebte eine revolutionäre Umgestaltung Russlands an.

* provisorisch
Vorläufig.

Welche Ziele hatten die Revolutionäre?

1 – Wladimir Iljitsch Uljanow (genannt Lenin, 1870–1924) spricht zu Vertretern der Arbeiter auf einem Sowjetkongress am 25. Oktober 1917. Gemälde von Vladimir Aleksandrovich Serov, 1947.

Lenin hatte Rechtswissenschaften studiert und sich früh der Opposition gegen den Zaren angeschlossen. Schon 1902 hat er in einer Schrift gefordert, dass sich die Bolschewiki als Berufsrevolutionäre im Untergrund organisieren sollten.

Er lebte lange Zeit im Ausland, weil die russische Geheimpolizei politische Gegner verfolgte. Anfang 1917 befand er sich in der Schweiz. Mit deutscher Hilfe kehrte er im April 1917 nach Russland zurück. Deutsche Politiker und Geheimdienstmitarbeiter erhofften sich durch Lenins Rückkehr eine Schwächung des Kriegsgegners Russland, da Lenin mit den Bolschewiki den gewaltsamen Sturz des Zaren anstrebte.

Ziele der Bolschewiki

Die Bolschewiki wollten in Russland eine neue, eine sozialistische Gesellschaftsordnung einführen. Hier sollten die unterdrückten Menschen, also die Arbeiter und Bauern, zunächst die Macht ausüben. Es sollte keinen Privatbesitz an *Produktionsmitteln und keine Ausbeutung der Schwächeren mehr geben. So wollte man eine möglichst große Gleichheit Aller durchsetzen.

Die Gutsbesitzer sollten enteignet und der Boden neu verteilt werden. Im Namen der Arbeiter und Bauern wollten die Bolschewiki für eine Übergangszeit eine *Diktatur errichten. Diese Diktatur sollte den radikalen Umbau der Gesellschaft, auch mit Gewalt, steuern.

❶ Gebt die politischen Ziele der Bolschewiki mit euren Worten wieder.

Revolution in Russland

Q1 **Am 26. Oktober 1917 (8. November nach unserem heutigen Kalender) wurde in Petrograd (St. Petersburg) eine Bekanntmachung veröffentlicht:**

... An die Bürger Russlands! Die Provisorische Regierung ist gestürzt. Die staatliche Gewalt ist in die Hände des Organs des Petrograder Rates der Arbeiter- und Solda-

---

*Sowjets
Lokale bzw. regionale Organe der Selbstverwaltung. Sie wurden von Arbeitern, Bauern und Soldaten in Städten, Dörfern oder Fabriken gebildet. Sie sollten mit ihren Entscheidungen die bisherigen Herrschaftsorgane ersetzen und so die Macht der Bolschewisten festigen.

*Produktionsmittel
Maschinen, Werkzeuge, Fabriken.

Der Kampf um die Macht

Der Ministerpräsident Kerenski und die provisorische Regierung garantierten der Bevölkerung Rede-, Presse- und Versammlungsfreiheit sowie das Recht zu streiken. Der Krieg gegen Deutschland sollte bis zum Sieg fortgesetzt werden. Dabei bekam Russland finanzielle Unterstützung durch die Alliierten.

In den großen Städten hatten sich Arbeiter- und Soldatenräte (*Sowjets – Räte) gebildet, die ebenfalls die Macht für sich beanspruchten. In den Sowjets gewann eine der Oppositionsgruppen in Russland, die Bolschewiki, zunehmend an Einfluss. An der Spitze der Bolschewiki stand Wladimir Iljitsch Uljanow (genannt Lenin, 1870–1924).

tendeputierten ... übergegangen, das an der Spitze des Proletariats und der Garnison von Petrograd steht. Die Sache, für die das Volk gekämpft hat: unverzüglicher Abschluss eines demokratischen Friedens, Abschaffung des Eigentumsrechts der Gutsbesitzer am Lande, Arbeiterkontrolle über die Produktion, Schaffung einer Sowjetregierung – dies alles ist gesichert. Es lebe die Revolution der Arbeiter, Soldaten und Bauern! ...

❷ Erläutert, welche Ziele in der Bekanntmachung formuliert werden.

Die Bolschewiki hielten in der Nacht vom 25. zum 26. Oktober 1917 (nach dem damaligen russischen Kalender) die Zeit für reif, um die Provisorische Regierung zu stürzen. Bewaffnete Brigaden besetzten strategische Punkte wie Brücken, Bahnhöfe und das Telegrafenamt von Petrograd. Die Truppen der Bolschewiki überwältigten die Wachen des *Winterpalais und verhafteten Mitglieder der Provisorischen Regierung. Ministerpräsident Kerenski gelang die Flucht.

❸ Schildert den Ablauf der Ereignisse.

Erste Maßnahmen der neuen Machthaber

Q2 Lenin beschrieb 1919 die neuen Machtverhältnisse in Russland:
... Nur Schufte und Idioten können sich einbilden, dass das *Proletariat erst die Mehrheit haben muss in Wahlen. ... Klassen werden von Parteien geführt und Parteien wiederum von einzelnen Individuen, Führer genannt. Der Wille einer Klasse wird manchmal von einem Diktator ausgeführt. ... Was nottut, ist eine individuelle Regierung und die Anerkennung der diktatorischen Machtbefugnisse eines einzigen Mannes. ... Alle Phrasen über gleiche Rechte sind Unsinn. ...

❹ Untersucht Q2 mithilfe der Methode „Textquellen analysieren" im Anhang und beurteilt Lenins Meinung.

2 – Im Smolny, einem Institut zur Ausbildung höherer Töchter, war vom Oktober 1917 bis März 1918 die bolschewistische Regierung untergebracht. Foto, 1918.

Die Bolschewiki kündigten tiefgreifende Eingriffe in die bisherige staatliche Ordnung an:
– Die Industriebetriebe sollten in Staatsbesitz überführt werden und
– der Grundbesitz des Adels sollte unter den Bauern neu verteilt und die Landwirtschaft staatlich organisiert werden.
Das neu gewählte Parlament wurde aufgelöst und alle anderen Parteien verboten. Die neu gegründete „Rote Armee" und ein Geheimdienst sollten die Herrschaft der Bolschewiki sichern.

❺ Erklärt, wie die Bolschewiki ihren Machtanspruch durchsetzten. Berücksichtigt dabei auch die Bilder 1 und 2.

Hinweise zum Projekt
■ Gestaltet eine Wandzeitung zum Ablauf und den Zielen der Revolution.
■ Die Bolschewiki gaben den Ereignissen jener Nacht später den Namen „Große sozialistische Oktoberrevolution". In Westeuropa wurden sie als Staatsstreich oder Umsturz bezeichnet. Sucht Erklärungen, warum dasselbe Ereignis so unterschiedlich benannt wurde.

* **Winterpalais**
Ehemaliger Zarenpalast, Sitz der Provisorischen Regierung.

* **Proletariat**
(lat.: proles = Nachkomme, Sprössling).
Mit dem Begriff „Proletarier" werden alle Arbeiter bezeichnet, die allein vom Verkauf ihrer Arbeitskraft leben.

* **Diktatur**
Der Begriff ist im Allgemeinen negativ besetzt und meint die Herrschaft eines mit allen Macht- und Gewaltmitteln regierenden Alleinherrschers (Diktator) oder einer Gruppe.

Wie kam es zur Gründung der Sowjetunion?

Legende:

- von den Sowjets im November 1917 beherrschte Städte
- von den sowjetischen Truppen kontrolliertes Gebiet 1919

neue Staaten auf dem Gebiet des ehemaligen Zarenreiches:
- Finnland
- Polen
- Litauen (1)
- Lettland (2)
- Estland (3)

- von Japan 1918 bis 1922 besetzte Gebiete
- Staatsgrenze der Sowjetunion 30.12.1922
- Teilrepubliken der Sowjetunion

SSR = Sozialistische Sowjetrepublik

ASSR = Autonome Sozialistische Sowjetrepublik

1 – Die Sowjetunion 1922.

Frieden um jeden Preis

Lenin hatte die sofortige Beendigung des Krieges versprochen und dafür die Zustimmung der kriegsmüden Bevölkerung erhalten. Für die Bolschewiki war es auch eine Überlebensfrage, dass Russland aus dem Ersten Weltkrieg ausschied. Die Versorgung der Bevölkerung machte große Probleme, nachdem das Land enteignet war. Lenin setzte gegen den Widerstand vieler Parteigenossen Verhandlungen mit Deutschland über einen Sonderfrieden durch. Das Deutsche Reich diktierte Russland im Frieden von Brest-Litowsk (März 1918) harte Bedingungen. Russland verlor 1,4 Millionen km² Land, ein Drittel seiner Bevölkerung und 70 Prozent seiner Eisen- und Kohleindustrie.

❶ Beurteilt die deutschen Friedensbedingungen und vergleicht mit den Bestimmungen des Versailler Vertrages (S. 302).

Bürgerkrieg 1918–1920

Im Zarenreich waren Adel, Kirche, Großgrundbesitzer und die Beamten Träger des wirtschaftlichen und politischen Lebens gewesen. Sie wollten die vorrevolutionären Zustände wiederherstellen. Deshalb kämpften sie nun gegen die neue Staatsmacht. Ihre Truppen, die „Weißgardisten", wurden von Großbritannien, Frankreich, den USA und Japan unterstützt. Auf Seiten der Bolschewiki kämpften Arbeiter und Bauern. Denn durch die Oktoberrevolution konnten sie in den Fabriken mitbestimmen und sie waren zu Landbesitz gekommen.
Unter der Führung Leo Trotzkis (siehe Bild 2) besiegte die zahlenmäßig überlegene Rote Armee (B) bis Herbst 1920 die „Weißen" und ihre ausländischen Verbündeten, die anfangs große Teile Russlands beherrschten. Der Roten Armee gelang es auch, diejenigen Gebiete des ehemaligen Zarenreiches zurückzuerobern, die sich nach der Revolution selbstständig gemacht hatten.

❷ Beschreibt Ursachen und Verlauf des Bürgerkrieges. Nehmt auch die Karte 1 zu Hilfe.

Die Gründung der Sowjetunion

Die „Russische Sozialistische Föderative Sowjetrepublik" (RSFSR) war der größte Staat, der auf dem Gebiet des ehemaligen Zarenreiches entstanden war. Seine Hauptstadt war Moskau.

Die Bolschewiki nannten sich seit März 1918 Kommunistische Partei. Sie regierte von Moskau aus den neuen Staat mit harter Hand. Letztlich entschied Lenin alle wichtigen Fragen. 1922 schlossen sich drei kleinere Sowjetrepubliken – die ukrainische, die transkaukasische und die weißrussische Sowjetrepublik – mit der RSFSR zur Union der Sozialistischen Sowjetrepubliken, der Sowjetunion, zusammen. In dem neuen Staat lag die Macht weiterhin bei der alleinregierenden Kommunistischen Partei in Moskau.

Neue Wirtschaftspolitik

Der Bürgerkrieg, eine große Dürre und die Neuverteilung des landwirtschaftlichen Bodens hatten Russland in eine tiefe Krise gestürzt. Mindestens fünf Millionen Menschen starben infolge einer Hungersnot. 1921 verkündete Lenin eine neue Wirtschaftspolitik, die „Neue Ökonomische Politik" (NEP). Im kleinen Rahmen war Privatwirtschaft wieder möglich, und eine Steuer ersetzte die bisherigen Zwangseintreibungen in der Landwirtschaft. Die Bauern durften überschüssige Waren wieder auf lokalen Märkten verkaufen. Maschinen wurden importiert, um die Mechanisierung der Landwirtschaft zu beschleunigen. Mit ehrgeizigen Projekten wurde die Elektrifizierung des Landes vorangetrieben.

❸ Beschreibt, mit welchen Maßnahmen die Wirtschaftskrise ab 1921 bekämpft wurde.

2 – Leo Trotzki in einer Besprechung mit Offizieren. Foto, 1920.

Verfolgung der politischen Gegner

Seit der Revolution im Jahre 1917 verfolgte die Geheimpolizei „Tscheka" erbarmungslos die politischen Gegner der Bolschewiki. Im Bürgerkrieg entwickelte sie sich zu einem Instrument des Terrors, politische Morde galten als erlaubt. Nach Schätzungen sollen etwa 300 000 Menschen Opfer der Tscheka geworden sein. Auch der Zar und die Mitglieder der Zarenfamilie wurden 1918 von einem Tscheka-Kommando ermordet.

Nach der Gründung der Sowjetunion blieb die Geheimpolizei ein zentrales Machtinstrument der Kommunistischen Partei.

❹ Erläutert den Umgang der Bolschewiki mit politischen Gegnern.

❺ Beurteilt das Verhalten der Tscheka aus damaliger und heutiger Sicht.

❻ Legt ein Portfolio zur Russischen Revolution an.

✳ **Naturalsteuer**
Steuer, die nicht in Geld, sondern in Naturalien wie Getreide bezahlt wurde.

Hinweise zum Projekt

■ Erstellt mithilfe der Methodenseiten 280/281 eine Präsentation eurer Arbeitsergebnisse.

■ Verfolgt in den Medien Nachrichten über das heutige Russland und berichtet der Klasse.

Geschichte vor Ort

Kriegerdenkmäler

1 – Kriegerdenkmal in Kleve von Ewald Mataré, 1934 erstellt, 1938 von den Nationalsozialisten abgebaut und 1981 wieder aufgebaut. Foto, 2011.

Kriegerdenkmal für die Gefallenen des Ersten Weltkrieges in Bachem, erbaut 1930. Foto, 2008.

Gedenken an die Gefallenen

Fast neun Millionen Soldaten waren bis zum Ende des Ersten Weltkrieges auf den Schlachtfeldern getötet worden.

Der Erste Weltkrieg bedeutete einen ungeheuren Schock für alle Beteiligten. Dies findet in der großen Zahl der Denkmäler seinen Ausdruck, die in allen Ländern nach Kriegsende errichtet wurden. Allein in Frankreich wurden 30 000 Kriegerdenkmäler geschaffen.

Neben großen Gedenkstätten wie z. B. in Verdun, wo eine der schrecklichsten Schlachten stattfand. Aber auch kleinere Erinnerungsstätten wurden in Dörfern meist auf Initiative der Gemeindevertretungen errichtet. Auch in Kleve – wie in ganz Deutschland – gibt es Kriegerdenkmäler, die an die Opfer erinnern sollen und die darauf hinweisen, dass die Familien sehr unter dem Krieg litten.

Fragen zu Kriegerdenkmälern in eurer Stadt

❶ Informiert euch, ob es in eurem Heimat- oder Schulort Kriegerdenkmäler zum Ersten Weltkrieg gibt.

❷ Stellt fest, warum das Denkmal errichtet wurde. Schreibt ab oder fotografiert dazu die Inschriften auf dem Denkmal. Beachtet auch, welche Symbole verwendet wurden: Adler, Stahlhelme, Waffen, Ölzweig, Taube usw. Beachtet ferner, wie die Figuren dargestellt wurden: sterbend, in aufrechter und trotziger Haltung usw.

❸ Häufig findet sich auf diesen Denkmälern auch ein Verzeichnis aller Gefallenen dieses Ortes oder Stadtteils. Dann könnt ihr zusätzlich noch folgende Fragen beantworten:

— Wie viele Männer dieses Ortes starben als Soldaten im Krieg?

— Wie alt war der Jüngste, wie alt der Älteste?

— Wenn auf dem Denkmal angegeben ist, wo die Soldaten gefallen sind, dann fertigt eine Karte an und tragt die Orte ein.

Zusammenfassung

Imperialismus und Erster Weltkrieg

Imperialismus

Am Ende des 19. Jahrhunderts versuchten vor allem die europäischen Industrienationen, die Welt unter sich aufzuteilen und in anderen Erdteilen, beispielsweise Afrika, Kolonien zu errichten. Neben den wirtschaftlichen Interessen, also dem Bedarf an Rohstoffen und Absatzmärkten für die heimische Industrie, waren viele Europäer davon überzeugt, dass es nicht nur ihr Recht, sondern auch ihre Pflicht sei, die Welt zu regieren („Sendungsbewusstsein"). In vielen Kolonien kam es zu Aufständen, weil die einheimische Bevölkerung ungerecht und oft willkürlich behandelt wurde.

1870–1918

Im Zeitalter des Imperialismus wurde Afrika unter den Europäern aufgeteilt.

Wettrüsten

Der Kampf der europäischen Mächte verstärkte sich nach 1900, weil sie überall auf der Welt wirtschaftlichen und politischen Einfluss haben wollten. Es kam zu einem Wettrüsten.

Das Misstrauen der Mächte nahm ständig zu und führte zu neuen Bündnissystemen. Eine wichtige Krisenregion war der Balkan, an dem sowohl Russland als auch Österreich großes Interesse zeigten. Mit der Ermordung des österreichischen Thronfolgers und seiner Frau durch serbische Attentäter war der Anlass zum Ersten Weltkrieg gegeben.

1890–1914

Das Wettrüsten führte in den Krieg.

Erster Weltkrieg

Jedes Land, das Krieg führte, betonte 1914, dass dieser Krieg ein Verteidigungskrieg sei. Jede Nation hatte aber konkrete Kriegsziele, die vor allem auf eine dauerhafte Schwächung des Gegners abzielten. Deutschland strebte die politische und wirtschaftliche Vorherrschaft in Europa an.

Aus dem Bewegungskrieg wurde in wenigen Monaten ein Stellungskrieg, der schließlich Millionen Menschen das Leben kostete. Auch die Zivilbevölkerung wurde durch den Krieg schwer belastet. In Deutschland mussten die Menschen aufgrund des Mangels an Lebensmitteln hungern.

Die Friedensverträge, die 1919 nach der Niederlage Deutschlands abgeschlossenen wurden, brachten keinen dauerhaften Frieden, sondern waren Anlass für neue Konflikte.

1914–1918

Der Erste Weltkrieg forderte Millionen von Menschenleben.

Revolution in Russland

Im Februar 1917 dankte Zar Nikolaus II. ab, weil er verheerende Niederlagen im Ersten Weltkrieg erlitt. Die neue bürgerliche Regierung setzte den verlustreichen Krieg fort. Die politischen Unruhen, die daraus resultierten, konnten die Bolschewiki unter der Führung Lenins für sich nutzen. Am 26. Oktober 1917 übernahmen sie die Macht. Nach einem langen Bürgerkrieg wurde 1922 die Sowjetunion gegründet.

1917–1922

Bewaffnete Kämpfe am Beginn der Russischen Revolution 1917.

Imperialismus und Erster Weltkrieg

1 – Postkarte aus Deutsch-Ostafrika 1906. Sie zeigt afrikanische Frauen, die zum Straßenbau gezwungen wurden. Über dem Bild steht: „Negerweiber an der Kette (Dtsch.Ostafrika)".

2 – So kolonisiert der Engländer. Karikatur von Th.Th. Heine aus der Zeitschrift Simplicissimus, 1904.

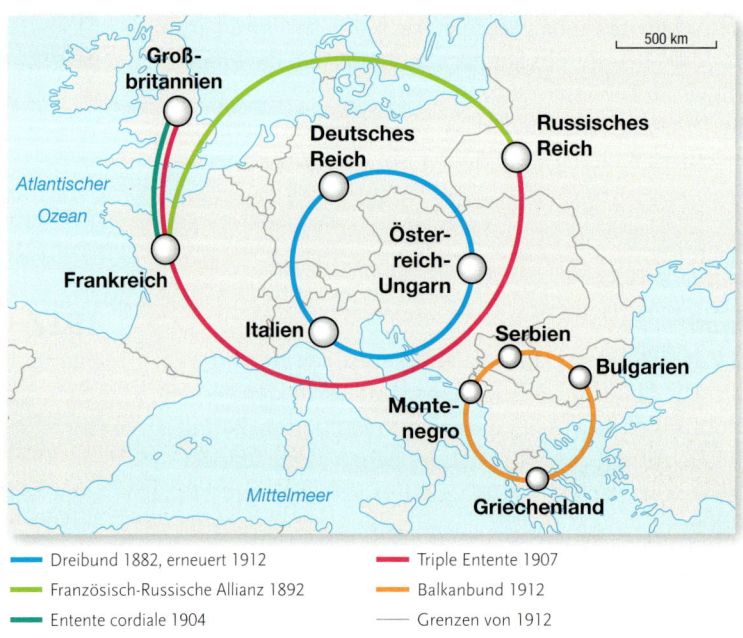

— Dreibund 1882, erneuert 1912
— Französisch-Russische Allianz 1892
— Entente cordiale 1904
— Triple Entente 1907
— Balkanbund 1912
— Grenzen von 1912

3 – Das europäische Bündnissystem vor dem Ersten Weltkrieg.

Verstehen

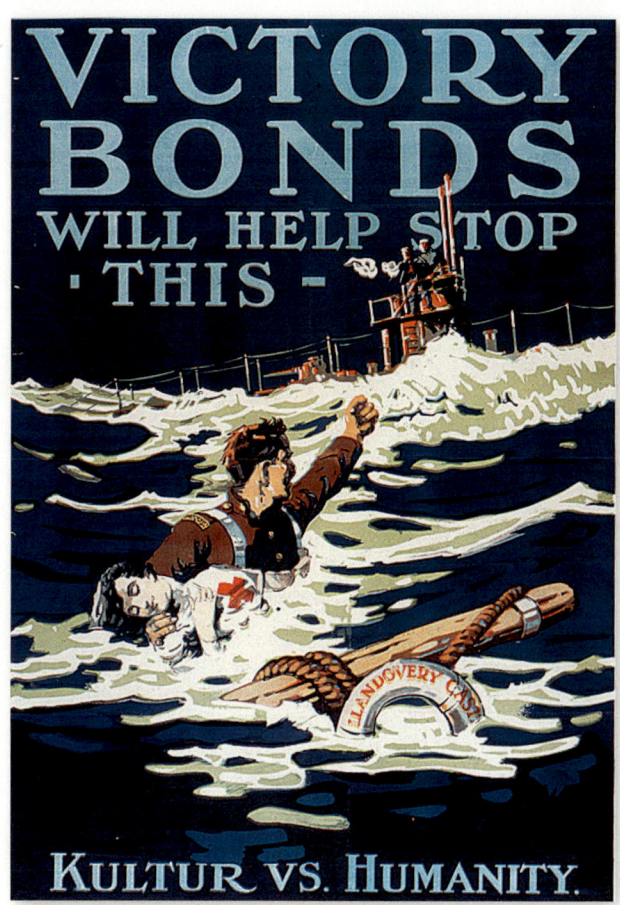

4 – Britisches Plakat 1917.

5 – Soldaten im Schützengraben. Foto, 1916.

Wichtige Begriffe

Imperialismus

Wettrüsten

Friedensbewegung

Erster Weltkrieg

Oktoberrevolution

Waffenstillstand

Friedensvertrag von Versailles

Sowjetunion

Wissen und erklären

1 Erklärt euch gegenseitig die wichtigen Begriffe (oben) und schreibt die Bedeutung der Begriffe in eure Geschichtsmappe.

2 Erläutert, was man unter Imperialismus versteht.

3 Beschreibt mithilfe von Bild 1 und Bild 2 die Motive und Auswirkungen der Kolonialpolitik an einem Beispiel.

4 Erläutert mithilfe der Karte 3 das europäische Bündnissystem um 1914 und kennzeichnet die Situation Deutschlands.

5 Stellt die Ursachen und den Verlauf des Ersten Weltkrieges dar.

Anwenden

6 Untersucht mithilfe der Methode auf S. 294 das britische Plakat (Bild 4) und zeigt, was der Künstler beim Betrachter erreichen will.

Beurteilen und handeln

7 Beurteilt mithilfe der Seiten 284–287, ob der Frieden in Europa zu Beginn des Jahrhunderts hätte erhalten werden können.

8 Überlegt und haltet in Vierergruppen in einer Map fest, welche Arbeitsstrategien (z. B. bei der Projektarbeit) und welche Präsentationstechniken ihr bei der Arbeit mit diesem Kapitel neu gelernt oder vertiefend geübt habt.

Gewusst wie … arbeiten mit Methode

Methodenübersicht

Wir erarbeiten ein Portfolio

Das Portfolio habt ihr schon als Mappe gelungener Arbeiten kennengelernt. Es zeigt wie ein „Schaufenster" Ergebnisse, die ihr zu einem historischen Thema erstellt habt.

Es enthält außerdem eure Gedanken über Lernwege, persönliche Interessen oder auch Schwierigkeiten. Wichtig sind immer genaue Absprachen!

… und so wird's gemacht:

1 Absprachen treffen
Vor Arbeitsbeginn werden geklärt und schriftlich festgehalten:
– Anforderungen wie Thema, Zeitplan, Rahmenbedingungen (wann und wo Arbeit am Portfolio), Zielsetzungen, Inhalte (Wahl- und Pflichtseiten), Form (z. B. Mappe) und Art der Reflexion
– Die Beratung durch die Lehrerin/den Lehrer (wann und wie?) und die Bewertung (z. B. durch euch selbst, durch Mitschüler/innen und die Lehrkraft).

2 Das Portfolio erarbeiten und veröffentlichen:
– Die Gliederung wächst mit den fertigen Arbeiten, und die Gestaltung passt zum Thema.
– Die Lernerfahrungen (was war gut, was war schwierig) werden immer gleich bei der Arbeit aufgeschrieben.
– Die fertigen Portfolios liegen zur Ansicht und für ein gegenseitiges Feedback aus.

3 Das Portfolio auswerten
Das Portfolio wird beurteilt, Verabredungen werden getroffen.
– Wie ist der Gesamteindruck? Ist euer Portfolio vollständig?
– Die Einzelheiten: Was ist euch schon gut oder bestens gelungen? Woran könnt ihr noch arbeiten? Ein Bewertungsbogen ist hilfreich!
– Verabredungen: neue Ziele, Schwerpunkte für das nächste Portfolio

Eine Internetrecherche durchführen

1 Geeignetes Suchwort finden
– Welches Suchwort hilft mir weiter?
– Mit welchem Suchwort bekomme ich nicht zu umfangreiche Informationen oder zu wenige Informationen?

2 Brauchbarkeit und Übersichtlichkeit prüfen
– Ist der Artikel überschaubar?
– Hat die ausgewählte Seite ein Inhaltsverzeichnis, das mich sofort zu einer brauchbaren Stelle führt?

3 Informationen auswerten
– Verstehe ich den Text?
– Kann ich das Gelesene mit eigenen Worten wiedergeben?
– Muss ich unbekannte Wörter klären? Wenn ja, welche?
– Was sind die „Schlüsselwörter", die mir beim Verstehen des Textes weiterhelfen?
– Welche Bilder verwende ich, um meine Informationen zu veranschaulichen?

Besuch eines Industriemuseums

1 Vorbereitung des Museumsbesuches
– Eine Arbeitsgruppe kümmert sich um die Organisation.
– Schreibt an das Industriemuseum und bittet um Informationsmaterial oder ruft die WebSeite des Industriemuseums auf.
– Wie kommt ihr zu dem Industriemuseum?
– Wann hat das Museum geöffnet?
– Wieviel kostet der Eintritt für Schulklassen?
– Gibt es einen Museumsplan?
– Welche Themen werden angeboten?
– Gibt es Führungen oder Vorführungen?

2 Themen auswählen
– Da ihr in einem großen Industriemuseum nicht alles besichtigen könnt, müsst ihr euch zunächst gemeinsam für bestimmte „Themen" entscheiden. Themen können sein:
– Was wurde hergestellt und wie wurde produziert?
– Welche Arbeitsbedingungen gab es im Betrieb (Belegschaft, Arbeitszeit, Löhne, Schutzvorrichtungen)?
– Wie veränderte sich das Umfeld (Wohnbedingungen, Verkehr, Umwelt)?

3 Im Museum
– Zunächst verschafft ihr euch einen groben Überblick über das, was es zu sehen gibt.
– Wo könnt ihr euch orientieren (Plan in der Eingangshalle, Infobereich)?
– Wo befindet sich der Museumsteil zum vorher gewählten Themenbereich?
– Besichtigung mit Erkundungsbogen oder eigenen Notizblättern, Fotoapparat (Fotografier-Erlaubnis erfragen).

4 Auswertung des Museumsbesuches
– Zurück in der Schule, solltet ihr zunächst eure Ergebnisse zusammentragen:
– Was hat euch im Industriemuseum überrascht?
– Hat sich der Weg in das Industriemuseum eurer Meinung nach gelohnt?
– War die Vorbereitung ausreichend?
– Was würdet ihr beim nächsten Mal anders machen?

Einen Sachtext verstehen

1 Überfliegen und Thema erfassen
- Um welches Thema geht es?
- Was wisst ihr schon darüber?
- Was möchtet ihr noch wissen?

2 Fragen stellen
- Um welche Sorte von Text handelt es sich?
- W-Fragen:
  Wer? – Was? – Wann? – Wo? – Wie? – Warum?

3 Ein zweites Mal lesen
- Unterstreicht schwierige/unklare Textstellen und unbekannte Wörter.
- Klärt diese Stellen in der Klasse oder mithilfe eines Lexikons oder des Internets.
- Markiert die wichtigsten Wörter (Schlüsselwörter) im Text (Textmarker). Markiert sparsam (bitte nicht im Buch, sondern auf einer Kopie!).

4 Zwischenüberschriften finden
- Notiert Überschriften für die einzelnen Abschnitte, die ihren Inhalt knapp zusammenfassen.
- Passt eure Überschrift zum Inhalt des Abschnitts und zur Art des Textes?

5 Inhalt wiedergeben
- Gebt mithilfe der Zwischenüberschriften und unterstrichenen Wörter den Inhalt des Textes wieder, in Stichworten oder wenigen, kurzen Sätzen.

Arbeiten mit Textquellen

Neben den Texten der Autorinnen und Autoren gibt es in diesem Schulbuch auch andere Textquellen, die von früher lebenden Menschen stammen. Das können Berichte, Briefe, Gesetze oder auch Inschriften sein.

1 Fragen zum Verfasser
- Wer ist der Verfasser?
- Hat der Verfasser die Ereignisse, über die er berichtet, selbst erlebt?
- Versucht der Verfasser neutral zu sein oder ergreift er deutlich Partei für bestimmte Personen?

2 Fragen zum Text
- Um welche Art von Text handelt es sich: Bericht, Erzählung, Inschrift usw.?
- Welche Begriffe sind unbekannt? – Wo kann man eine Erklärung finden?
- Wovon handelt der Text?
- Welcher Gesichtspunkt steht im Mittelpunkt?
- Lässt sich der Text in einzelne Abschnitte gliedern?
- Welche Überschriften könnten sie erhalten?
- Wie lassen sich die Informationen des Textes kurz zusammenfassen?

3 Meinungen und Informationen des Verfassers unterscheiden
- Welche Sätze enthalten Sachinformationen, welche Sätze geben nur die Meinung des Verfassers oder sein Urteil wieder?
- Wie kann man diese Unterschiede erkennen?
- Lässt sich mit der Herkunft des Verfassers erklären, warum er einseitig berichtet?

Textquellen vergleichen

1 Jede Quelle einzeln erschließen
– Wer ist der Verfasser?
– Um welche Art von Text handelt es sich: Bericht, Erzählung, Inschrift usw.?
– Welche Begriffe sind unbekannt? Wo kann man eine Erklärung finden?
– Wovon handelt der Text?
– Lässt sich der Text in einzelne Abschnitte gliedern?
– Welche Überschriften könnten sie erhalten?
– Wie lassen sich die Informationen des Textes kurz zusammenfassen?
– Welche Sätze enthalten Sachinformationen, welche Sätze geben die Meinung des Verfassers oder sein Urteil wieder?

2 Fragen zur Glaubwürdigkeit des Textes
– Waren die Autoren Augenzeugen?
– Mit welchem zeitlichen Abstand zum Geschehen wurden die Texte verfasst?

3 Informationen und Meinungen vergleichen
– Stimmen die Textaussagen überein oder widersprechen sie einander?
– Wo liegen Unterschiede?
– Wie sind diese Unterschiede zu erklären (Perspektive, unterschiedliche Interessenlagen der Autoren)?

4 Weitere Informationen sammeln
– Braucht ihr weitere Informationen (z. B. Lexika oder Sachtexte)?

5 Ergebnisse formulieren
– Notiert eure Ergebnisse.
– Wie lassen sich die Ergebnisse des Quellenvergleichs deuten?

Bilder untersuchen

1 Die Einzelheiten eines Bildes möglichst genau beschreiben
– Welche Personen/Gegenstände sind dargestellt?
– Wie sind sie dargestellt? Kleidung, Frisuren usw. beachten.
– Gibt es Unterschiede in der Darstellung (Größe/Hautfarbe)?
– Welche weiteren Gegenstände sind auf dem Bild zu sehen?
– Aus welcher Zeit stammt das Bild (Bildlegende beachten)?

2 Zusammenhänge erklären
– Welche Tätigkeiten üben die Personen aus?
– Wie ist das Verhältnis der Personen zueinander?
– Gibt es Merkmale, die eine besondere Bedeutung haben könnten?
– Wie kann man das Thema des Bildes kurz zusammenfassen?

3 Zusätzliche Informationen über das Bild und die dargestellten Personen könnt ihr mithilfe des Internets bekommen.
– Von wem wurde das Bild in Auftrag gegeben?
– Was kann man über die dargestellten Personen aus anderen Quellen erfahren?
– Gibt es noch andere Bilder zu diesem Thema?
– Was verstehe ich nicht, und wo finde ich dann noch weitere Informationen?

Ein Herrscherbild untersuchen

1 Das Bild beschreiben
- Welchen spontanen Eindruck ruft das Bild bei euch hervor?
- Wer ist dargestellt (siehe Bildlegende)?
- Welche Bildelemente bestimmen das Bild?
- Wie ist der Aufbau des Bildes (Mittelpunkt, Hintergrund, Farbgebung)?
- Welche Körperhaltung nimmt der Herrscher ein?

2 Einzelheiten und Symbole (Zeichen) des Bildes entschlüsseln
- Welche Herrschaftszeichen sind auf dem Bild zu finden?
- Was bedeuten diese Herrschaftszeichen (Symbole)?
- Welche Bedeutung hat der Hintergrund des Bildes?

3 Die Aussage des Bildes erschließen
- Welchen Eindruck will der Maler oder sein Auftraggeber mit der Darstellung beim Betrachter erreichen?
- Welche Herrscherrolle wird deutlich?
- Was sagt das Bild uns über die damalige Zeit und das Selbstbild des dargestellten Herrschers?

Karikaturen entschlüsseln

Karikaturen zeigen Personen, Ereignisse oder Situationen in einer häufig übertriebenen Darstellung. Sie haben oft nur einen kurzen oder gar keinen Text. Meistens kritisiert der Karikaturist etwas mit seiner Zeichnung.

1 Die Karikatur beschreiben
- Der erste Eindruck.
- Welche Personen, Tiere, Gegenstände sind zu sehen?
- Wie sind sie dargestellt (realistisch, übertrieben, lächerlich, aggressiv, gefährlich ...)?
- Gibt es einen Text zu der Karikatur?
- Notiert, was euch beim Betrachten zuerst auffällt.
- Beschreibt so genau wie möglich, welche Personen und Sachverhalte abgebildet sind: Achtet auf Gesichtsausdruck, Körperhaltung, Kleidung, Gegenstände. Ferner auch auf Texte und die Bildunterschrift.

2 Die Bedeutung verstehen
- Welche Bedeutung haben die dargestellten Personen, Tiere oder Gegenstände?
- Welches Problem oder welche Situation ist dargestellt?

3 Den Zusammenhang und die Absicht des Karikaturisten benennen
- In welchem Zusammenhang ist die Karikatur zu sehen?
- Was muss man wissen, um die Karikatur zu verstehen (geschichtliches Hintergrundwissen)?
- Was will der Zeichner verdeutlichen und eventuell kritisieren?

4 Die Karikatur beurteilen
- Welche Position bezieht der Karikaturist?
- Haltet ihr die Karikatur für gelungen?
- Stimmt ihr der Kritik des Karikaturisten zu?

Propagandapostkarten und -plakate untersuchen

1 Bild beschreiben
- Um welche Art Bild handelt es sich (Plakat, Postkarte usw.)?
- Was ist abgebildet (Bildbeschreibung)?
- Wie ist es abgebildet (Foto, Zeichnung, Schrift)?
- Wer soll beeinflusst werden?
- Was verstehe ich nicht?

2 Absicht klären
- Von welcher kriegführenden Seite stammt die Postkarte/das Plakat?
- Wozu soll der Leser oder Betrachter beeinflusst werden?

3 Art der Darstellung
- Mit welchen Mitteln arbeitet die Darstellung (Übertreibung, Lächerlichmachen, Angst einflößen, Gefühle wecken usw.)?
- Wie werden Personen bzw. der Kriegsgegner dargestellt?
- Welche Symbole und Farben werden verwendet und was bedeuten sie?

4 Beurteilung
- Ist die gewünschte Beeinflussung vermutlich erreicht worden?
- Wie ist die Darstellung aus heutiger sachlicher Sicht zu beurteilen?
- Wie findet ihr die Darstellung (verletzend, bösartig, irreführend, usw.)?

Fotos analysieren

1 Der erste Eindruck
- Wie ist euer erster Eindruck?
- Was seht ihr auf dem Foto?
- Welche Gedanken, welche Gefühle habt ihr beim Betrachten des Fotos?

2 Die Bildbeschreibung
- Was ist alles zu sehen und zu entdecken?
- Was genau wird dargestellt?
- Wie ist die Darstellung: Welche Farben gibt es? Wie sind die Lichtverhältnisse?
- Gibt es eine auffällige Bildkomposition? Wie ist der Ausschnitt des Bildes gewählt (Nahaufnahme/Totale)?
- Handelt es sich um eine Collage oder Montage (verschiedene Elemente werden kombiniert)?
- Ist die Bildlegende informativ?

3 Die Analyse
- Wofür steht das Foto?
- Welche Absichten verfolgt der Fotograf vermutlich? Wofür wurde das Foto gemacht (Nachricht, Werbung, privat)?
- Ist das Foto gestellt oder handelt es sich um einen Schnappschuss?
- Sehen wir das Foto heute mit anderen Augen als zu seiner Entstehung?
- Wie kann man die Bildaussage zusammenfassen?
- Hat das Foto eine Bedeutung über die konkrete Situation hinaus, ist es typisch für ein bestimmtes Ereignis, ein Problem ...?

Ein persönliches Werturteil bilden

In einem Werturteil kommt zum Ausdruck, was und wie wir heute über eine Sache denken. Es kann z. B. Zustimmung oder Ablehnung, Sympathie oder Antipathie ausdrücken. Ein Werturteil über Menschen und ihr Handeln in der Vergangenheit zu bilden hilft uns auch, uns in der Gegenwart zu orientieren.

1 Klären, was oder wer beurteilt werden soll
- Welche Einstellungen oder Handlungen von Menschen sollen beurteilt werden?
- Welche Fragestellung ist leitend? Halten wir z. B. das Handeln von Menschen für
- gerechtfertigt oder ungerechtfertigt?
- vorbildhaft oder abschreckend?
- erfolgversprechend oder zum Scheitern verurteilt?
- wertvoll/Werte schaffend oder wertlos/Werte vernichtend? …

2 Einen Maßstab heranziehen und offenlegen
- Was kann mir für mein Urteil als Maßstab dienen, z. B. die Menschenrechte, das Grundgesetz, eine Religion …?

3 Ein begründetes Werturteil formulieren
- Das Werturteil muss nicht immer eindeutig sein, ihr könnt auch abwägen (einerseits – andererseits). Eine Begründung gehört auf jeden Fall dazu!

4 Urteile vergleichen
- Zu welchen Urteilen sind Mitschüler/innen oder andere Menschen gekommen?
- Weisen sie überzeugende Einstellungen und Argumente nach?
- Unterschiedliche Menschen beurteilen oft verschieden. Respektiert die anderen Meinungen.

Geschichtskarten auswerten

1 Was wird dargestellt?
- Welches Gebiet ist dargestellt? Welcher Kartenausschnitt wurde gewählt?
- Welcher Zeitraum wird behandelt?
- Um welches Thema geht es?

2 Wie wird das Thema dargestellt?
- Welche Informationen bietet die Legende?
- Was bedeuten die Flächenfarben?
- Welche Symbole kommen vor?
- Wie groß sind die Entfernungen (Maßstab)?

3 Welche Informationen oder Fragen ergeben sich aus der Karte?
- Macht Aussagen zu einzelnen Punkten.
- Formuliert eine Gesamtaussage der Karte.
- Notiert offene Fragen.

Eine Erzählung verfassen

Menschen haben schon immer Geschichten erzählt, um Wissen über die Vergangenheit weiter zu geben. Wenn ihr nicht sicher wisst, wie es wirklich war, dann müsst ihr das auf jeden Fall durch ein „vermutlich" oder „sicher wissen wir das nicht" oder „vielleicht war es so …" zum Ausdruck bringen.

1 Thema der Erzählung festlegen
- Über welches Thema will ich etwas erzählen?
- Was soll im Mittelpunkt der Erzählung stehen?
- Über welchen Zeitraum will ich erzählen, wie kann ich ihn eingrenzen?
- Was gehört nicht zu der Erzählung mit diesem Thema?

2 Fragen stellen
- Welche Quellen und Berichte gibt es zu meinem Thema?
- Wo kann ich suchen (Bibliothek, Archiv, Museum, Internet, Schulbuch)?
- Kann ich jemanden zu den Ereignissen befragen?

3 Spuren suchen
- Wie beginne ich meine Erzählung (weit ausholend, mit dem zentralen Ereignis, mit dem Denken oder Handeln einer Person?)?
- Wie verknüpfe ich einzelne Teile der Erzählung?
- Wie mache ich deutlich, dass dieser Teil der Erzählung nicht durch Quellen belegt ist (vermutlich, wahrscheinlich, so könnte es gewesen sein)?
- Wie beende ich die Erzählung?

Eine Sachquelle untersuchen

1 Die Sachquelle beschreiben

– Wie sieht das Objekt aus? Aus welchen Teilen besteht es?

– Aus welchen Materialien ist es hergestellt?

– Gibt es Verzierungen oder Inschriften (z. B. bei Münzen)?

2 Die Funktion der Sachquelle erkunden

– Wozu wurde das Objekt genutzt?

– Welche Hinweise ergeben sich aus ihm selbst?

– Welche Hinweise liefert die Bildlegende (bzw. die Beschriftung im Museum)?

– Welche weiteren Informationen stehen zur Verfügung (z. B. im Museum, aus Sachbüchern, Internet)?

3 Die geschichtliche Bedeutung der Sachquelle erschließen

– Welche Rückschlüsse lässt die Sachquelle auf das Leben, Arbeiten und Wohnen der Menschen in jener Zeit zu?

– Wie ist die Sachquelle zeitlich einzuordnen?

Ein Rollenspiel planen und durchführen

In Rollenspielen könnt ihr versuchen, euch in die Situationen anderer Menschen zu versetzen. Sicher ist es schwer, sich vorzustellen, wie die Menschen früher gedacht haben. Trotzdem kann ein Rollenspiel dazu beitragen, Konflikte der Vergangenheit besser zu verstehen.

1 Die Situationskarte schreiben

Auf einer Situationskarte wird die Ausgangslage beschrieben, z. B.:

– Um welches Problem oder um welchen Konflikt geht es?

– Wer ist an dem Konflikt beteiligt?

– Soll das Rollenspiel eine Lösung anbieten? Wenn ja, welche?

– Gibt es mehrere Lösungen oder keine Lösung?

2 Die Rollenkarten schreiben und verteilen

– Wer soll dargestellt werden (Name, Alter, Beruf, ...)?

– Welche Stellung hat die Person in der Gesellschaft?

– Welche Charaktereigenschaften hat die Person?

– Welche Interessen verfolgt die Person?

3 Das Rollenspiel vorbereiten

– Die Rollen werden verteilt.

– Wie begegnen sich die Personen?

– Wer gerät mit wem aneinander?

– Welche Personen verfolgen dieselben oder ähnliche Ziele?

– Wie könnte die Person anfangen zu sprechen?

– Wie endet das Rollenspiel?

4 Das Rollenspiel vorspielen und auswerten

Für die Spieler sind mehrere Beobachter zuständig. Sie achten auf folgende Fragen:

– Wird der Konflikt verständlich?

– Ist erkennbar, was welche Person warum will?

– Ist die Lösung glaubwürdig?

– Was kann geändert werden, damit der dargestellte Konflikt besser verstanden wird?

Ein Referat erarbeiten und halten

1 Thema festlegen und eingrenzen
- Wie lautet das Thema genau?
- Welchen Umfang soll das Referat haben (Vorgaben des Lehrers, der Lehrerin)?
- Wieviel Zeit habt ihr für die Erarbeitung? Wann ist der Termin des Referats?

2 Material mit Nachweisen sammeln
- Wo findet sich Material für das Referat (Bücher/ Bibliothek, Zeitschriften, Internet/Suchmaschinen)?
- Wie kann man das gesammelte Material sammeln und ordnen?
- Wie kann man den genauen Fundort des Materials, einer Quelle, eines Zitats dokumentieren?

3 Referat sinnvoll gliedern
- Was gehört in die Einleitung (Aufhänger, Begründung des Themas, Eingrenzung)?
- Wie gliedert man den Hauptteil? Welche Punkte sind aufgrund des Themas zentral für das Referat?
- Wie kann man im Schlussteil das Wichtigste noch einmal knapp zusammenfassen und bewerten?

4 Das Referat halten
- Das Referat solltet ihr möglichst frei halten. Notiert euch wichtige Stichworte auf einen Notizzettel oder eine Karteikarte. Sprecht immer zur Klasse und nicht zur Tafel.
- Wie kann man die Kernaussagen, Daten und Skizzen veranschaulichen (z. B. mit Overhead-Projektor, Power-point-Animation, Plakat, Tafelanschrieb/-bild)?

Dokumentarfilm und Spielfilm unterscheiden

1 Eine Vermutung aufstellen und einen Ausschnitt aussuchen
- Wenn ihr den ganzen Film (oder mehrere Auschnitte) gesehen habt, überlegt, ob es sich eurem ersten Eindruck nach um einen Dokumentar- oder einen Spielfilm handelt.
- Auswahl eines Abschnitts des Films, der für den Handlungsablauf wichtig ist (Schlüsselszene).
- Knappe Begründung der Auswahl dieser Szene.

2 Einen Filmausschnitt untersuchen und auswerten
- Wird eher über den Stand der Forschung berichtet oder eher eine durchgehende Geschichte und Handlung geboten?
- Gibt es einen durchgehenden und erklärenden Kommentar, oder bestimmen Dialog und Musik den Ton?
- Soll hauptsächlich informiert oder hauptsächlich unterhalten werden?

3 Auswertung und kritische Beurteilung des Ausschnitts
- Überprüft euer spontanes Urteil aus Schritt 1 und stellt begründet fest: Dokumentar- oder Spielfilm?
- Welcher Eindruck wird über die behandelte Geschichte vermittelt?
- Erscheinen die Informationen und Inhalte des Films im Vergleich zu den Quellen und Darstellungen glaubwürdig und überzeugend?

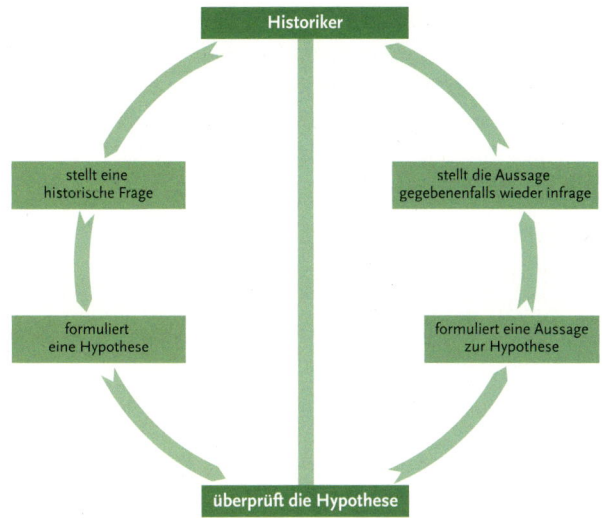

Ein Verfassungsschema lesen und verstehen

Eine Verfassung regelt die Machtverteilung in einem Staat. Sie ist das grundlegende Gesetz.

1 Den Aufbau untersuchen
– Wie kann man das Schema lesen? Die Pfeile helfen euch.
– von unten nach oben bzw. oben nach unten?
– von links nach rechts bzw. rechts nach links?
– Was sind wichtige Bestandteile des Schaubildes?
– Welche Ämter und Einrichtungen gibt es?

2 Aussagen erschließen
– Wer darf wählen?
– Wie kommen Gesetze zustande?
– Welche Aufgaben haben die Ämter und Einrichtungen?

3 Zusammenhänge herstellen
– Wie ist die Macht verteilt? Welches Amt hat besonders viel Macht?
– Wer kontrolliert wen? Wessen Macht geht auf Wahlen zurück?
– Wo wird die Einflussmöglichkeit des Volkes erkennbar?
– Welche Gruppen sind von politischer Mitbestimmung ausgeschlossen?

4 Die Verfassung beurteilen
– Stellt fest, ob und wie die Gewalten (Ausführende Gewalt, Gesetzgebende Gewalt und Richterliche Gewalt) geteilt sind.
– Welche gegenseitige Kontrolle der Gewalten gibt es?
– Beurteilt das Wahlrecht zum Zeitpunkt des Inkrafttretens der Verfassung aus damaliger und heutiger Sicht.

Hypothesen überprüfen

Wenn Geschichtsforscher einen noch nicht genügend erforschten Sachverhalt untersuchen, formulieren sie dazu vorläufige Antworten, Hypothesen.

1 Eine Forschungsfrage formulieren
– Was waren die Ursachen von …?
– Hatte das Ereignis eine längere Vorgeschichte?
– Hätte das Ereignis vermieden werden können?
– Haben mehrere oder unterschiedliche Faktoren zusammengewirkt?
– Welche Faktoren waren bei dem Ereignis vor allem wirksam?

2 Eine Hypothese (vorläufige Antwort) formulieren
– Folgende Formulierungen könnt ihr anwenden:
– Die Ursache von … war … weil …
– Betrachtet man die Vorgeschichte, dann musste …
– Noch bis zum Jahr … hätte eine andere Lösung gefunden werden können, wenn …
– Von den vielen Faktoren, die bei dem Ergebnis zusammenwirkten, war wahrscheinlich … ausschlaggebend …

3 Die Hypothese überprüfen
– Eine Hypothese im Fach Geschichte muss man an Quellen oder anderen Materialien überprüfen; es genügt nicht nur andere Darstellungen von Historikern oder Schulbüchern heranzuziehen.
– Mit welchen Quellen und Materialien kann die Hypothese belegt werden?
– Wie können die Quellenaussagen im Hinblick auf die Hypothese bewertet werden?
– Darf man das Schweigen der Quellen zu einer Hypothese als Zustimmung ansehen?
– Ist die Hypothese aufgrund der Quellen und Materialien richtig, teilweise richtig oder falsch?

4 Diskussion mit anderen „Forschern"
– Fasst euer Ergebnis zusammen und stellt es Mitschülerinnen und Mitschülern vor. Bittet sie, euer Ergebnis zu prüfen und zu sagen, ob sie es überzeugend finden.

Statistiken untersuchen

Statistiken helfen, Daten übersichtlich darzustellen und sie vergleichbar zu machen.

1 **Das Thema klären**
- Wie ist die Statistik einzuordnen?
- Welchen Sachverhalt stellt die Statistik dar (Über- oder Unterschrift)?
- Für welchen Zeitabschnitt macht die Statistik Angaben?
- Für welche Region/en gilt die Statistik?

2 **Die Darstellung verstehen**
- Welche Form der Darstellung wurde gewählt?
- Handelt es sich um eine Tabelle oder um ein Diagramm?
- Welche Form des Diagramms wurde gewählt? Streifendiagramm (Säulen- oder Balkendiagramm)? Liniendiagramm? Kreisdiagramm?
- Welche Maßeinheiten wurden verwendet (z. B. Jahre, Einwohnerzahlen, Anteile in Prozent)?

3 **Den Inhalt aufschlüsseln**
- Welche Informationen werden vermittelt?
- Welche Daten werden aufeinander bezogen (z. B. Jahres- und Bevölkerungszahlen)?
- Welche auffälligen Einzelinformationen kann man entnehmen?
- Gibt es eine deutliche Entwicklung (z. B. Wachstum oder Rückgang)?

4 **Eine Bewertung finden**
- Wurden die Daten übersichtlich und leicht verständlich grafisch umgesetzt?
- Benötigt man für die Beantwortung der Sachfragen weitere Informationen?
- Welche Ergebnisse kann man zusammenfassend formulieren?

Lernen am Lernbüfett

Mit der Methode „Lernen am Lernbüfett" könnt ihr konzentriert geschichtliche Sachverhalte erarbeiten. Wie bei einem Büfett im Restaurant könnt ihr verschiedene Lernmenüs wählen. Ihr bestimmt selbst, wie ihr und in welcher Reihenfolge ihr lernt.

1 **Vorbereitungen für das Lernen am Lernbüfett**
- Orientiert euch über das Gesamtthema des Lernbüfetts und seine Lernmenüs.
- Baut für jedes Lernmenü einen Tisch auf. Jedes Lernmenü sollte zweimal vorhanden sein.
- Schreibt die Nummer des Lernmenüs groß auf ein Blatt und legt sie auf den Tisch oder befestigt das Blatt an der Wand.
- Legt auf jeden Tisch zwei Bücher von „Entdecken und Verstehen" aus und schlagt die Seiten mit dem entsprechenden Lernmenü auf.
- Ordnet zusätzliche Materialien auf dem Tisch an, die eure Lehrerin oder euer Lehrer euch gibt.

2 **Lernen am Lernbüfett – Arbeitsphase**
- Verdeutlicht euch gegenseitig, was die Lehrkraft zum Ziel der Arbeit gesagt hat und wie die Regeln für das Arbeiten am Lernbüfett lauten.
- Geht allein oder in kleinen Gruppen an das Lernbüfett und wählt eure Lernmenüs aus.
- Bestimmt die Reihenfolge der Lernmenüs und beginnt mit eurer Arbeit.
- Arbeitet sorgfältig und dokumentiert eure Ergebnisse von jedem Lernmenü.
Hinterlasst den Tisch mit dem Lernmenü so, wie ihr ihn vorgefunden habt.

3 **Auswertung der Arbeit am Lernbüfett**
- Für die Auswertung und Präsentation eurer Arbeit gibt es zwei Möglichkeiten:
- a) Jede Gruppe übernimmt die „Patenschaft" für ein Lernmenü und stellt ihre Ergebnisse im Klassengespräch vor. Am Ende der Vorstellungen aller Lernmenüs wird das Gesamtergebnis formuliert.
- b) Ihr erstellt mithilfe der Methode Arbeitsergebnisse präsentieren eine Präsentation zum Gesamtthema, in der die Ergebnisse der einzelnen Lernmenüs einfließen.
- Bewertet abschließend diese Art des Lernens mit ihren Vor- und Nachteilen aus eurer Sicht.

Arbeitsergebnisse präsentieren

1 Material sammeln und Arbeitsergebnisse formulieren

– Welche inhaltlichen Punkte wollen wir vorstellen und wo liegt der Schwerpunkt unseres Themas?

– Wie finden wir Bücher, Aufsätze oder weitere Informationen zu unserem Thema?

– Welche Bilder, Karten oder Grafiken können wir zur Veranschaulichung des Themas verwenden?

2 Gliederung der Präsentation

– Wie führen wir in das Thema ein und wie gewinnen wir die Aufmerksamkeit unserer Zuhörerinnen und Zuhörer (Einleitung)?

– Wie stellen wir den Hauptteil der Präsentation vor?

– Ist es sinnvoll, eine Powerpoint-Präsentation zu erstellen? Wenn ja, was soll auf die Folien (Gliederung, Bilder, Karten)?

– Wie können wir am Ende die wesentlichen Aussagen nochmals herausstellen?

3 Gliederung und Hauptaussage veranschaulichen

– Welche Punkte formulieren wir an der Tafel?

– Welches Material unterstützt die zentrale Aussage?

4 Präsentation vortragen

– Frei vor der Klasse zu sprechen ist nicht einfach. Deswegen müsst ihr den Vortrag eurer Präsentation innerhalb eurer Gruppe üben.

A

Absolutismus
Bezeichnung für die Epoche im 17. und 18. Jahrhundert, in der Ludwig XIV. und seine Regierungsform in Europa als Vorbild galten. Der Monarch besaß die uneingeschränkte Herrschaftsgewalt. Er regierte nach den von ihm erlassenen Gesetzen und forderte von allen Untertanen unbedingten Gehorsam.

Adlige
Die Edlen – Angehörige einer in der Gesellschaft hervorgehobenen Gruppe, eines Standes, ausgestattet mit erblichen Vorrechten. Adliger konnte man von Geburt aus sein (Geburtsadel); Adliger konnte man aber auch werden, indem man im Dienst des Königs tätig war (Amts- oder Dienstadel).

Annexion
Gewaltsame Aneignung von Gebieten.

Arbeiterbewegung
Entstand als Folge der durch die Industrialisierung hervorgerufenen sozialen Missstände. Die zunehmende Verelendung der Arbeiter durch niedrige Löhne, lange Arbeitszeiten, schlechte Wohn und Arbeitsverhältnisse usw. führte nach ersten spontanen Protestaktionen zu einer organisierten Bewegung. Die abhängigen Lohnarbeiter schlossen sich in Gewerkschaften, Genossenschaften und Arbeiterparteien zusammen.

Aufklärung
Reformbewegung, die im 18. Jahrhundert in fast allen Lebensbereichen zu neuen Ideen und Denkweisen führte. In der Politik richteten sich die Aufklärer gegen die uneingeschränkte Macht des Königs. Sie traten für Meinungsfreiheit, für Toleranz gegenüber anderen Religionen und ein von Vernunft geprägtes Handeln ein.

B

Biedermeier
Bezeichnung für den bürgerlichen Lebensstil zwischen 1815 und 1848. Enttäuscht von der Wiederherstellung der alten Ordnung, die die Bürger aus der Politik verdrängte, zogen sich die Menschen ins Privatleben zurück, um hier Erfüllung zu finden. Benannt wurde dieser Lebensstil nach einem schwäbischen Lehrer, der in Gedichten die Geborgenheit des häuslichen Glücks pries.

Bolschewiki
Am Anfang des 20. Jahrhunderts hatten sich in der Sozialdemokratischen Arbeiterpartei Russlands zwei Gruppen gebildet: eine gemäßigte Gruppe und eine radikale, kommunistische Gruppe um Lenin. Lenins Gruppe hatte zwar weniger Mitglieder, aber nachdem sie bei einem Kongress 1903 die Mehrheit an Delegierten stellten, nannten sie sich Bolschewiki („Mehrheitler"). Die gemäßigte Mehrheits-Gruppe hieß fortan Menschewiki („Minderheitler").

Bürgerrechte
siehe Menschenrechte.

C

Code Civil
Bürgerliches Gesetzbuch.

D

Diktatur
Der Begriff meint die Herrschaft eines mit allen Macht- und Gewaltmitteln regierenden Alleinherrschers oder einer Gruppe.

Deutscher Bund
1815 schlossen sich 34 deutsche Einzelstaaten und 4 freie Städte im Deutschen Bund zusammen.

Dritter Stand
Er bildete zur Zeit des Absolutismus die Mehrzahl der Bevölkerung: Bauern, Kleinbürger, Großbürger.

E

Entente cordiale
(wörtlich: herzliches Einverständnis). Vertrag zwischen Frankreich und Großbritannien; er regelte 1904 im gegenseitigen Einverständnis die Einflussbereiche beider Länder in Afrika.

F

Fabrik
(lat.: fabrica = Werkstätte). Großbetrieb mit oft mehreren Hundert Arbeitern und Arbeiterinnen und maschineller Fertigung von Erzeugnissen. Der Aufstieg der Fabriken begann mit der Industrialisierung zunächst in England.

Feudalsystem
Herrschaft von Königen und Adel.

Frauenbewegung
Bezeichnung für den organisierten Kampf um die rechtliche, politische und soziale Gleichstellung der Frau. 1865 wurde der Allgemeine Deutsche Frauenverein gegründet, 1894 der Bund deutscher Frauenvereine. Hauptforderungen waren u. a. gleiche Bildungschancen, das Wahlrecht für Frauen (seit 1918) und gleicher Lohn für gleiche Arbeit.

Frondienste
(fron = Herr). Frondienste sind Arbeiten, die ohne Lohn für den Herrn verrichtet werden müssen und zu einem Zeitpunkt, den dieser bestimmt. Das können z. B Mithilfe beim Straßenbau, bei Instandsetzungsarbeiten oder der Ernte sein.

G

Generalstände
Seit dem Beginn des 14. Jahrhunderts die Versammlung der Vertreter der drei Stände von ganz Frankreich. Sie hatten die Aufgabe, den König zu beraten und Steuern zu bewilligen. Seit der Volljährigkeit Ludwig des XIV. wurden sie nicht mehr einberufen, erst 1789 traten sie wieder zusammen.

Gewaltenteilung

Nach Ansicht der Aufklärer sollte die Gewalt in einem Staat in drei voneinander unabhängige Gewalten aufgeteilt sein: in die Gesetzgebende, die Vollziehende und die Rechtsprechende Gewalt. Damit sollte dem Machtmissbrauch durch einen absolut herrschenden König vorgebeugt werden.

Gewerkschaft

Vereine, die zur Veränderung der wirtschaftlichen und sozialen Lage von Arbeitnehmern mitte des 19. Jahrhunderts begründet wurden. Die 1890 in der Generalkommission zusammengefassten „freien Gewerkschaften" (seit 1918 ADGB – Allgemeiner Deutscher Gewerkschaftsbund) kämpften für eine schrittweise Verbesserung der Arbeitsbedingungen und bessere Löhne.

Grundrechte

Die Menschenrechte und grundlegende Bürgerrechte werden als Grundrechte bezeichnet. In den Grundrechten sind die Pflichten des Staates und die individuellen Rechte und Freiheiten der Bürger festgelegt (siehe Grundgesetz S. 232/233).

H

Heiliges Römisches Reich

Bezeichnung für das Deutsche Reich seit der Kaiserkrönung Ottos I. 962 in Rom bis 1806.

I

Imperialismus

Bezeichnung für eine angestrebte Weltherrschaft, abgeleitet von dem lateinischen Wort „imperium" (Weltreich).

Industrielle Revolution

Umwälzung der Arbeitswelt und der Gesellschaft durch verbreitete Anwendung von Maschinen, die menschliche und tierische Kräfte in großem Ausmaß ersetzen (z. B. Dampfmaschine, später Verbrennungs- und Elektromotor). Die Industrielle Revolution begann im 18. Jahrhundert in England und breitete sich im 19. Jahrhundert auf dem europäischen Kontinent und in den USA aus. Sie änderte die Gesellschaftsstruktur und die Arbeitsbedingungen tiefgreifend.

K

Kaiser

Herrschertitel für einen „König der Könige". Das Wort leitet sich ab vom Ehrentitel „Caesar", der römischen Kaiser der Antike.

Klerus

Die katholische Geistlichkeit und Priesterschaft. Der höhere Klerus – Bischöfe, Äbte, Domkleriker u. a. – gehörte in der Regel dem Adel an. Angehörige des niederen Klerus – z. B. Dorfpfarrer oder einfache Mönche – stammten auch aus dem Bürgertum.

Kolonie

Überseeische Besitzungen europäischer Staaten.

Kolonialherrschaft

Die Eroberung zumeist überseeischer Gebiete durch militärisch überlegene Staaten (vor allem Europas) seit dem Ende des 15. Jahrhunderts bezeichnet man als Kolonialismus. Die Kolonialmächte errichteten in den unterworfenen Ländern Handelsstützpunkte und Siedlungskolonien. Sie verfolgten vor allem wirtschaftliche und militärische Ziele.

Konfession

Glaubensbekenntnis.

Kongress

Politische Tagung oder auch Versammlung von Fachleuten zu einem Thema. Die beiden Kammern des amerikanischen Parlaments werden auch Kongress genannt.

L

Leibeigener

Bauer, der in völliger Abhängigkeit von seinem Herrn lebte. Der Leibeigene durfte ohne Genehmigung des Grundherrn weder wegziehen noch heiraten.

Liberalismus

(von lat.: liber = frei).: Politische Lehre, die seit dem Ende des 18. Jahrhunderts für die politische und wirtschaftliche Freiheit der Bürger eintrat.

M

Menschenrechte

Unantastbare und unveräußerliche Freiheiten und Rechte jedes Menschen gegenüber den Mitmenschen und dem Staat. Dazu gehören das Recht auf Leben, auf freie Entfaltung der Persönlichkeit und das Recht auf Eigentum. Nach dem Vorbild der Unabhängigkeitserklärung der Vereinigten Staaten (1776) verkündete die französische Nationalversammlung 1789 die Erklärung der Menschen- und Bürgerrechte. Die Menschenrechte wurden seit dem 19. Jahrhundert in viele Verfassungen aufgenommen.

Mobilmachung/Mobilisierung

(frz.: mobile = beweglich, marschbereit). Maßnahmen, durch die die Streitkräfte eines Landes für den Kriegseinsatz bereitgestellt werden, z. B. durch die Einberufung aller Wehrpflichtigen.

N

Nationalstaat

Ein Staatswesen, in dem sich die Angehörigen als einheitliche Nation fühlen und bekennen.

Nationalversammlung

Eine verfassunggebende Versammlung von Abgeordneten, die die ganze Nation vertritt.

Neutralität

Wörtlich: Nichtbeteiligtsein, hier Unabhängigkeit eines Staates.

P

Papst

(lat.: papa = Vater). Oberhaupt der katholischen Kirche.

Parlament

(lat.: parlamentum = Unterredung, Verhandlung). Seit dem Mittelalter übernahmen Ständevertretungen die Aufgaben, den Herrscher zu beraten und bei wichtigen Entscheidungen mitzubestimmen. Aus solch einer Versammlung von Beratern des Königs und einem Gerichtshof entwickelte sich das älteste Parlament: das englische. Die wichtigsten Aufgaben des Parlaments waren die Gesetzgebung und die Bewilligung von Steuern.

Partei
Zusammenschluss von Menschen, die gleiche oder ähnliche politische Absichten haben. Ziel der Parteimitglieder ist es, die Staatsführung zu übernehmen oder zumindest zu beeinflussen.

Privilegien
Sonderrechte, Vorrechte.

Produktionsmittel
Maschinen, Werkzeuge, Fabriken.

Proletariat
(lat.: proles = Nachkomme, Sprössling). Mit dem Begriff „Proletarier" werden alle Arbeiter bezeichnet, die allein vom Verkauf ihrer Arbeitskraft leben.

R

Reparationen
Zahlungen Deutschlands an die Siegermächte, mit denen Deutschland für die verursachten Zerstörungen und Kosten des Ersten Weltkrieges aufkommen sollte.

Republik
(lat.: res publica = die öffentliche Sache). Begriff für eine Staatsform mit einer gewählten Regierung, in der das Volk oder ein Teil des Volkes die Macht ausübt.

Restauration
Bezeichnung für die Wiederherstellung der alten Ordnung nach einem gescheiterten Umsturzversuch.

Revolte
Aufstand gegen einen Herrscher, der aber misslingt.

Revolution
Der meist gewaltsame Umsturz einer bestehenden politischen und gesellschaftlichen Ordnung.

Rheinbund
Im Jahr 1806 traten 16 deutsche Reichsstädte und Fürstentümer aus dem Deutschen Reich aus. Sie gründeten den Rheinbund, dessen Schutzherr Napoleon war.

Romantik
Die Romatik ist eine kulturgeschichtliche Epoche Europas. Sie dauerte ungefähr von 1790 bis 1830. Die gefühlsbetonte Rückbesinnung auf die Vergangenheit war oft ein Thema der romantischen Malerei, Literatur und Musik.

S

Salon
Als Salon bezeichnete man vom 17. bis zum 19. Jahrhundert Gesellschafts- bzw. Empfangszimmer, in denen sich Bürgerinnen und Bürger, Gelehrte und Künstler regelmäßig trafen und über politische und kulturelle Themen sowie die Ideen der Aufklärung diskutierten.

Sansculotten
(frz.: = ohne Kniehosen). Bezeichnung für Pariser Revolutionäre, die aus einfachen Verhältnissen stammten.

Sowjets
Lokale bzw. regionale Organe der Selbstverwaltung, von Arbeitern, Bauern und Soldaten in Städten, Dörfern oder Fabriken gebildet. Sie sollten mit ihren Entscheidungen die bisherigen Herrschaftsorgane ersetzen.

Soziale Frage
Bezeichnung für die Notlage und die ungelösten sozialen Probleme der Arbeiterschaft im 19. Jahrhundert, die mit der Industrialisierung entstanden waren. Dazu zählten z. B. das Wohnungselend, unzumutbare Arbeitsbedingungen, die Kinderarbeit, Verelendung aufgrund niedriger Löhne und hoher Arbeitslosigkeit.

Sozialismus
(lat.: socius = Bundesgenosse; gemeinsam). Die Lehre vom Sozialismus entwickelte sich während der Phase der Industrialisierung im 19. Jahrhundert. Die Sozialisten forderten eine gerechte Verteilung der materiellen Güter und eine Gesellschaftsordnung, die nicht vom Profitstreben des Einzelnen, sondern vom Wohl des Ganzen geprägt sein sollte. Um den Gegensatz zwischen Arm und Reich zu verringern, forderten die Sozialisten, das Privateigentum an den Produktionsmitteln aufzuheben.

Sozialistengesetz
Das „Gesetz gegen die gemeingefährlichen Bestrebungen der Sozialdemokratie" von 1878. Das Sozialistengesetz galt bis 1890. Das Gesetz verbot sozialistische und sozialdemokratische Organisationen und deren Aktivitäten im Deutschen Reich. Es kam damit einem Parteienverbot gleich.

SPD
Sozialdemokratische Partei Deutschlands. Nachdem sich der 1863 in Leipzig gegründete Allgemeine Deutsche Arbeiterverein (ADAV) und die 1869 in Eisenach gegründete Sozialdemokratische Arbeiterpartei 1875 in Gotha zur Sozialistischen Arbeiterpartei (SAP) zusammengeschlossen hatten, wurde die Partei nach ersten Wahlerfolgen (1877: 9,1 % der Stimmen) unter Reichskanzler Bismarck 1878 durch das Sozialistengesetz verboten. Nach dessen Aufhebung 1890 wurde die Sozialdemokratische Partei (SPD) gegründet.

Stände
Gesellschaftliche Gruppen, die sich voneinander durch Herkunft, Beruf, und eigene Rechte abgrenzen.

Stellungskrieg
Im Gegensatz zum Bewegungskrieg eine Form der Kriegsführung, die durch sich kaum verändernde Frontverläufe geprägt ist. Vor allem an der Somme, bei Verdun und Ypern tobte im Ersten Weltkrieg jahrelang ein verlustreicher, aber ergebnisloser Kampf zwischen den gegnerischen Armeen, die sich in Schützengräben festgesetzt hatten.

T

Toleranz
Eine Haltung, die Ansichten und Handlungen Andersdenkender anerkennt und gelten lässt.

Triple Entente
1907 geschlossenes Bündnis von Frankreich, England und Russland gegen Deutschland.

Z

Zehnt
Bezeichnung für eine Abgabe in Höhe von etwa 10 Prozent der Ernteerträge oder Einkünfte an den Grundherren.

Jugend- und Sachbücher

Die Französische Revolution

▶ Coppens, Bernard: **Napoleon**. München (Union-Spectrum) 1999.

▶ Dirks, Kerstin: **Die Sturmjahre der Lilie**. Solingen (K&C Buchoase) 2002.

▶ Lewin, Waltraud: **Die letzte Rose des Sommers**. München (cbt) 2008.

▶ Ott, Inge: **Im Schatten des Adlers**. Stuttgart (Freies Geistesleben) 1997.

▶ Thamer, Hans-Ulrich: **Die Französische Revolution. Freiheit, Gleichheit, Brüderlichkeit**. Hildesheim (Gerstenberg) 2007.

▶ Trease, Geoffrey: **Der Donner von Valmy**. Frankfurt/M. (Fischer) 2002.

▶ van der Vlugt, Simone: **Paris, 1789**. München (Bertelsmann) 2000.

Auf dem Weg zur Demokratie

▶ Kordon, Klaus: **1848 – Die Geschichte von Jette und Frieder**. Weinheim (Beltz&Gelberg) 2000.
Die bewegende Geschichte von Jette und Frieder vor dem Hintergrund der Revolution von 1848 in Berlin.

▶ Ders.: **Fünf Finger hat die Hand**. Weinheim (Beltz&Gelberg) 2006.
Fünf Finger erzählt die Geschichte der Familie Jacobi vor dem Hintergrund des Deutsch-Französischen Krieges von 1870/71 und der Gründung des Deutschen Kaiserreiches.

▶ Ders.: **Im Spinnennetz: Die Geschichte von David und Anna**. Weinheim (Beltz&Gelberg) 2010.
Berlin 1890: David verliebt sich in Anna. David klebt heimlich „staatsfeindliche Plakate". Er wird erwischt, fliegt von der Schule und wird angeklagt. Muss er ins Gefängnis?

▶ Ott, Inge: **Freiheit!** Freies Geistesleben, 1996.
Zwei Mädchen und vier Jungen erleben in Paris die Französische Revolution.

▶ Röhrig, Tilman: **Funke der Freiheit**. Piper, 2010.
Aufregung in den Straßen Mannheims! Der Dichter August von Kotzebue ist

ermordet worden. Wer ist der Täter? Spannender Roman aus der Zeit der Restauration.

▶ Zolling, Peter: **Deutsche Geschichte von 1871 bis zur Gegenwart: Wie Deutschland wurde, was es ist**. dtv, 2007.
Wie wurde Deutschland zu dem, was es heute ist? Peter Zolling beginnt mit der Gründung des Kaiserreichs 1871.

Die Industrielle Revolution

▶ Köthe, Rainer: **Bergbau – Schätze der Erde**. Was ist Was Band 124, Nürnberg (Tessloff) 2007.
Wie haben sich die Bodenschätze gebildet? Welchen Gefahren sind die Bergleute ausgesetzt? Diese und andere Fragen beantwortet der Band.

▶ Pelgrom, Els: **Umsonst geht nur die Sonne auf**. München (dtv) 2010.
Eine Erzählung über Kinderarbeit vor 100 Jahren.

Imperialismus und Erster Weltkrieg

▶ Klaus Kordon: **Die roten Matrosen oder Ein vergessener Winter**. Weinheim (Beltz&Gelberg) 2010.
November 1918: Nach vier Jahren Weltkrieg verweigern die Matrosen der kaiserlichen Marine in Kiel den Befehl zum

Auslaufen und kommen nach Berlin. Helle und Fritz erleben die Revolution mit.

▶ Ostrowski, Nikolai: **Wie der Stahl gehärtet wurde**. Leipzig (Leiv Buchhandels- und Verlagsanstalt) 2004.
Ein Roman über das Leben des Pawel Kortschagin, der die Oktoberrevolution 1917 hautnah miterlebt.

▶ Schneider, Karla: **Die Geschwister Apraksin**. München (dtv Hanser) 2010.
Fünf Geschwister auf einer gefährlichen Odyssee durch Russland um 1918.

Aus dem Grundgesetz

Aus dem Grundgesetz der Bundesrepublik Deutschland

Artikel 1

(1) Die Würde des Menschen ist unantastbar. Sie zu achten und zu schützen, ist Verpflichtung aller staatlichen Gewalt.
(2) Das Deutsche Volk bekennt sich darum zu unverletzlichen und unveräußerlichen Menschenrechten als Grundlage jeder menschlichen Gemeinschaft, des Friedens und der Gerechtigkeit in der Welt.
(3) Die nachfolgenden Grundrechte binden Gesetzgebung, vollziehende Gewalt und Rechtsprechung als unmittelbar geltendes Recht.

Artikel 2

(1) Jeder hat das Recht auf die freie Entfaltung seiner Persönlichkeit, soweit er nicht die Rechte anderer verletzt und nicht gegen die verfassungsmäßige Ordnung oder das Sittengesetz verstößt.
(2) Jeder hat das Recht auf Leben und körperliche Unversehrtheit. Die Freiheit der Person ist unverletzlich. In diese Rechte darf nur aufgrund eines Gesetzes eingegriffen werden.

Artikel 3

(1) Alle Menschen sind vor dem Gesetz gleich.
(2) Männer und Frauen sind gleichberechtigt. Der Staat fördert die tatsächliche Durchsetzung der Gleichberechtigung von Frauen und Männern und wirkt auf die Beseitigung bestehender Nachteile hin.
(3) Niemand darf wegen seines Geschlechtes, seiner Abstammung, seiner Rasse, seiner Sprache, seiner Heimat und Herkunft, seines Glaubens, seiner religiösen oder politischen Anschauungen benachteiligt oder bevorzugt werden. Niemand darf wegen seiner Behinderung benachteiligt werden.

Artikel 4

(1) Die Freiheit des Glaubens, des Gewissens und die Freiheit des religiösen und weltanschaulichen Bekenntnisses sind unverletzlich.
(2) Die ungestörte Religionsausübung wird gewährleistet.
(3) Niemand darf gegen sein Gewissen zum Kriegsdienst mit der Waffe gezwungen werden. ...

Artikel 5

(1) Jeder hat das Recht, seine Meinung in Wort, Schrift und Bild frei zu äußern und zu verbreiten und sich aus allgemein zugänglichen Quellen ungehindert zu unterrichten. Die Pressefreiheit und die Freiheit der Berichterstattung durch Rundfunk und Film werden gewährleistet. Eine Zensur findet nicht statt. ...
(3) Kunst und Wissenschaft, Forschung und Lehre sind frei. Die Freiheit der Lehre entbindet nicht von der Treue zur Verfassung.

Artikel 6

(1) Ehe und Familie stehen unter dem besonderen Schutze der staatlichen Ordnung.
(2) Pflege und Erziehung der Kinder sind das natürliche Recht der Eltern und die zuvörderst ihnen obliegende Pflicht. Über ihre Betätigung wacht die staatliche Gemeinschaft. ...

Artikel 7

(1) Das gesamte Schulwesen steht unter der Aufsicht des Staates.
(2) Die Erziehungsberechtigten haben das Recht, über die Teilnahme des Kindes am Religionsunterricht zu bestimmen. ...

Artikel 8

(1) Alle Deutschen haben das Recht, sich ohne Anmeldung oder Erlaubnis friedlich und ohne Waffen zu versammeln.
(2) Für Versammlungen unter freiem Himmel kann dieses Recht durch Gesetz ... beschränkt werden.

Artikel 9

(1) Alle Deutschen haben das Recht, Vereine und Gesellschaften zu bilden.
(2) Vereinigungen, deren Zwecke oder deren Tätigkeit den Strafgesetzen zuwiderlaufen oder die sich gegen die verfassungsmäßige Ordnung oder gegen den Gedanken der Völkerverständigung richten, sind verboten. ...

Artikel 10

(1) Das Briefgeheimnis sowie das Post- und Fernmeldegeheimnis sind unverletzlich.
(2) Beschränkungen dürfen nur auf Grund eines Gesetzes angeordnet werden. ...

Artikel 11

(1) Alle Deutschen genießen Freizügigkeit im ganzen Bundesgebiet. ...

Artikel 12

(1) Alle Deutschen haben das Recht, Beruf, Arbeitsplatz und Ausbildungsstätte frei zu wählen. ...
(2) Niemand darf zu einer bestimmten Arbeit gezwungen werden. ...

Artikel 12a*

(1) Männer können vom vollendeten achtzehnten Lebensjahr an zum Dienst in den Streitkräften, im Bundesgrenzschutz oder in einem Zivilschutzverband verpflichtet werden.
(2) Wer aus Gewissensgründen den Kriegsdienst mit der Waffe verweigert, kann zu einem Ersatzdienst verpflichtet werden. ...

Artikel 13

(1) Die Wohnung ist unverletzlich.

(2) Durchsuchungen dürfen nur durch den Richter, bei Gefahr im Verzuge auch durch die in den Gesetzen vorgesehenen anderen Organe angeordnet und nur in der dort vorgeschriebenen Form durchgeführt werden. ...

Artikel 14

(1) Das Eigentum und das Erbrecht werden gewährleistet. Inhalt und Schranken werden durch die Gesetze bestimmt.

(2) Eigentum verpflichtet. Sein Gebrauch soll zugleich dem Wohle der Allgemeinheit dienen.

(3) Eine Enteignung ist nur zum Wohle der Allgemeinheit zulässig. ...

Artikel 16

(1) Die deutsche Staatsangehörigkeit darf nicht entzogen werden. ...

(2) Kein Deutscher darf an das Ausland ausgeliefert werden. ...

Artikel 16a

(1) Politisch Verfolgte genießen Asylrecht.

(2) Auf Absatz 1 kann sich nicht berufen, wer aus einem Mitgliedstaat der Europäischen Gemeinschaften oder aus einem anderen Drittstaat einreist, in dem die Anwendung des Abkommens über die Rechtsstellung der Flüchtlinge und der Konvention zum Schutze der Menschenrechte und Grundfreiheiten sichergestellt ist. ...

Artikel 17

Jedermann hat das Recht, sich einzeln oder in Gemeinschaft mit anderen schriftlich mit Bitten oder Beschwerden an die zuständigen Stellen und an die Volksvertretung zu wenden. ...

Artikel 18

Wer die Freiheit der Meinungsäußerung, insbesondere die Pressefreiheit (Artikel 5 Abs. 1), die Lehrfreiheit (Artikel 5 Abs. 3), die Versammlungsfreiheit (Artikel 8), die Vereinigungsfreiheit (Artikel 9), das Brief-, Post- und Fernmeldegeheimnis (Artikel 10), das Eigentum (Artikel 14) oder das Asylrecht (Artikel 16a) zum Kampfe gegen die freiheitliche demokratische Grundordnung missbraucht, verwirkt diese Grundrechte. Die Verwirkung und ihr Ausmaß werden durch das Bundesverfassungsgericht ausgesprochen.

Artikel 19

(2) In keinem Falle darf ein Grundrecht in seinem Wesensgehalt angetastet werden.

Artikel 20

(1) Die Bundesrepublik Deutschland ist ein demokratischer und sozialer Bundesstaat.

(2) Alle Staatsgewalt geht vom Volke aus. Sie wird vom Volke in Wahlen und Abstimmungen und durch besondere Organe der Gesetzgebung, der vollziehenden Gewalt und der Rechtsprechung ausgeübt.

(3) Die Gesetzgebung ist an die verfassungsmäßige Ordnung, die vollziehende Gewalt und die Rechtsprechung sind an Gesetz und Recht gebunden.

(4) Gegen jeden, der es unternimmt, diese Ordnung zu beseitigen, haben alle Deutschen das Recht zum Widerstand, wenn andere Abhilfe nicht möglich ist.

Artikel 20a

Der Staat schützt auch in Verantwortung für die künftigen Generationen die natürlichen Lebensgrundlagen und die Tiere im Rahmen der verfassungsmäßigen Ordnung durch die Gesetzgebung und nach Maßgabe von Gesetz und Recht durch die vollziehende Gewalt und die Rechtsprechung.

Artikel 21

(1) Die Parteien wirken bei der politischen Willensbildung des Volkes mit. Ihre Gründung ist frei. Ihre innere Ordnung muss demokratischen Grundsätzen entsprechen. Sie müssen über die Herkunft und Verwendung ihrer Mittel sowie über ihr Vermögen öffentlich Rechenschaft geben. ...

(2)

*Die Wehrpflicht wurde zum 1. Juli 2011 auf Beschluss der Bundesregierung ausgesetzt.

Die Französische Revolution

S. 154 Q1: Palmer, Robert R.: The Age of Democratic Revolution, übers. v. Lazarus, Herta, Wiesbaden (Aula) 1959, S. 480.
S. 155 Q2: Hartig, Irmgard u. Paul (Hrsg.): Die Französische Revolution im Urteil der Zeitgenossen und der Nachwelt, Stuttgart (Klett) 1990, S. 11. **S. 155 Q3:** Reichardt, Rolf (Hrsg.): Ploetz: Die französische Revolution, Freiburg (Herder) 1988, S. 35. **S. 158 Q1:** Markov, Walter (Hrsg.): Die Revolution im Zeugenstand, Bd. 2, Leipzig (Reclam) 1985, S. 71. **S. 164 Q1:** Lautemann, Wolfgang (Hrsg.): Geschichte in Quellen, Bd. 4, München (BSV) 1981, S. 199 ff. **S. 165 Q2:** Petersen, Susanne: Marktweiber und Amazonen, Köln (Pahl-Rugenstein) 1987, S. 89 f. **S. 166 M1:** Krennerich, Michael/Bundeszentrale für politische Bildung: Zehn Fragen zu Menschenrechten, http://www.bpb.de/themen/CYY1FD,4,0,Zehn_Fragen_zu_Menschenrechten.html#art4, Abruf 19.11.2011. **S. 166 M2:** Ditsch, Christian/Amnesty International: Amnesty Report 2011, http://www.amnesty.de/2011/5/12/amnesty-report-2011-eu-muss-sich-verantwortung-der-arabischen-welt-stellen?destination=node%2F17900, Abruf 30.11.2011. **S. 170 Q1, S. 171 Q2, Q3:** Hartig, Irmgard A. und Paul, a. a. O., S. 74 ff. **S. 172 Q1:** Markov, Walter: 1789, die große Revolution der Franzosen, Berlin (Akademie) 1975, S. 116. **S. 173 Q2:** Göhring, Martin: Die Geschichte der großen Revolution, Bd. 2, Vom Liberalismus zur Diktatur, Tübingen (Mohr) 1951, S. 382. **S. 174 Q1:** Hartig, Irmgard u. Paul, a. a. O., S. 113 ff. **S. 175 Q2:** Sösemann, Bernd: Revolution und Reform: Modernisierung von Staat und Gesellschaft in Frankreich und Deutschland um 1800, Stuttgart (Klett) 1997, S. 54 f. **S. 176 Q1:** Kircheisen, Friedrich M. (Hrsg.): Gespräche Napoleons, Stuttgart (Lutz) 1912, S. 120. **S. 182 Q1:** Hartig, Irmgard u. Paul (Hrsg.): Die französische Revolution, Stuttgart (Klett) 1984, S. 25. **S. 183 Q2:** Börne, Ludwig: Studien über Geschichte und Menschen der Französischen Revolution. In: Sämtliche Schriften. Neubearbeitet und herausgegeben von Inge u. Peter Rippmann, Düsseldorf (Melzer) 1964, S. 1095, zit. nach: Hartig, Irmgard u. Paul: Die Französische Revolution im Urteil der Zeitgenossen und der Nachwelt, Stuttgart (Klett) 1983, S. 48. **S. 183 Q3:** Alexis de Tocqueville: L'Ancien Regime et la Revolution. In: Ouvres completes, Bd. 2, Teil 1, Paris (Lévy) 1959, S. 95 f., zit. nach: Hartig, Irmgard u. Paul: Die Französische Revolution im Urteil der Zeitgenossen und der Nachwelt, Stuttgart (Klett) 1983, S. 57.

Auf dem Weg zur Demokratie

S. 189 Q1: Dyroff, Hans-Dieter (Hrsg.): Der Wiener Kongress 1814/1815: die Neuordnung Europas, München (DTV) 1979, S. 59. **S. 192 Q1:** „Provisorische Bestimmungen hinsichtlich der Freiheit der Presse", in: Huber, Ernst Rudolf (Hrsg.): Dokumente zur deutschen Verfassungsgeschichte, Bd. 1, Stuttgart (Kohlhammer) 1961, S. 101 ff. **S. 193 Q2:** Siebenpfeiffer, Philipp Jakob, in: Heumann, Hans (Hrsg.): Geschichte für morgen, Bd. 2, Frankfurt/M. (Hirschgraben) 1987, S. 131.
S. 194 Q1: Kinkel, Gottfried, in: Venohr, Wolfgang u. Kabermann, Friedrich (Hrsg.): Brennpunkte der deutschen Geschichte: 1450–1850, Kronberg (Athenäum) 1978, S. 222.
S. 196 Q1: von Baden, Leopold, in: Jessen, Hans (Hrsg.): Die deutsche Revolution in Augenzeugenberichten, Düsseldorf (Rauch) 1972, S. 40. **S. 197 Q2:** Grab, Walter (Hrsg.): Die Revolution von 1848, München (Nymphenburger) 1979, S. 59.
S. 201 M1: Brophy, James M.: Vom Wiener Kongress bis zur Revolution von 1848/1849, http://www.rheinische-geschichte.lvr.de/epochen/epochen/Seiten/1815bis1848.aspx#seiten anfang, Abruf 25.05.2012. **S. 202 Q1:** Koch-Gontard, Clotilde, zit. nach Gall, Lothar (Hrsg.): FFM 1200: Traditionen und Perspektiven einer Stadt, Sigmaringen (Thorbecke) 1994, S. 222 (leicht bearbeitet). **S. 202 Q2:** Zit. nach Gall, Lothar, a. a. O. S. 222. **S. 203 Q3:** Friedrich Wilhelm IV., in: Venohr, W. u. Kabermann, F. (Hrsg.), a. a. O., S. 292. **S. 204 Q1:** Vollmer, Franz X.: Vormärz und Revolution 1848/49 in Baden: Strukturen, Dokumente, Fragstellungen, Frankfurt/M. (Diesterweg) 1979, S. 154. **S. 204 Q2:** Grab, Walter: a. a. O., S. 198. **S. 205 Q3:** Meysenburg, Malvida von, in: Venohr, Wolfgang u. Kabermann, Friedrich: a. a. O., S. 294. **S. 206 Q1:** Bismarck, Otto von, in: Schönbrunn, Günter (Hrsg.): Geschichte in Quellen, Bd. 5, München (BSV) 1970, S. 312. **S. 207 Q2:** Schönbrunn, Günter (Hrsg.): a. a. O., S. 343. **S. 207 Q3:** Bismarck, Otto von, in: Walden, Bruno (Hrsg.): Otto von Bismarck. Gesammelte Werke, Bd. 5, Berlin (UV) 1941, S. 95. **S. 208 Q1:** Walden, Bruno (Hrsg.): Otto von Bismarck. Gesammelte Werke, Bd. 7, Berlin (UV) 1941, S. 301. **S. 208 Q2:** Schönbrunn, Günter (Hrsg.): a. a. O., S. 363. **S. 212 Q1:** Kocka, Jürgen (Hrsg.): Deutsche Sozialgeschichte 1870–1940, Bd. 2, München (Beck) 1977, S. 80.
S. 212 M1: Wehler, Hans-Ulrich: Deutsche Gesellschaftsgeschichte, Bd. 3, München (Beck) 1995, S. 873 f. **S. 212 M2:** Richter, Gert: Die gute alte Zeit im Bild – Alltag im Kaiserreich 1871–1914 in Bildern und Zeugnissen, Gütersloh (Bertelsmann) 1974, S. 12 f. **S. 213 Q2:** Kehr, Karl: Die Praxis der Volksschule, Gotha (Thienemann) 1903, S. 65 ff. **S. 213 Q3:** Eipper, Paul: Eine Jugend in Schwaben, München (Piper) 1981, S. 87 f. **S. 213 Q4:** Kästner, Erich, in: Richter, Gert (Hrsg.): Die gute alte Zeit im Bild–Alltag im Kaiserreich 1871–1914 in Bildern und Zeugnissen, Gütersloh (Bertelsmann) 1974, S. 118. **S. 214 M1:** Blatter, Sepp: Blatter erwägt

Spiele auf neutralem Boden, in: Netzeitung, 22.11.2005, http://netzeitung.de/sport/wm2006/369172.html, Abruf 25.05.2012. (bearbeitet) **S. 214 M2:** Pilz, Gunter A.: Wissenschaftler für Abschaffung der Hymnen, in: Netzeitung, 22.11.2005, http://netzeitung.de/sport/wm2006/369562.html, Abruf 25.05.2012. **S. 214 M3:** Lennartz, Karl: Die Hymne gehört dazu, in: Netzeitung, 08.12.2005, http://www.netzeitung.de/sport/wm2006/371402.html, Abruf 16.05.2012. **S. 217 M1:** Bundespräsident Christian Wulff: Informations- und Begegnungsreise mit dem Diplomatischen Korps und den in Deutschland vertretenen Organisationen, http://www.bundespraesident.de/SharedDocs/Reden/DE/Christian-Wulff/Reden/2011/05/110524-Informations-und-Begegnungsreise.html2011, Abruf 25.05.2012. **S. 217 M2:** Heinemann, Gustav W.: Allen Bürgern verpflichtet. Reden des Bundespräsidenten 1969–1974, Frankfurt/M. (Suhrkamp) 1974, S. 46.

Die Industrielle Revolution
S. 222 Q1: Engels, Friedrich: Die Lage der arbeitenden Klasse in England, München (DTV) 1975, S. 33 f. **S. 226 Q1:** List, Friedrich, in: Görtemaker, Manfred: Deutschland im 19. Jahrhundert, Bonn (Opladen) 1986, S. 142. **S. 236 Q1:** Galm, Ulla: August Borsig, Berlin (Stapp) 1987, S. 114. **S. 236 Q2:** Jantke, Carl: Der vierte Stand, Freiburg (Herder) 1955, S. 178. **S. 237 Q3:** Abbe, Ernst: Gesammelte Abhandlungen, Jena (Fischer) 1906, S. 74. **S. 237 Q4:** Bericht der Gewerbeaufsicht für das Unterelsass, in: Führt, Henriette: Die Fabrikarbeit verheirateter Frauen, Frankfurt/M. (Schnapper) 1902, S. 42 f. (sprachlich vereinfacht). **S. 238 Q1:** Anton, Günter K.: Geschichte der preußischen Fabrikgesetzgebung bis zu ihrer Aufnahme durch die Reichsgewerbeordnung, Leipzig 1891, S. 4 ff., zitiert nach: Rutschky, Katharina: Deutsche Kinderchronik, Köln (Kiepenheuer und Witsch) 1983, S. 558. **S. 238 Q2:** Harkort, Friedrich: Bemerkungen über die Hindernisse der Zivilisation und Emanzipation der unteren Klassen, Elberfeld (Julius Bädeker) 1844, Frankfurt a. M. (Diesterweg) 1919, S. 23 ff., zit. nach: Schraepler, Ernst: Quellen zur Geschichte der sozialen Frage in Deutschland, Bd. 1, Göttingen (Musterschmidt) 1955, S. 88. **S. 239 Q3:** Popp, Adelheid: Jugendgeschichte einer Arbeiterin, Stuttgart (Dietz) 1922 S. 11–13. (zit. nach Prolet. Lebensläufe) **S. 240 Q1:** Krupp, Alfred, in: Christel Jungmann: Das System Krupp. Der Patriarch und seine Arbeiter, 2004, dradio. **S. 244 M1:** Emsbach, Karl, zit. nach Kocka, Jürgen: Arbeitsverhältnisse und Arbeiterexistenzen, Bonn (Dietz) 1990, S. 457. **S. 244 Q1:** de Buhr, Hermann/Regenbrecht, Michael (Hrsg.): Industrielle Revolution und Industriegesellschaft, Frankfurt/M. (Hirschgraben) 1983, S. 46. **S. 245 Q2:** Leidinger, Paul: Geschichte, Politik und ihre Didaktik, Sonderheft 2, Paderborn (Schöningh) 1982, S. 35. **S. 245 M2:** Herbert, Ulrich: Geschichte der Ausländerbeschäftigung in Deutschland 1880 bis 1980, Berlin (Dietz) 1986, S. 75 f. **S. 246 M1:** Ruhr Tourismus Oberhausen (Hrsg.): Metropole Ruhr 2011. Kultur und Entertainment, 2011, S. 22. **S. 250 Q1:** Wichern, Heinrich, Gesammelte Schriften, Band 2, Hamburg 1905, Seite 108; zit. nach: de Buhr, Hermann/Regenbrecht, Michael (Hg), a. a. O., Seite 51 (vereinfacht). **S. 250 Q2:** Buhr, Hermann de/Regenbrecht, Michael (Hrsg.): a. a. O., S. 51. **S. 251 Q3:** Jörg, Joseph E.: Geschichte der social-politischen Parteien in Deutschland, Freiburg (Herder) 1867, S. 213. **S. 253 Q1:** Herwegh, Georg, Bundeslied: http://lyrikwelt.de/gedichte/herweghg1.htm, Abruf: 29.05.2012. **S. 256 Q1:** Popp, Adelheid: Die Arbeiter, München (Beck) 1986, S. 438. **S. 257 Q2:** Dohm, Hedwig: Die Frauen. Natur und Recht, Berlin 1893, zit. nach: Frederiksen, Elke: Die Frauenfrage – Deutschland 1865–1915, Stuttgart (Reclam) 1981, S. 374 f. **258 Q1:** Witkop, Philipp: Meine Heimat, in: Blotevogel, Hans H.: Industrielle Kulturlandschaften im Ruhrgebiet, http://www.indukult-vereine.de/Blotevogel/Blotevogel.html, Abruf: 01.06.2012. **S. 258 Q2:** Historisches Archiv Krupp, Alfred Krupps Briefe und Niederschriften, Bd. 9, 1866–1870, zit. nach: Brüggemeier, Franz-Josef/Toyka-Seid, Michael (Hrsg.): Industrie-Natur. Lesebuch zur Geschichte der Umwelt im 19. Jahrhundert, Frankfurt/M. (Campus) 1995, S. 70 f. **S. 259 Q3:** Wasserbericht über die Ruhr 1902, in: Blauer Himmel über der Ruhr–Umweltprobleme und Lösungen, http://www.route-industriekultur.de/fakten-hintergruende/facetten-der-region/der-blaue-himmel-ueber-der-ruhr.html, Abruf 22.05.2012. **S. 260 M1:** Asendorpf, Dirk: Emscher im Ruhrgebiet: Die Flussbereinigung, DIE ZEIT, 30.12.2010, Nr. 01, http://www.zeit.de/2011/01/T-Emscher-Kanal, Abruf: 29.05.2012. **S. 260 M2:** Emschergenossenschaft: Die Emscher – unterschätzte „Ader" des Ruhrgebiets, http://www.eglv.de/emschergenossenschaft/emscher.html, Abruf: 29.05.2012.

Imperialismus und Erster Weltkrieg
S. 271 Q1: Tetzlaff, Rainer: Koloniale Entwicklung und Ausbeutung: Wirtschafts- und Sozialgeschichte Deutsch-Ostafrikas 1885–1914, Berlin (Duncker & Humblot) 1970, S. 200. **S. 271 Q2:** Verhandlungen des Reichstags, IX. Legislaturperiode, II. Session 1893/1894, Stenographische Berichte, Bd. 2, Sitzung vom 17.02.1894, Berlin (Druck und Verlag der Norddeutschen Buchdruckerei und Verlags-Anstalt) 1894, S. 1318. **S. 273 Q1:** Riepe, Regina: Projektmappe Afrika ist anders: Materialien für einen handlungsorientierten Unterricht, Berlin (Cornelsen) 2004, S. 30. **S. 274 Q1:** Mommsen, Wolfgang: Imperialismus. Seine geistigen, politischen und wirtschaftlichen Grundlagen, Hamburg (Hoffmann und Campe) 1977, S. 211 f. **S. 274 Q2:** Mommsen, Wolfgang: a. a. O., S. 65. **S. 274 Q3:** Ritter, Gerhard A. (Hrsg): Historisches Lesebuch, Bd. 2: 1871–1914, Frankfurt/M. (Fischer) 1967, S. 300. **S. 275 Q4:** Leutwein, Theodor: Elf Jahre Gouverneur in Deutsch-Südwest Afrika,

Berlin (Mittler) 1906, S. 279 f. **S. 276 Q1:** Rüger, Adolf: Die Entstehung und Lage der Arbeiterklasse unter dem deutschen Kolonialregime in Kamerun 1885–1905, in: Stoecker, Helmuth: Kamerun unter deutscher Kolonialherrschaft, Studien, Bd. 1, Berlin (Rütten & Loening) 1960, S. 200, zit. nach: Hinz, Manfred O.: Weiß auf Schwarz: Kolonialismus, Apartheid und afrikanischer Widerstand, Berlin (Elefantenpress) 1986, S. 82. **S. 278 Q1:** Patemann, Helgard: Lehrbuch Namibia. Deutsche Kolonie 1884–1915, Wuppertal (Hammer) 1984, S. 41. **S. 279 Q2:** Drechsler, Horst: Südwestafrika unter deutscher Kolonialherrschaft: Der Kampf der Herero und Nama gegen den deutschen Imperialismus, Berlin (Akademie) 1986, S. 160. **S. 279 Q3:** Drechsler, Horst: a. a. O., S. 160. **S. 283 Q1:** Salewski, Michael: Neujahr 1900. Die Säkularwende in zeitgenössischer Sicht, in: Archiv für Kulturgeschichte 53.2, Köln (Böhlau) 1971, S. 347. **S. 283 Q2:** Eyck, Erich: Das persönliche Regiment Wilhelms II.: politische Geschichte des deutschen Kaiserreichs von 1890 bis 1914, Erlenbach-Zürich (Rentsch) 1948, S. 263 f. **S. 284 Q1:** Brinker-Gabler, Gisela (Hrsg.): Kämpferin für den Frieden, Bertha von Suttner. Lebenserinnerungen, Reden u. Schriften, Frankfurt a. M. (Fischer) 1982, S. 203. **S. 285 Q2:** Verhandlungen des Reichstags, XII. Legislaturperiode, II. Session, Stenographische Berichte, Bd. 268, Sitzung vom 9.11.1911, a. a. O., 1911, S. 7730. **S. 288 Q1:** Huber, E. R. (Hrsg.): Dokumente zur deutschen Verfassungsgeschichte, Bd. 2, Stuttgart (Kohlhammer) 1961, S. 455. **S. 288 Q2:** Verhandlungen des Reichstags, XIII. Legislaturperiode, II. Session, Stenographische Berichte, Bd. 306, Sitzung vom 4.8.1914, a. a. O., 1916, S. 8. **S. 291 Q1:** Schneegans, Eduard (Übers.): Briefe eines Soldaten, Zürich (Raschert) 1918, S. 151 ff. **S. 291 Q2:** Brief von Anton Staiger, in: Witkop, Philipp: Kriegsbriefe gefallener Studenten, München (Georg Müller) 1928, S. 238. **S. 296 Q1:** Mihaly, Jo (Hrsg.): Kuhr, Elfriede: … da gibt's ein Wiedersehen!: Kriegstagebuch eines Mädchens 1914–1918, Freiburg (Kerle) 1964, S. 216. **S. 297 M1:** Ullrich, Volker: Kriegsalltag, in: Michalka, Wolfgang: Der Erste Weltkrieg, München (Piper) 1994, S. 610/614. **S. 300 Q1:** Schönbrunn, Günter (Hrsg.): Geschichte in Quellen, Bd. 6: Weltkriege und Revolutionen, München (BSV) 1978, S. 52 f. **S. 300 Q2:** Angermann, Erich (Hrsg.): Der Aufstieg der Vereinigten Staaten von Amerika: Innen- und außenpolitische Entwicklung 1914–1957, übers. v. Angermann, Erich, Stuttgart (Klett), S. 77. **S. 302 Q1:** Michaelis, Herbert (Hrsg. u. Bearb.): Ursachen und Folgen, Bd. 2: Der militärische Zusammenbruch und das Ende des Kaiserreichs, Berlin (Wendler) 1959, S. 405. **S. 306 Q1:** Böss, Otto (Hrsg.): Russland-Chronik, Salzburg (Bergland-Buch) 1975, S. 35. **S. 307 Q2:** Lenin, in: Rauch, Georg v.: Geschichte des bolschewistischen Russland, Wiesbaden (Rheinische Verl.-Anst.) 1955, S. 102.

Titelbild: mauritius images/imagebroker/Boensch, Barbara

Die Französische Revolution
S. 150, 151 (Wh. 2): akg-images **S. 152.1:** Borrell, Carlos, Berlin **S. 153.2:** picture-alliance/dpa-Bildarchiv (Foto: epa afp Desmazes) **S. 153.3:** akg-images **S. 153.4:** ullstein bild, Foto: Zöllner **S. 154.1:** Kunstsammlungen der Veste Coburg **S. 155.2:** bpk **S. 155.3:** Galas, Elisabeth, Bad Breisig **S. 157.1** (Wh. 6): picture-alliance/akg-images **S. 157.2** (Wh. 6): picture-alliance/akg-images **S. 158.1:** akg-images **S. 159.2** (Wh. 181): bridgeman/Giraudon **S. 160** (Randspalte): akg-images **S. 160.1:** bpk **S. 161.2:** Mary Evans Picture Library, London **S. 162, 163:** bridgeman/Giraudon **S. 164.1:** Galas, Elisabeth, Bad Breisig **S. 164** (l, Wh. 181): **o. l.:** bridgeman/Musée Carnavalet, **o. M.:** akg-images/Erich Lessing, **o. r.:** akg-images, **M.:** Bridgeman, London, **u. l.:** Bridgeman/Giraudon, **u. M.:** Bibliothèque Nationale Paris, **u. r:** Bridgemen/Giraudon **S. 164** (r.): **S. 165.2:** bridgeman/Musée Carnavalet, Paris, France **S. 166.1** (Wh. 183.3): Galas, Elisabeth, Bad Breisig **S. 166.2:** Amnesty International, Sektion der BRD e. V., Bonn **S. 167.3:** Borrell, Carlos, Berlin **S. 167.4:** UNICEF/Kinder haben Rechte – Poster **S. 169.1:** Galas, Elisabeth, Bad Breisig **S. 170.1:** bpk **S. 171.2** (Wh. 181): akg-images **S. 172.1:** Archiv Gerstenberg, Wietze **S. 173.2:** ullstein bild – Roger-Viollet **S. 174.1** (Wh. 181): akg-images/Lessing, Erich **S. 175.2:** picture-alliance/akg-images/VISIOARS **S. 176.1:** Borrell, Carlos, Berlin **S. 177.2:** Borrell, Carlos, Berlin **S. 177.3:** Borrell, Carlos, Berlin **S. 179.1:** Kunstsammlungen der Veste Coburg **S. 179. 2:**Wirtz, Peter, Dormagen **S. 180.1:** akg-images **S. 180.2:** Focus Fotoagentur Hamburg **S. 180. 3:** picture-alliance/landov **S. 182.1:** ullstein bild – Roger-Viollet, koloriert durch Klaus Becker, Oberursel **S. 182.2:** Librairie Hachette, Paris

Auf dem Weg zur Demokratie
S. 184, 185 (Wh. 2, 6): akg-images **S. 186.1** (Wh. 6): Borrell, Carlos, Berlin **S. 187.2** (Wh. 6): Deutsche Post AG/Graf, Johannes, Dortmund **S. 187.3** (Wh. 6, 216): akg-images **S. 187.4** (Wh. 6): picture-alliance/Tscherwitschke, Reinhold/Chromorange **S. 188.1:** Borrell, Carlos, Berlin **S. 189.2:** Borrell, Carlos, Berlin **S. 191.1:** Schulz, Thomas, Teupitz **S. 191.2:** Schulz, Thomas, Teupitz **S. 191.3** (Wh. 325): Schulz, Thomas, Teupitz **S. 192.1:** akg-images **S. 193.2:** akg-images **S. 194.1:** akg-images **S. 195.2:** akg-images **S. 195.3:** akg-images **S. 196.1:** Borrell, Carlos, Berlin **S. 197.2:** bpk **S. 198, 199:** akg-images **S. 198.2** wikipedia/Mauruszat, Axel **S. 200.1:** akg-images **S. 201.2:** akg-images **S. 202.1:** akg-images **S. 203.2:** Galas, Elisabeth, Bad Breisig **S. 204.1:** akg-images **S. 205.2** (Wh. 215): Schröder, Ferdinand/akg-images **S. 206.1:** Borrell, Carlos, Berlin **S. 207.2:** akg-images **S. 207.3:** akg-images **S. 208.1:** akg/IAM **S. 209.2:** Galas, Elisabeth, Bad Breisig **S. 210.1:** sz-photo/DIZ München **S. 211.2:** Rheinisches Bildarchiv, Köln **S. 211.3:** © Rieger, Wolfgang, Köln **S. 211.4:** Oomen, Hans-Gert, Kirchentellinsfurt **S. 212.1:** akg-images **S. 213.2:** akg-images **S. 214.1:** picture-alliance/dpa **S. 214.2:** picture-alliance/dpa **S. 215.1:** Stadtmuseum Neustadt an der Weinstraße **S. 215.2:** akg-images **S. 215.4:** akg-images **S. 216.2:** BMI/Bundesministerium des Inneren, Berlin, Pressestelle, Rickel, Hans-Joachim M. **S. 217.3:** Bezirksverband Pfalz/Öffentlichkeitsarbeit, Kaiserslautern

Die Industrielle Revolution

S. 218, 219 (Wh. 3): akg-images **S. 220.1:** Borrell, Carlos, Berlin **S. 221.2:** Heinemann Educational, Oxford **S. 221.3:** akg-images **S. 221.4:** bpk **S. 221.5:** ullstein bild – Boness/IPON **S. 222.1:** Heinemann Educational, Oxford **S. 223.2:** Heinemann Educational, Oxford **S. 224.1:** Deutsches Museum, München (Inv.-Nr 37193) **S. 224.2:** National Portrait Gallery, London **S. 225.3:** akg-images **S. 226.1** (Wh. 7): Borrell, Carlos, Berlin **S. 227.2** (Wh. 7): akg-images **S. 228, 229** (Wh. 7): bpk/Nationalgalerie, SMB/Liepe, Jürgen **S. 230.1:** ullstein bild – Imagno **S. 231.2:** akg-images **S. 233.1:** Galas, Elisabeth, Bad Breisig **S. 234.1:** Galas, Elisabeth, Bad Breisig **S. 234.2:** links: akg-images, rechts: picture alliance/abaca **S. 235.3:** Borrell, Carlos, Berlin **S. 236.1:** bpk/Katz, Dietmar **S. 237.2:** Stiftung Rheinisch-Westfälisches Wirtschaftsarchiv zu Köln **S. 237.3:** Galas, Elisabeth, Bad Breisig **S. 238.1:** picture-alliance/ZUMAPRESS **S. 241.2:** Kunsthistorisches Institut der Universität Bonn **S. 241.3:** AEG-Firmenarchiv, Frankfurt/M. **S. 243.1:** Getty Images/Hulton Archive **S. 243.2:** akg-images **S. 243.3:** bpk/Georg Buxenstein Co. **S. 244.1** (Wh. 7): bpk **S. 244.2** (Wh. 7, 261, 319): ullstein bild **S. 245.3** (Wh. 7): Galas, Elisabeth, Bad Breisig **S. 246.1:** picture-alliance/Arco Images GmbH **S. 247.2:** Regionalverband Ruhr, Stadtplanwerk Ruhrgebiet **S. 247.3:** picture-alliance/Bildarchiv Monheim **S. 247.4:** Regionalverband Ruhr/Swakowski **S. 249.1:** picture-alliance/Bildarchiv Monheim **S. 249.2:** picture-alliance/dpa © dpa-Bildarchiv **S. 249.3:** Sammlung LVR-Industriemuseum, Foto: Hoffmann, Jürgen **S. 249.4:** picture-alliance/ZB © dpa-Report **S. 250.1:** bpk **S. 251.2:** DMT, Bochum **S. 252.1:** Erzbischof Boleslaw Pylak, Lublin/Muzeum Archidecezjalne Sztuki Religijnej **S. 253.2:** Deutsches Historisches Museum, Berlin **S. 254.1** (Wh. 261): bpk **S. 255.2:** Galas, Elisabeth, Bad Breisig **S. 256.1:** bpk/Katz, Dietmar **S. 257.2** (Wh. 316): Verein für Geschichte der Arbeiterbewegung, Fotoarchiv, Wien **S. 258.1:** Historisches Archiv Krupp, Essen **S. 259.2:** Emschergenossenschaft Essen **S. 259.3** (Wh. 261): Emschergenossenschaft Essen **S. 260.1:** Emschergenossenschaft, Essen **S. 260.2:** Emschergenossenschaft, Essen **S. 261.1:** Heinemann Educational, Oxford **S. 262.1** (Wh. 6): picture-alliance/akg-images **S. 262.2** (Wh. 6): zweiband.media, Berlin **S. 262.3** (Wh. 6): bpk **S. 263.4** (Wh. 6): Kunsthistorisches Institut der Universität Bonn **S. 263.5** (Wh. 6): ullstein bild

Imperialismus und Erster Weltkrieg

S. 264, 265 (Wh. 4): Granger Collection **S. 266.1:** Borrell, Carlos, Berlin **S. 266.2** (Wh. 311): Borrell, Carlos, Berlin **S. 267.3:** bpk **S. 267.4:** LAIF/Glaescher **S. 267.5:** picture-alliance/akg-images **S. 270.1** (Wh. 269, 316): Borrell, Carlos, Berlin **S. 271.2** (Wh. 269): picture-alliance/maxppp © Costa/Leemage **S. 271.3** (Wh. 269): akg-images **S. 272.1** (Wh. 269): Borrell, Carlos, Berlin **S. 273.2** (Wh. 269): picture-alliance/akg-images **S. 273.3** (Wh. 269): akg-images **S. 273.4:** picture-alliance/Mary Evans Picture Library **S. 274.1** (Wh. 269): Cliché Bibliothèque nationale de France, Paris **S. 275.2** (Wh. 269): ullstein bild – Archiv Gerstenberg **S. 275.3:** akg-images **S. 275.4:** Bildarchiv Steffens, Mainz/bridgeman/Archives Charmet **S. 277.1** (Wh. 269): bpk/Stefenelli **S. 277.2** (Wh. 269): Informationszentrum Schokolade, St. Augustin **S. 278.1** (Wh. 269): Borrell, Carlos, Berlin **S. 279.2** (Wh. 269): ullstein bild **S. 281.1** (Wh. 325): Berger-von der Heide, Thomas, Göttingen **S. 281.2:** ullstein bild – Haeckel-Archiv **S. 281.3:** ullstein bild – Haeckel-Archiv **S. 282.1:** Borrell, Carlos, Berlin **S. 283.2:** Klett Verlag, Stuttgart **S. 283.3:** Galas, Elisabeth, Bad Breisig **S. 284.1:** ullstein bild Haeckel-Archiv **S. 284.2:** bpk **S. 285.3:** Galas, Elisabeth, Bad Breisig **S. 285.4:** bpk **S. 286.1** (Wh. 312): Borrell, Carlos, Berlin **S. 287.2:** Borrell, Carlos, Berlin **S. 288.1** (Wh. 311): SV Bilderdienst/DIZ München **S. 288.2:** SV Bilderdienst/DIZ München **S. 289.3:** Borrell, Carlos, Berlin **S. 290.1:** SV Bilderdienst/DIZ München **S. 290.2:** Deutsches Historisches Museum, Berlin **S. 291.3:** Borrell, Carlos, Berlin **S. 292.1:** Imperial War Museum London **S. 293.2:** picture-alliance/Mary Evans Picture Library/ILLUS **S. 294.1:** bpk **S. 295.2:** akg-images/Verney, Jean-Pierre **S. 295.3:** akg-images **S. 295.4:** akg-images **S. 296.1:** Stadtarchiv Lüdenscheid, Sammlung Dokumente zur Stadtgeschichte, Lebensmittel **S. 296.2:** CSV **S. 296.3:** akg-images **S. 297.4:** picture-alliance/akg-images **S. 298.1:** akg-images **S. 298.2:** Bridgeman Images **S. 299.3:** ullstein bild – Haeckel-Archiv **S. 299.4:** ullstein bild – Haeckel-Archiv **S. 300.1:** SV Bilderdienst/DIZ München **S. 301.2:** Bundesarchiv Koblenz, Foto: Sennecke, Robert **S. 301.3:** akg-images **S. 302.1:** Borrell, Carlos, Berlin **S. 302.2:** Borrell, Carlos, Berlin **S. 303.3:** Borrell, Carlos, Berlin **S. 304.1:** Borrell, Carlos, Berlin **S. 305.2:** ullstein bild – Archiv Gerstenberg **S. 306.1:** Foto: RIA Nowosti **S. 307.2** (Wh. 311): akg-images **S. 308.1:** Borrell, Carlos, Berlin **S. 309.2:** David King Collection, London **S. 310.1:** mauritius images/Alamy **S. 310** (Randspalte): wikipedia/tohma (talk) **S. 311.2:** Wilhelmshavener Zeitung, Bilderdienst **S. 312.1:** akg-images **S. 312.2:** Deutsches Historisches Museum, Berlin **S. 313.4:** Deutsches Historisches Museum, Berlin **S. 313.5:** picture alliance/dpa

Anhang
S. 314: Wirtz, Peter, Dormagen **S. 315:** Schulz, Thomas, Teupitz **S. 315** picture-alliance/ZB © dpa-Report **S. 316** (Wh. 274): Cliché Bibliothèque nationale de France, Paris **S. 316** (Wh. 257): Verein für Geschichte der Arbeiterbewegung, Fotoarchiv, Wien **S. 317:** akg-images **S. 317:** World History Archive/IAM/akg **S. 318** picture-alliance/akg-images/VISIOARS **S. 318**: akg-images **S. 319:** akg-images, **S. 319** Getty Images/Hulton Archive **S. 320:** Schulz, Thomas, Teupitz **S. 321:** © Rieger, Wolfgang, Köln **S. 321:** Schulz, Thomas, Teupitz **S. 322:** Schulz, Thomas, Teupitz **S. 322:** Cinetext Frankfurt/M. **S. 323** Galas, Elisabeth, Bad Breisig **S. 325** Schulz, Thomas, Teupitz **S. 331:** Beltz Verlag Weinheim

Projektleitung: Dr. Uwe Andrae
Redaktion: Gisela Veerkamp, Johannes Völker, Sandra Ehrlich
Illustration: Klaus Becker, Oberursel; Thomas Binder, Magdeburg;
Michael Teßmer, Hamburg
Grafik: Elisabeth Galas, Bad Breisig
Karten: Carlos Borrell, Berlin
Bildassistenz: Christina Sandig, Sandra Ehrlich
Gesamtgestaltung: Heimann und Schwantes, Berlin
Technische Umsetzung: zweiband.media, Berlin

Das Umschlagbild zeigt die Maschinenhalle der ehemaligen Zeche Zollern in Dortmund,
die 1902/1903 errichtet wurde. © mauritius images/imagebroker/Barbara Boensch.

www.cornelsen.de

Die Webseiten Dritter, deren Internetadressen in diesem Lehrwerk angegeben sind,
wurden vor Drucklegung sorgfältig geprüft. Der Verlag übernimmt keine Gewähr
für die Aktualität und den Inhalt dieser Seiten oder solcher, die mit ihnen verlinkt sind.

1. Auflage, 2. Druck 2022

Alle Drucke dieser Auflage sind inhaltlich unverändert
und können im Unterricht nebeneinander verwendet werden.

© 2012 Cornelsen Schulverlage GmbH, Berlin
© 2022 Cornelsen Verlag GmbH, Berlin

Druck und Bindung: Livonia Print, Riga

ISBN 978-3-06-064889-4 (Schülerbuch)
ISBN 978-3-06-064824-5 (E-Book)

PEFC zertifiziert
Dieses Produkt stammt aus nachhaltig
bewirtschafteten Wäldern und kontrollierten
Quellen.
www.pefc.de
PEFC/12-31-006

Exkursionsziele, Industriedenkmäler in Nordrhein-Westfalen

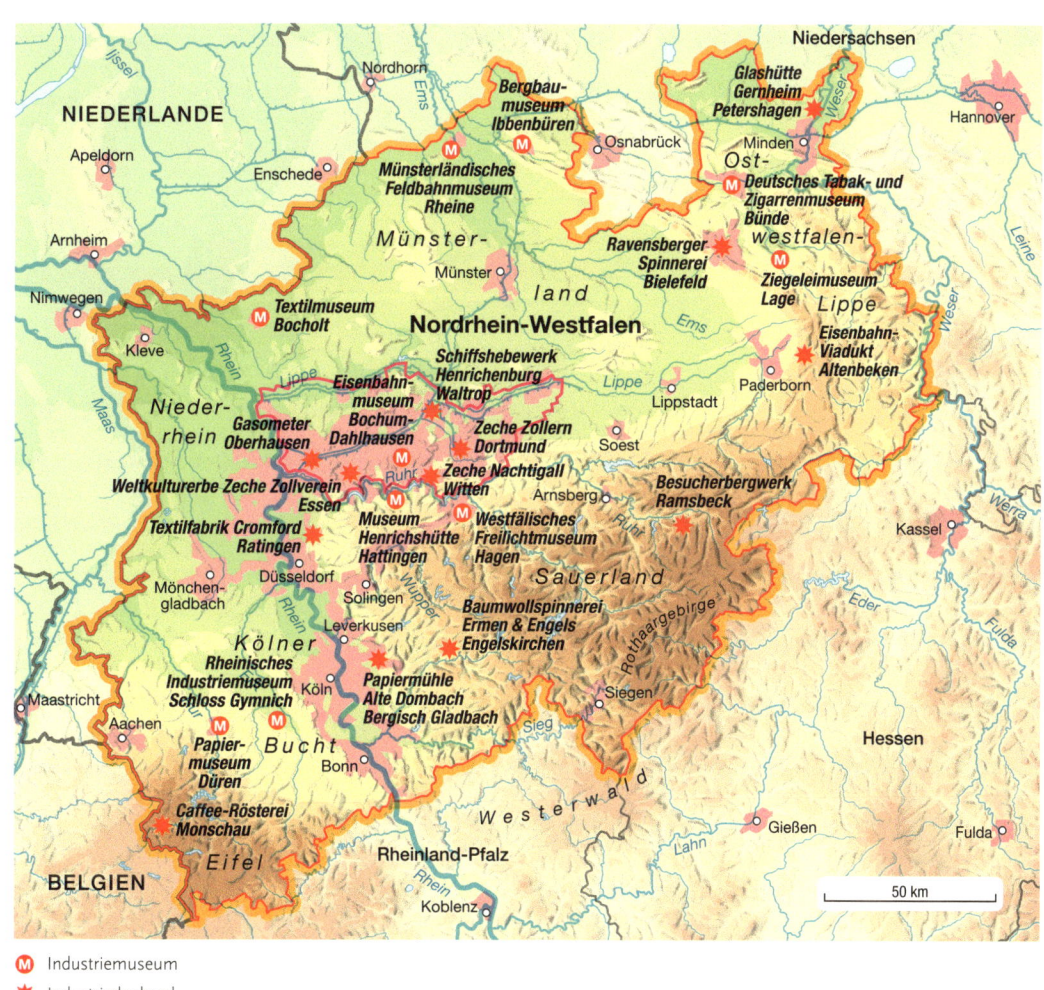

M Industriemuseum

✶ Industriedenkmal

— Route Industriekultur per Rad

Darum geht es ...

informieren
(erkundigen, herausfinden, befragen, suchen, recherchieren)

↗ **Informationen, Daten, Probleme ...**

Selbstständig Informationen zu einem *Thema beschaffen* (z. B. durch Lexika, Fachbücher, Internet, Museen, Expert/innen ...) und sachlich vorstellen.

- Überlegt, woher ihr die gesuchten Infos beschaffen könnt.
- Klärt, wie ihr die Infos verarbeiten wollt (z. B. mündlich als Referat, schriftlich ...).
- Haltet alle Infos z. B. als Notiz, Skizze, ... fest.
- Gebt immer eure Quellen an.

nennen (aufzählen, notieren, auflisten, zusammenstellen)

↗ **Informationen in Texten, Schaubildern ...**

In knapper und übersichtlicher Form einzelne, korrekte Informationen zusammentragen.

- Beginnt mit einer Überschrift, dem Thema.
- Ordnet die Informationen übersichtlich.
- Eine Tabelle/Übersicht kann hilfreich sein.
- Fasst euch kurz.

prüfen (überprüfen, untersuchen)

↗ **Aussagen, Behauptungen ...**

Sachverhalte beleuchten und einschätzen und dann *feststellen, ob eine Behauptung zu einem bestimmten Sachverhalt eurer Ansicht nach falsch oder richtig ist.*

- Stellt zunächst klar, um welchen Sachverhalt es geht.
- Erläutert, wie ihr dabei vorgeht.
- Begründet euer Ergebnis.

spielen (sprechen/handeln als, sich hineinversetzen)

↗ **Situationen, Konflikte, Gespräche, Reden ...**

Sich in eine Situation in der Vergangenheit hineindenken und überlegen, wie es den Beteiligten damals wohl ergangen sein könnte.

- Verschafft euch Informationen über die Zeit und die Beteiligten, über ihre Bedeutung, Ziele, Wünsche, Möglichkeiten, Grenzen, ...
- Schätzt die Situation aus der Rolle, die ihr übernehmt, ein. Was könnten die Beteiligten gedacht und was gesagt haben? Beachtet, dass es sich immer nur um Vermutungen handeln kann.
- Sprecht euch über Beginn, Ablauf und Abschluss ab; fertigt Notizen an.

vergleichen (gegenüberstellen)

↗ **Zeiträume, Entwicklungen, Vorstellungen ...**

Wesentliche Übereinstimmungen und Unterschiede *erarbeiten.*

- Verschafft euch einen Überblick über das, was zu vergleichen ist; Stichwörter sind hilfreich.
- Ordnet nach
  1. Übereinstimmungen und Ähnlichkeiten
  2. nach Unterschieden, Widersprüchen, Gegensätzen.
- Eine Tabelle/Übersicht kann sinnvoll sein.
- Beachtet die jeweilige Zeit und die Umstände.

vermuten (denken, überlegen)

↗ **Absichten, Beweggründe, Situationen ...**

Überlegungen in begründeter Form anstellen, die sich auf die Sache, die Akteure und die Zeit beziehen.

- Stellt klar, worauf genau sich eure Vermutung, eure Gedanken beziehen.
- Äußert eure Vermutung, eure Gedanken verständlich und begründet sie anschließend mit stichhaltigen Argumenten, wie den Zeitumständen oder den Interessen der Akteure.

zusammenfassen
(zusammentragen, wiedergeben, (auf)zeigen, feststellen)

↗ **Informationen in Texten, Grafiken ...**

Wesentliches herausfinden und mit eigenen Worten wiedergeben.

- Beginnt mit dem Thema oder dem Titel.
- Beschreibt zuerst das Wesentliche.
- Geht dann auch auf Einzelheiten ein.
- Fasst den Gesamteindruck zusammen.